NOUVELLE DESCRIPTION DE LA VILLE DE PARIS,

ET

DE TOUT CE QU'ELLE CONTIENT
de plus remarquable.

Par GERMAIN BRICE.

Enrichie d'un nouveau Plan & de nouvelles Figures
dessinées & gravées correctement.

HUITIEME EDITION
Revûe & augmentée de nouveau.

TOME PREMIER.

A PARIS,

Chez { JULIEN-MICHEL GANDOUIN,
Quay de Conty, aux trois Vertus.
FRANÇOIS FOURNIER, rue
S. Jacques, aux Armes de la Ville.

M. DCCXXV.

Avec Approbation & Privilege du Roy.

NOUVELLE
CORRESPONDANCE

A
MADAME
LA DUCHESSE
D'ORLEANS.

ADAME,

J'ose prendre la liberté de vous présenter la Description

EPITRE.

de la Ville de Paris. C'est pour la huitiéme fois qu'elle paroît dans le public. On lui a fait jusqu'à present un assez favorable accueil; ornée de vôtre auguste nom, elle sera sans doute infiniment mieux reçûe.

Vous vous êtes attiré, MADAME, l'estime & l'affection, non-seulement de toute la Cour; mais aussi de tous les Parisiens, dès le moment de vôtre heureuse arrivée; & quelque innombrable que soit le peuple de cette fameuse Ville, il n'est personne qui ne soit charmé de vous y donner des marques de son respect. Il n'y a sur les grandes qualitez de vôtre cœur & de vôtre esprit qu'un

EPITRE.

sentiment & qu'une voix.

Le tems vous fera connoître, MADAME, & peutêtre le connoissez-vous déja, que si les Parisiens honorent & cherissent leurs Princes, ils méritent que leurs Princes les protegent & les aiment. Ils sont si dévouez à leurs volontez, qu'il est aisé de voir que c'est encore plus l'inclination que le devoir qui les soumet.

Faisant partie de ce grand peuple, j'espere que vous voudrez bien, MADAME, honorer de vôtre protection, le petit ouvrage que j'ai l'honneur de vous offrir. Sans sortir de vôtre Palais, vous y verrez tout ce qu'il y a de plus singulier & de

EPITRE.

plus interessant dans cette Ville immense. Heureux! si je puis par mon zele contribuer à vôtre satisfaction & à vos nobles amusemens.

Fasse le Ciel qu'une longue & heureuse posterité comble nos vœux & les esperances du grand Prince dont le Ciel a uni les destinées aux vôtres! & quels Successeurs ne doit-on pas attendre d'un himen si heureusement assorti!

Je suis avec le plus profond respect,

MADAME,

Vôtre tres-humble & tres-obéïssant Serviteur,
GERMAIN BRICE.

AVERTISSEMENT.

LE débit qui s'est fait de sept éditions de la Description de la Ville de Paris, a fait connoître que le public en avoit été content; & comme il n'en restoit plus d'exemplaires, l'Auteur s'est trouvé engagé à donner cette huitiéme édition, augmentée d'un quatriéme volume à cause des changemens extraordinaires qui sont arrivez depuis l'année 1717, que la septiéme édition a parû.

On a ajoûté dans cette derniere, des estampes nouvelles, & l'on n'a rien négligé de tout ce qui pouvoit rendre cet ouvrage plus correct & plus parfait qu'il n'a' paru jusqu'ici.

La Ville de Paris est d'un détail si prodigieux & si extraordinaire, qu'il est impossible qu'il ne se soit échapé plusieurs choses, que l'on aura passé sous silence;

AVERTISSEMENT.

& dont pourtant on auroit dû parler. L'Auteur pourroit s'excuser sur le peu de secours qu'il a trouvé, quelques personnes lui aiant refusé les éclaircissemens qu'il leur demandoit.

Il a taché d'y suppléer, & n'a épargné aucuns soins pour rendre son ouvrage le plus complet qu'il lui a été possible. Il espere que le public sera content de son exactitude.

Quelques Ecrivains ont bien voulu prendre la peine de travailler sur la Description de Paris ; mais quelques soins qu'ils se soient donnez, on ne voit que trop clairement que les choses qu'ils ont ajoûtées, ou changées, ne sont pas de grande conséquence. C'est sur quoi les Lecteurs judicieux pourront former leur jugement, en remarquant sans peine la difference qui se trouve toûjours entre un original & une copie.

DESCRIPTION

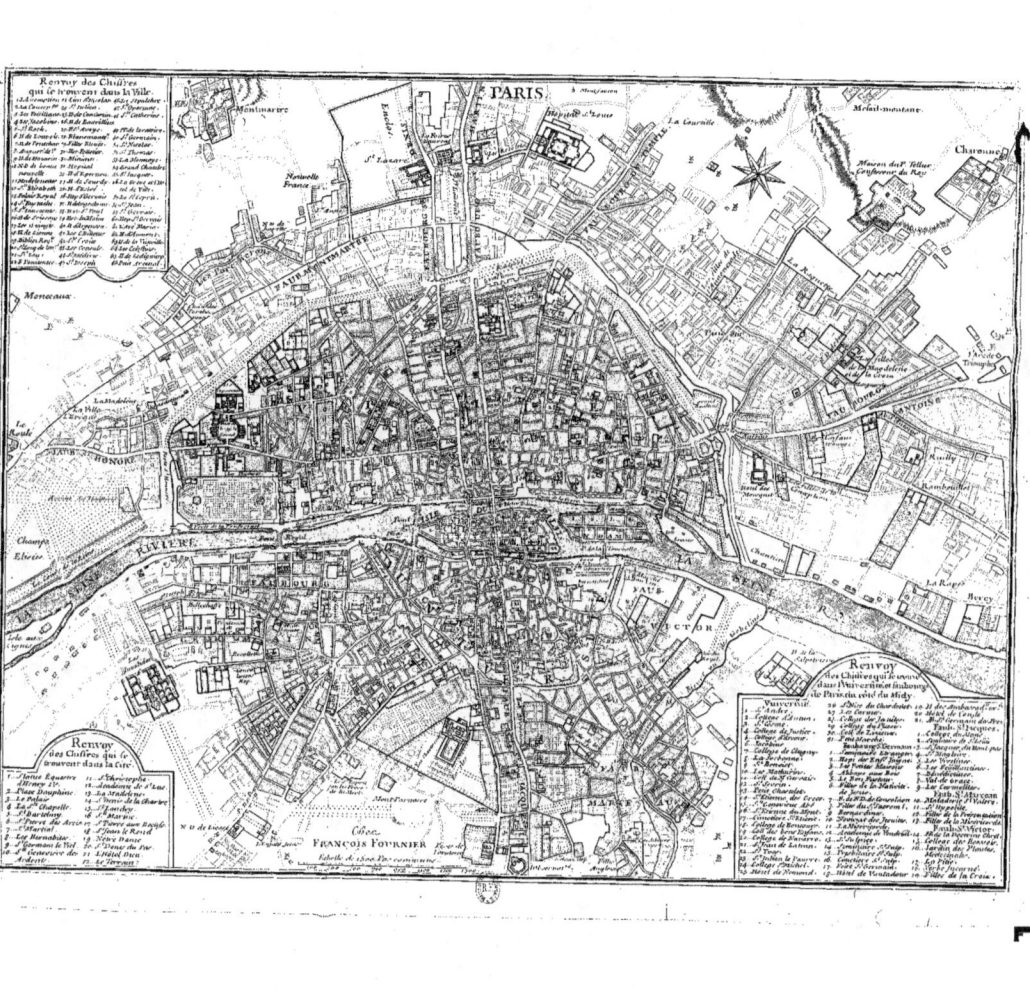

DESCRIPTION
DE LA VILLE
DE PARIS,
ET
DE TOUT CE QU'ELLE
contient de curieux & de plus remarquable.

L'ENTREPRISE de donner une Description exacte de la Ville de Paris, n'est pas un ouvrage aussi aisé que l'on pourroit s'imaginer. Les changemens qui y arrivent continuellement, demandent une attention extrême & une vigilance toute particuliere ; cependant on tachera de faire connoitre cette grande Ville le plus exactement qu'il sera possible, malgré les diversitez infinies qu'elle contient, qui ne se trouvent point ailleurs.

Avant que de commencer la description que l'on se propose de faire, il ne sera pas inutile de raporter en abrégé quelque chose de son origine & de son histoire, sur ce que les Auteurs approuvez en ont dit de plus remarquable & de plus certain.

Cette fameuse Ville, à présent une des plus florissantes & des plus renommées qu'il y ait dans le monde, n'est pas cependant des plus anciennes, quoique César en parle assez avantageusement dans le sixiéme livre de ses Commentaires.

Il dit qu'après avoir subjugué plusieurs nations des Gaules, il envoia Labienus mettre le siege devant Paris, alors appellé *Lutece*, qui étoit enfermé entre les deux bras de la riviere de Seine, où tous les habitans des lieux circonvoisins s'étoient refugiez, pour éviter la servitude que les Romains vouloient leur imposer, comme ils avoient déja fait à tant de grandes nations differentes. Il ajoûte que ces peuples se défendirent dans ce lieu avec tant de vigueur & d'opiniâtreté, que ce fameux général de la république Romaine fut obligé de ramasser le plus qu'il put de ses troupes dispersées en differens endroits des Gaules, pour les soumettre à son obéissance. Il est vrai qu'il les vainquit, mais ce ne fut qu'avec beaucoup de peine & qu'après de tres-sanglans combats. Les Parisiens en abandonnant leur Ville, ou plûtôt leur retraite, mirent le feu aux maisons, qui n'étoient que de bois, ou de simples branchages legerement construites, comme on le pratiquoit ordinairement en ces tems-là ; ce qui arriva environ 45. ans avant la naissance de JESUS-CHRIST.

César ayant remarqué dans la suite, que la situation de cette place étoit tres-avantageuse, entre les bras d'une grande riviere, & au centre de plusieurs fertiles provinces, qu'il avoit déja ajoûtées à l'Empire, en fit le siége d'un gouvernement, & il dit lui-même dans le VI. liv. de ses Commentaires, *de bello Gallico, summum consilium in Lutetiam Parisiorum transtulit.*

Dans le VII. *liv.* le même auteur fait comprendre que Paris, lorsqu'il étoit occupé à la fameuse conquête des Gaules, étoit déja un lieu de que'que distinction, & que cette Ville étoit alors connue sous le nom de *Lutetia*. Voici ses propres termes.

A ij

DESCRIPTION

Lutetia oppidum est Parisiorum positum in insula Sequanæ, perpetua est palus quæ influit in Sequanam, atque illum locum omnem magnopere impedit.

Les Romains y éleverent dans la suite des édifices solides ; entre autres, le grand & le petit Châtelet, où ils mirent de fortes garnisons, pour contenir ces peuples belliqueux nouvellement soumis à leur domination, laquelle a duré près de cinq cens ans, sans interruption dans les Gaules ; & ce qui doit paroître merveilleux, c'est que, pour maintenir dans l'obéissance toutes ces grandes provinces alors tres-peuplées, les Romains n'avoient que de foibles garnisons dans les Villes principales, dont le nombre n'excedoit pas cinq cens hommes par toutes les Gaules ; ce qui seroit difficile à croire, si l'on n'avoit de tres-bons historiens pour garans.

Depuis Jules César jusqu'au regne de l'empereur *Julien*, les auteurs ne disent presque rien de Paris, si ce n'est *Strabon*, qui vivoit sous Auguste & sous Tibere, lequel parle de *Lutece*, comme étant la capitale des peuples appelés *Parisii*.

On voit dans *Ammian Marcellin*, que *Julien* s'étant retiré dans les Gaules, choisit cette Ville pour y faire sa demeure ordinaire, dont il trouva le séjour agréable & délicieux. On lit même dans les épîtres que l'on a de cet Empereur, qu'il y croissoit du vin excellent, & des figues d'un goût exquis, ce qui l'engagea sans doute à y faire bâtir un palais, dont il paroît encore des restes magnifiques derriere l'hôtel de Cluny & à la croix de fer dans la rue de la Harpe, où logent à present des voituriers, dont on ne manquera pas de faire la description, lorsque l'on parlera du quartier où ces beaux monumens quoique tres-negligez se voient encore à present sur pié, & que l'on devroit conserver plus soigneusement que l'on ne fait, la négligence sur cet article, aussi-bien que sur quantité d'autres choses, n'étant pas excusable.

Il se trouve plusieurs opinions differentes touchant le nom de cette Ville.

Quelques auteurs disent qu'elle a longtems été nommée *Lucotece*, & ensuite *Lutecia* du nom du roi *Lucus*, qui étoit tres illustre parmi les anciens Gaulois ; d'autres se sont imaginez que ce nom fut donné à cette Ville du mot latin *Lutum*, qui signifie *Boüe*, parce que sa situation étant environnée de marais sur un terrain fort bas entre les deux bras de la riviere, il y avoit toûjours beaucoup d'eau & de bouë; & pour soutenir cette conjecture, ceux qui ont cette opinion, croient que c'est pour cette raison que l'on nomme encore à présent le *Marché Palud*, un espace qui se trouve à l'extrémité du petit pont, entre la rue neuve de Notre-Dame, & la rue de la Calande.

Guillaume LE BRETON, poëte, qui vivoit sous le regne de Philippe Auguste, & auteur d'un poëme en douze livres, intitulé la *Philippéide*, à la louange de ce Prince, dit de la Ville de Paris.

Urbibus urbs speciosa magis, bona cujus ad unguem
Commendare mihi sensus brevitate negatur.
Quæ caput est regni, quæ grandia germina rerum
Educat, & doctrix existit totius orbis;
Cui quamvis vere toto præluceat orbi;
Nullus in orbe locus: quoniam tunc temporis illam
Reddebat palus & terra pinguedo lutosam,
Aptum Parisii posuere Lutetia nomen.

D'autres enfin ont imaginé que le nom de PARIS pourroit avoir été formé du terme Grec Παρα qui signifie *proche*, & du nom de la déesse *Isis*, parce que cette déesse tres-célebre chez les anciens Païens, avoit autrefois un temple dans l'endroit où est à present l'Eglise de l'abbéïe de S. Germain des prez, dont *Paris* dans son ancienne étendue n'étoit pas fort éloigné.

On prétend effectivement qu'il y avoit dans le territoire de cette Ville des temples dédiez à cette divinité; & selon l'opinion de quelques savans, *Spon*, tres-habile antiquaire, a avancé dans ses recherches curieuses, que le village d'*Issy*, proche de Vaugirard, en a conservé le nom, parce que cette divinité y avoit un temple fameux, avec un college de prêtres, ausquels on avoit donné plusieurs terres pour leur nourriture & pour leur entretien, une partie desquelles fut affectée dans la suite par le roi Clovis, à l'abbéïe de sainte Geneviéve du mont, dont il étoit fondateur, & l'autre partie par le roi Childeric, à saint Germain des prez, en fondant cette grande Abbéïe, comme on le dira dans son lieu.

Selon le même auteur, on voloit en

core dans le village *d'Iſſy*, il y a environ un ſiecle, les ruines d'un fort ancien édifice bâti ſolidement, que l'on croioit être les reſtes du temple de la déeſſe *Iſis*, dont il ne paroît à préſent aucuns veſtiges, le tems l'aiant entiérement détruit, comme une infinité d'autres plus célebres, & bien plus magnifiquement conſtruits que celui-ci.

Le ſavant *Dom Jean Mabillon*, dans ſa *diplomatique*, raporte des chartes de quelques Rois de la premiere race, datées, au palais d'*Iſſy*; ce qui fait préſumer que cet endroit étoit encore célebre en ces tems-là, c'eſt-à-dire, peu d'années après la deſtruction du paganiſme en France.

Cependant *Iſis* n'étoit pas la ſeule divinité qui fut adorée dans le territoire de PARIS, comme l'on verra ci-après. *Cybele* qui étoit la même ſous un autre nom, y étoit auſſi reverée; & pour ſoûtenir cette conjecture, on peut rapporter ici ce qu'on décrouvrit il y a quelques années dans le jardin d'une grande maiſon de la rue Coquilliaire proche de ſaint Euſtache, qui a appartenu autrefois à *Louis Berrier* Secretaire du Conſeil, fort connu dans le monde à cauſe de ſa prodigieuſe fortune : comme on fut obligé de creuser la terre assez avant pour faire les fondations d'une muraille, on trouva un buste de bronze dans les debris d'une vieille tour ; il representoit la tête d'une femme un peu plus grosse que le naturel. Cette tête qui avoit des yeux d'argent, étoit couronnée d'une tour ou d'un château antique, comme on en distingue sur les anciens bas-reliefs de Rome, & sur les medailles où Cybele est representée. L'on sait que cette déesse étoit invoquée pour la fecondité de la terre, & que les poëtes qui l'appelloient ordinairement *Turrita Mater*, la nommoient encore *Ops*, *Rhea*, *Isis*, *Ceres*, *magna pales*, *magna mater*, *Cynthia*, *Berecynthya*.

Tous les doctes antiquaires qui ont examiné cette piece, ne doutent point de son antiquité, & le savant *Claude du Moulinet* Chanoine régulier de sainte Geneviéve du mont, fit imprimer un petit traité pour faire voir que ce buste, qu'il croioit être celui d'*Isis*, pouvoit avoir servi dans un Temple bâti à cet endroit, où cette déesse étoit adorée ; & que ce Temple avoit été renversé par la suite des tems. On conserve une copie en plâtre de ce buste dans la bibliotheque de sainte Geneviéve, moulé par Girardon, sur l'original qui se trouvoit dans son cabinet aux galeries du Louvre, avec quantité de curiositez, qui ont été vendues après sa mort, arrivée le premier de Septembre 1715.

On donne encore d'autres étimologies du nom de PARIS, que celles que l'on vient de raporter, entre autres de *Paris* roi des Gaulois, dont les états s'étendoient autour de cette Ville sur les bords de la Seine, d'où vient que les Habitans des lieux circonvoisins étoient appellez *Parisii* ou *Parisiasi*. Ce qui a fait sans doute que plusieurs Villages des environs ont encore conservé le nom de *Parisis*, entre autres, *Louvre* en *Parisis*, *Cormeille*, *Claye*, *Gouffenville* au Président de Nicolaï, *Ville Parisis* & *Gonesse* en Parisis, où il se fabrique du pain si excellent par la qualité des eaux, que bien des personnes sont persuadées qu'il n'y en a point de meilleur & plus convenable à la santé.

Le sentiment de *Dom Bernard* de MONTFAUCON docte Benedictin, auteur de plusieurs savans ouvrages, paroît tres bien fondé. Il croit que cette Ville a reçû son nom de ces peuples circonvoisins nommez *Parisii* par les anciens historiens, lesquels aiant trouvé la situation de cette Isle commode, y faisoient des foires & des assemblées d'états, dans lesquelles ils terminoient les affaires de leur nation; ce qui arrivoit regulierement tous les ans, dans les jours marquez par des proclamations solemnelles. Ces jours s'appelloient *Landi*, comme qui diroit *dies indicta*, dont on conserve encore à présent quelque espece de memoire par une fameuse foire qui se tient tous les ans à Saint-Denis, laquelle porte le même nom. Dans la suite on se servit de l'occasion de ces assemblées publiques, pour faire l'exposition des reliques de ce saint Martyr & de ses compagnons ; ce qui a duré pendant plusieurs siecles.

A l'égard du buste dont on a déja parlé, qui a été trouvé proche de l'Eglise de saint Eustache, que *Girardon* conservoit dans sa galerie ; c'étoit le simulacre d'une divinité protectrice de la Ville de Paris, qui avoit été placé dans un Temple bâti à cet endroit, ou dans une des tours qui servoient de défense à la Ville, pour la conserver, ou pour la défendre contre les ennemis, comme les anciens le pratiquoient

A vj

ordinairement. Cette coutume eſt autoriſée par pluſieurs monumens & par des medailles antiques, ſur leſquelles on voit des têtes ſemblables chargées de tours comme celle-ci, principalement ſur celles de Smirne & de pluſieurs autres villes d'Aſie & de Grece, dont les Gaulois pouvoient ſuivre les coutumes, à cauſe des frequens voiages que les Grecs faiſoient en ce tems là, dans les Gaules, par Marſeille & par les autres ports de Provence, où ils avoient fondé des colonies & des établiſſemens conſiderables.

M. MOREAU de MAUTOUR, *Auditeur des Comptes*, de l'Academie roiale des belles Lettres, a fait une diſſertation pour détruire l'opinion vulgaire qui attribue le nom de Paris à celui de la déeſſe Iſis, & donnant une origine plus naturelle, il prétend que la tête antique, de laquelle on a parlé, ne fut jamais celle d'*Iſis*, mais de *Cybele*, dont on ne doit point confondre les attributs, avec ceux d'*Iſis*; & cet Auteur prouve par des monumens, que *Cybele* a été reverée, non ſeulement par les anciens Pariſiens, mais auſſi dans pluſieurs villes des Gaules. L'on verra ſans doute cette diſſertation dans les mémoires de l'Académie que l'on doit donner au public.

Ceux qui attribuent de la vertu aux talismans, ne manquent pas de citer un passage de *saint Gregoire de Tours*, auteur le plus suivi pour l'histoire de la premiere race des rois de France, lequel comme on sait, donnoit fort dans le merveilleux & dans les événemens extraordinaires. Il avoit oui dire qu'en curant un égout sous un pont du côté du midi, on avoit trouvé une plaque de plomb sur laquelle un serpent, un rat d'eau & une flamme étoient gravez; qu'aussitôt que cette plaque fut découverte, le feu prit en plusieurs endroits de la Ville, que les serpens & les rats d'eau commoderent tellement les habitans, qu'ils furent sur le point d'abandonner leurs maisons; mais dès qu'on eut apperçû d'où cette incommodité pouvoit venir, on remit la plaque de plomb d'où elle avoit été tirée, & qu'en même tems toutes ces incommoditez cesserent, & n'ont fait dans la suite aucun dommage considerable: car sans parler des rats d'eau & des serpens, dont on ne s'est jamais apperçû, le feu prend si rarement, & il se voit si peu d'incendies extraordinaires à Paris, qu'il est tres vrai de dire qu'il n'est point de ville au monde qui en recoive moins de perte.

On s'engageroit à une trop longue & trop ennuieuse recherche, s'il falloit parler des differens accroissemens de cette Ville. On peut facilement s'imaginer qu'elle n'a pas toujours été de la grandeur & de l'étendue dont elle est à présent. Sous le regne de *Clovis*, elle étoit encore enfermée entre les deux bras de la Seine, & n'occupoit precisement alors, que cette partie de l'Isle du Palais, que l'on nomme encore à présent la *Cité*, avec quelques maisons champêtres sur le bord de la riviere du côté de l'Eglise de saint Germain l'Auxerrois, où étoit alors un bois appelé *la Forest des Charbonniers*.

Selon le Pere *Daniel*, la Ville de Paris est devenue capitale sous le regne de *Clovis*, vers l'année 507. Ce Prince est mort, selon le même auteur, en 511.

Cependant, quoiqu'elle fût fort petite en ce tems-là, elle ne laissa pas quelques années après d'être consideréé comme une place de tres grande consequence, puisque dans le partage que les quatre enfans du Roi *Clovis* firent des terres que leur pere avoit laissées

DE LA VILLE DE PARIS. 15
après fa mort, ils convinrent entre eux, que Paris demeureroit neutre, fans appartenir à aucun des quatre; & que celui d'entre eux qui entreprendroit d'y entrer fans le confentement des trois autres, perdroit la part qu'il pouvoit y prétendre. Sous leurs fuccefleurs, la chofe alla fi loin, qu'on ne donnoit le titre de roi de France qu'à celui qui en étoit maître & tranquile pofleffeur; ce qui fait bien connoître que ce n'eft pas d'aujourd'hui, que cette fameufe Ville a infiniment fervi à la grandeur des rois de France & à la réputation de la Monarchie.

Sous la feconde race elle devint plus confiderable par fon étendue.

On commença à bâtir fur les bords de la Seine, principalement autour de l'Abbéie de fainte Geneviéve du Mont, que le Roi *Clovis* avoit déja fondée fous le titre de *faint Pierre du Mont*.

Plufieurs endroits fe peuplerent & fe remplirent de maifons quelques fiecles après, quand on fut délivré de la crainte des barbares du Nord, qui avoient ravagé pendant l'efpace de quatre-vingt ans, la plus grande partie des provinces du roiaume; & particulierement les environs de cette Ville.

Mais sous la troisiéme race, elle augmenta beaucoup, & prit une forme toute nouvelle.

Philippe Auguste, Prince magnifique, qui regardoit la Ville de Paris comme l'ornement de ses états, s'appliqua à l'embellir plus qu'aucun de ses prédecesseurs n'avoit encore fait. Il entreprit de la faire enfermer de hautes murailles, soutenues de grosses tours rondes d'espace en espace, dont on voit encore quelques restes du côté de l'Université ; & il ordonna que tous ces grands travaux s'achevassent pendant le voiage qu'il fit en Palestine contre les Sarrasins, comme *Rigord* son historien fidele le rapporte sous l'année 1192.

Il ne faut pas oublier de dire ici à la gloire de ce Prince, qu'avant & après son regne, les Rois qui ont laissé un plus grand nom dans l'histoire, sont ceux qui ont fait paroître plus d'affection & plus d'attachement pour la Ville de Paris. Ce Prince consideroit dès ce tems-là la Ville de Paris, comme le séjour le plus avantageux de son Roiaume, & le plus propre à y faire paroître la grandeur & la majesté des Rois de France ; ce qui a si bien réussi, que cette Ville a toujours eu cet avantage sur toutes les autres ; & aucun ne ne lui a encore ofé difputer jufqu'ici.

On trouve en effet dans la premiere race, *Clovis*, premier Roi Chrétien, qui la choifit pour être la capitale de fes états, comme on le lit dans faint *Gregoire de Tours*, qui dit en propres termes : *Clodoveus à Turonis Parifios venit, ibique cathedram regni conftituit*. Ce Prince y fit conftruire divers édifices, & même un palais proche de l'Eglife de fainte Geneviéve du mont, comme on le dira ailleurs. *Childebert & Dagobert*, fes fucceffeurs, y tinrent auffi leur cour pendant plufieurs années.

Dans la feconde race *Pepin le Bref*, *Charlemagne & Charles* le Chauve, accorderent de grands privileges à la Ville de Paris, & l'embellirent avec bien du foin.

Dans la troifiéme enfin, on remarque *Robert* le pieux, *Philippe* premier, *Louis* le Gros, *Philippe* Augufte, *faint Louis*, *Philippe* le Bel, *Charles* V. dit le fage, *Louis* XII. le pere & lesdélices du peuple, *François* I. l'inftaurateur des beaux arts, fans oublier *Henri* II. *Henri* IV. *Louis* XIII. & *Louis* XIV.

Cependant fous les regnes de tous ces Princes, on n'a rien fait de comparable aux ouvrages immenfes, conftruits dans le siecle passé ; principalement les augmentations du Louvre, le palais d'Orleans, ou Luxembourg, le palais roial, la maison de Sorbonne, le Val de Grace, le College des quatre Nations, l'Observatoire Roial, les nouvelles portes de la Ville, les Champs Elisées, les grands cours sur les Boulevars, l'Hôtel des Invalides, l'Hôtel des Mousquetaires du Faubourg saint Antoine, l'Hôpital general, les nouveaux Quais, le Pont-Roial, la plus grande partie des Ponts & des Fontaines, plusieurs quartiers tout entiers, comme l'Isle de Nôtre Dame, le Marais du Temple, la Bute Saint-Roch, & le Faubourg Saint-Germain presque tout entier, des places nouvelles d'une grande magnificence, quantité de longues rues élargies ou alignées & d'autres ouvertes dans des endroits tres difficiles pour la communication des quartiers, & mille autres choses dont on parlera dans la suite ; en sorte qu'il est vrai de dire que Paris a entierement changé de face depuis un siecle ou environ, & est devenu une Ville tres-magnifique en comparaison de ce qu'elle étoit dans les siecles passez.

On doit pourtant avoüer en même tems, qu'il reste encore bien des choses

DE LA VILLE DE PARIS. 19.
à faire; & que si les grands travaux qui ont été proposez & même commencez n'avoient pas été si souvent negligez ou interrompus, on verroit sans doute bien d'autres augmentations & des embellissemens tres-considerables qui rendroient encore cette Ville infiniment plus belle & plus commode qu'elle n'est à present.

Sous le regne de Philippe Auguste, c'est-à-dire, vers l'année 1185, un financier, bien moins riche cependant que ceux qui paroissent à present, nommé *Gerard de Poissy*, mais d'ailleurs très-honnête homme, fit une action rare & sans exemple, qui doit rendre sa memoire précieuse à la posterité.

Comme il vit que le Roi n'épargnoit ni soins ni dépenses pour l'embellissement de la capitale dont il vouloit faire l'ornement de ses états, il contribua de sa part *onze mille marcs d'argent*, pour en faire paver toutes les rues, somme immense en ce tems-là, qu'il avoit sans doute gagnée sur le Roi & sur le peuple dans le maniment des Finances. Mais, ajoûte *Mezeray*, *quoi qu'il en soit, on peut dire que ce bel exemple sera toujours unique, & qu'on ne verra jamais de Financier qui le veuille imiter; quelque chose que l'on fasse*, ajoûte ce fidele Auteur, *ces gens-là iront plûtôt à la mort que de venir à restitution: ainsi il sera toujours plus sûr & plus aisé de les empêcher de prendre, que de les obliger de rendre.*

Philippe Auguste ne se contenta pas, comme on vient de le dire, de faire enclore le quartier de l'Université, qui étoit alors tres peuplé & le plus considerable; il fit aussi enfermer de pareilles murailles tout le reste de la Ville du côté du Septentrion.

On commença d'abord, selon toutes les apparences, par le quartier de l'Université, par la porte de la Tournelle, ou de saint Bernard, sur le bord de la riviere, de suite en montant derriere sainte Geneviéve, jusqu'à la porte saint Jacques, & en descendant vers la Seine, à l'endroit où l'on voit à present le college des Quatre-Nations, où étoit auparavant la porte de Nesle, & une tour fort élevée, qui ont été abbatues pour élargir ce quartier.

Du côté du Septentrion, son circuit étoit à peu près de la même étenduë.

Il y avoit autrefois une porte proche de l'endroit où sont a present les Quinze-vingts, qui répondoit à la Porte Neuve sur le bord de l'eau, renversée depuis quelques années, à côté de laquelle il y avoit une tour d'une grande hauteur, presque pareille à celle dont on vient de parler, de l'autre côté de la riviere ; ce fut par cette porte que le Roi Henry IV. entra dans la Ville, lorsqu'elle se réduisit sous son obéissance, le 22. de Mars, de l'année 1594. Il se trouvoit encore une porte dans la rue Coquillaire, au bout de la rue de Grenelle. Une quatriéme nommée la porte aux peintres dans la rue saint Denys, à l'endroit où est à present la fontaine de la Reine, bâtie du tems de *Catherine de Medicis*. Une autre dans la rue saint Martin, à l'extrémité de la rue aux *Oües*: enfin une dans le voisinage du cémetiere de saint Jean appellée la porte *Rodoyer* ou *Baudets*, parce qu'elle conduisoit au château de ce nom, situé dans le même lieu où est à present le village de saint Maur des fossez au-delà de Vincennes.

Depuis ce tems-là, cette grande Ville a fort augmenté, & tous les jours elle s'étendoit dans les campagnes voisines; mais pour de fortes considerations on avoit planté des bornes au-delà desquelles il n'étoit pas permis de construire des édifices, mais on a planté de nouvelles bornes audelà des anciennes, par une Déclaration du Roi, donnée à Chantilly, le 18 de Juillet 1724.

Il faut cependant confiderer que dans fon étendue qui eſt tres-grande, il ne s'y rencontre aucun eſpace qui ne ſoit fort peuplé & entierement rempli de maiſons, dans la plûpart deſquelles il ſe trouve ſouvent pluſieurs familles enſemble. Dans les autres grandes Villes, où chacun veut être logé en particulier, l'on ne voit rien de pareil ; ce qui fait auſſi qu'il n'y a point de maiſons à ſept étages, comme autour du Palais, proche du grand Châtelet, aux environs des hales & en pluſieurs autres endroits, dans leſquels les moindres eſpaces ſont occupez par pluſieurs familles & louez tres cher.

Par les meſures priſes du terrain que la VILLE DE PARIS occupe à preſent, il ſe trouve qu'elle peut avoir environ deux lieues communes de diametre & ſix de circonference, en y comprenant ſes onze fauxbourgs, entre leſquels il y en a trois ou quatre fort peuplez, d'une tres-grande étendue & comparable à des Villes renommées.

Elle eſt ſituée, ſelon l'obſervation des plus experts Mathematiciens, au quarante huitiéme degré cinquante minutes de latitude, & au vingt troiſiéme degré trente minutes de longitude ; au milieu d'un terroir tres-fertile en bleds, vins excellens, fruits exquis, legumes de toutes especes, & embelli d'un nombre infini de situations merveilleuses, dont on s'est avantageusement servi pour placer quantité de maisons de plaisance, magnifiquement bâties, dans la plûpart desquelles les financiers font l'étalage de leur luxe & de leurs richesses, bien mieux encore que dans leurs maisons de la Ville, où ils n'en font que trop paroître pour la ruine du public.

La bonté & la beauté des materiaux avec la facilité de les avoir pour la construction des édifices de toute espece, a beaucoup contribué à l'agrandissement de la ville de Paris.

La pierre de taille se tire sans grande peine dans les Campagnes voisines du fauxbourg saint Jacques, où il se trouve quantité de carrieres, & le plâtre encore plus aisément de la butte Montmartre & de Belleville; les bois pour la charpente, pour la menuiserie & à brûler, viennent par la Seine & par plusieurs autres rivieres qui s'y déchargent, ainsi que toutes sortes de denrées nécessaires à la vie, que l'on voiture des parties les plus éloignées du Royaume par leur moien; & par le canal de Briare & d'Orleans qui y communiquent.

On peut hardiment assurer qu'il n'est point de Ville dans toute l'Europe qui contienne un si grand nombre d'habitans, puisque selon l'exacte recherche de plusieurs personnes versées dans ces sortes de choses, on a trouvé qu'il y avoit encore plus de *huit cens mille* personnes, malgré les diminutions considerables arrivées dans ces dernieres années de guerres, de maladies & de disettes extrêmes causées par l'affreux hyver de 1709, entre lesquelles on doit mettre *cens cinquante mille* domestiques.

A Rome, selon le dénombrement fait sur les ordres du Pape, par *Carracioli*, dans le mois de Juillet 1714, tous les habitans de l'un & de l'autre sexe, ne montoient qu'à cent quarante trois mille personnes. Il est vrai que la ville de Naples est bien plus peuplée ; & qu'à Londres le nombre des habitans est encore plus considerable : mais quoique cette Ville occupe un terrain fort étendu, le long de la Tamise ; cependant de l'aveu de ceux qui l'ont soigneusement examinée, ils ont trouvé qu'elle est moins nombreuse que la ville de Paris. On ne doit rien dire des autres Villes renommées de l'Europe, comme Rome, Venise, Naples, Amsterdam, Milan, Gennes,

DE LA VILLE DE PARIS. 25

Gennes, Madrid, Lisbonne, lesquelles sont beaucoup inferieures par le nombre de leurs habitans & par la quantité des édifices.

Depuis l'année 1716, le nombre des maisons est extrémement augmenté. On a élevé des édifices à toutes les extremités & dans plusieurs places qui restoient vuides en differents quartiers éloignez, & même absolument inhabitez; & quoique cette grande étendue fasse beaucoup d'honneur à la Ville de Paris, il seroit bon de considerer que les Villes les plus célebres de l'antiquité n'ont pas été de longue durée, que leur grandeur a fait leur ruine & causé leur destruction; sans parler du luxe immense en bâtimens, en meubles, en équipages, en habits, en tables, & en jeu; tout cela, selon *Tacite*, marque une décadence certaine, & la ville de Rome même qui reste encore sur pié, n'est plus qu'un miserable squelete tout décharné de ce qu'elle étoit autrefois dans sa splendeur sous les Césars.

On compte dans PARIS, *vingt mille* maisons qui forment plus de *neuf cens rues*, sans parler de celles qui sont sur les derrieres, qui montent au moins à *quatre mille*, que l'on ne met point dans ce nombre : des vingt mille maisons qui

Tome I. B

sont à *front de rue*, il y en a du moins quatre mille à portes cocheres, qui peuvent être louées jusqu'à deux mille livres par égale portion, les 16000 autres, six cens livres chacune : on verra de là, que les loyers de toutes les maisons de cette grande Ville produiront *vingt millions* de revenu tous les ans : ce qui est sans exemple par tout ailleurs, & ce qui est bien augmenté dans ces dernieres années.

L'habile & exact Auteur de la *Dixme royale*, de qui on a tiré une partie de ce que l'on vient de dire, prétend qu'il peut y avoir en France *dix neuf millions quatre-vingt quatorze mille* personnes, entre lesquelles il met *quinze cens mille* domestiques. Cette supputation a été faite sur celle que les Intendans publiérent chacun dans sa Generalité, pour le voyage des Princes en l'année 1700.

Dans la Generalité de Paris, qui est à la verité une des plus peuplées, le même Auteur a trouvé *dix-huit cens cinquante six mille neuf cens trente-huit personnes* de tous âges & de tous sexes.

On pourroit encore avancer pour faire voir la quantité du peuple que la Ville de Paris contient, qu'il s'y consume tous les ans plus de *soixante & dix mille* bœufs, ou vaches, *sept cens mille* moutons, *cent vingt-cinq mille* veaux, & *quarante mille* cochons, ou environ, dont le seul village de Nanterre a fourni jusqu'à *vingt deux mille* par année.

Que l'on y boit au moins *trois cens cinquante mille* muids de vin, dans les années de bonne recolte, sans les vins de liqueur & les autres boissons, comme les eaux de vie, les bieres, & les cidres ; que l'on y débite *cent cinquante mille muids de bled* ; mais pour marquer encore plus la splendeur & la magnificence de Paris, on pourroit dire que le nombre des carosses monte à present à *vingt mille au moins*. Il est encore bon de sçavoir qu'il y a près de *cent vingt mille* chevaux pour toutes sortes de voitures, dont il en périt *dix mille* par année; & enfin, que la seule dépense des lanternes, qui sont à présent allumées pendant neuf mois, va au moins à deux cent mille écus toutes les années.

Il faut avouer après cela qu'il n'est point de Ville au monde qui doive causer une plus juste admiration ; car sans parler du prodigieux nombre de ses habitans, qui monte à plus de 800000 personnes, des hommes illustres en tous genres qu'elle a produit autrefois, & de ceux qui vivent encore, dont la réputation est tres-grande dans le monde, de la magnificence de ses bâtimens, pour les dehors, & encore plus pour les dedans, de la fertilité & de la beauté de ses environs, de la richesse immense de quelques-uns de ses citoyens ; on peut aussi considerer cette Ville par la réputation qu'elle a procurée à toute la nation Françoise, qui s'est rendue si célebre dans toute l'Europe, pour ne pas dire dans tout le monde ; ce qui engage tous les jours un grand nombre d'étrangers de qualité, & des Princes même à y venir étudier, non seulement la langue & la politesse des mœurs, mais encore les manieres nobles & distinguées qui conviennent aux personnes de condition. On doit encore ajoûter que les beaux arts & les exercices ne fleurissent point & ne sont point enseignez ailleurs comme à Paris, ce qui donne à cette fameuse Ville beaucoup de lustre & une trèsgrande réputation.

On doit de plus louer la ville de Paris, par les secours infinis qu'elle a procurés à l'Etat, dont elle a toujours été sans contredit la ressource & le premier mobile, & par le mouvement avantageux qu'elle a tres-souvent donné aux plus grandes affaires.

On a vû en effet, qu'aussitôt que cette fameuse Ville eût reconnu *Henry* IV. pour Roi, tout le reste du royaume suivit son exemple. On conserve encore la mémoire de cet événement par une procession solemnelle qui se fait tous les ans le 22 de Mars sous le nom de la *réduction de Paris*, à laquelle le Parlement, tous les corps & les ordres de la Ville sont obligez d'assister.

Tous les Historiens conviennent dans ce point, que sans la vigueur & la fermeté heroïque que la ville de Paris fit paroître pour le parti de la Religion catholique, pour laquelle elle soutint si genereusement plusieurs sieges & souffrit une famine affreuse, comparable à celle de Jerusalem, assiegée par Titus, les choses auroient tourné tout autrement sans doute, & n'auroient pas eu les heureux succès, qui suivirent la conversion du Roi *Henry* IV. Ce Prince aiant fait son abjuration, comme on le va dire, la ville de Paris se soumit à son obéissance sans peine, & à son exemple la plûpart des grandes Villes du roiaume.

L'abjuration de ce grand Roi à cause de ses grandes suites, merite bien d'être marquée en cet endroit. Elle se fit avec beaucoup de solennité dans l'Eglise de saint Denys en France, le Dimanche 25 de Juillet 1593, à neuf heures du matin entre les mains de Renauld de Beaune grand Aumônier de France, Archevêque de Bourges, puis de Sens, assisté de sept ou huit Prélats, de plusieurs Docteurs & de trente Curez de Paris, entre lesquels le fameux René Benoist Curé de Saint-Eustache, qui fut ensuite Confesseur du Roi, ne manqua pas de se trouver, comme un homme d'une distinction particuliere par sa capacité; avec un grand concours de personnes considerables par leur rang. Jacques Davy du Perron & Arnauld d'Ossat, tous deux nommez Cardinaux quelques années après, furent envoiez à Rome, pour obtenir du Pape Clement VIII. l'absolution du Roi. Ce Prince n'entra cependant dans cette Ville, que le 22 de Mars de l'année suivante 1594.

Dans l'intervalle de l'abjuration du Roi & de son entrée à Paris, il fut sacré le 27 de Fevrier 1594. La Cérémonie se fit à Chartres, & Nicolas de Thou, alors Evêque de cette Ville, se servit pour l'onction de l'huile de la sainte Ampoule, qui se garde de tems immémorial dans l'Abbéïe de Marmoutier proche de Tours, parce que l'on ne put avoir celle de Reims, qui étoit encore entre les mains des Ligueurs ; & comme les ornemens royaux dont on se servoit pour le sacre étoient avec le tresor de Saint Denis, qui avoit été transporté à Paris pour une plus grande sureté, le Roi en fit faire exprès de nouveaux ; sçavoir, une Couronne d'or, & une de vermeil doré ; le Sceptre & la Main de Justice, & toutes les autres choses necessaires pour cette grande ceremonie.

Enfin, il seroit permis d'avancer sans exageration, qu'il y a plusieurs roïaumes en Europe qui ne produisent pas un revenu si grand & si assuré que cette seule Ville ; puisque, sans parler des droits qui se tirent sur une infinité de choses differentes, les seules barrieres qui sont à chaque avenue des Fauxbourgs au nombre de quarante-deux ; pour les entrées du vin & de toutes sortes de denrées universellement, rapportent chacune cinquante mille écus par an, l'une portant l'autre, s'il est permis de se servir de cette expression.

On fait état que les revenus ordinaires, que la ville de Paris produit, vont au moins à vingt-huit millions de livres tous les ans, sans compter la capitation établie la premiere fois en 1695, le 18 de Janvier; & un nombre infini de créations de charges, d'augmentations de droits, & de nouvelles affaires qui ont fourni jusqu'à present des sommes immenses.

Une particularité qui doit aussi donner beaucoup d'étonnement, c'est que la police y est observée avec un ordre tout-à-fait merveilleux, par la vigilance des Magistrats, qui s'aquittent des fonctions de leurs charges avec une habileté & une exactitude sans pareille, pour contenir dans les bornes du devoir ce grand peuple, d'ailleurs tres-docile & tres-soumis, & plus éloigné qu'aucun autre du tumulte & de la désobéissance. Ce que l'on a remarqué plus d'une fois dans des occasions tres-délicates & dans des concours extraordinaires de plusieurs milliers de personnes, lesquels se sont passez sans le moindre désordre, & où les Parisiens ont donné des preuves signalées d'une sagesse & d'une modération qui n'a point d'exemple chez aucune nation que l'on connoisse.

En effet, il est tres-vrai de dire que les Parisiens naturellement dociles & tres-soumis, n'ont aucunes de ces passions dominantes que l'on reproche à plusieurs peuples, qui détruisent bien souvent la societé & le repos qui doit regner dans les grandes Villes ; & si les Parisiens ne sont pas sans quelques legers défauts, au moins ne leur peut on point reprocher ces emportemens furieux qui se lisent dans l'histoire de quelques nations ; le zele pour leur Roi, l'amour de la patrie, la gloire de leur nation ont toûjours brillé dans le cœur & dans la conduite des Parisiens ; & l'on doit ajouter qu'aucune Ville du Roiaume n'en a donné des marques plus évidentes, & n'a procuré de plus solides secours d'hommes & d'argent à l'Etat dans les occasions les plus pressantes.

LA VILLE DE PARIS

EST DIVISE'E

EN TROIS PRINCIPALES PARTIES;

LA CITÉ,

L'UNIVERSITÉ,

LA VILLE.

La premiere partie contenue dans l'enceinte de l'Isle du Palais, située au milieu des autres, est la plus ancienne & la plus petite.

La seconde du côté du midi, est remplie de colléges & fort peuplée.

La Ville qui est la troisiéme partie, est au Septentrion, & d'une plus grande étendue que les autres.

Cette grande Ville n'étoit autrefois divisée qu'en seize quartiers, mais par une déclaration du Roi donnée le 12 de Decembre 1702, en execution de l'édit du mois de Decembre 1701, elle a été partagée en vingt à cause de l'augmentation de plusieurs rues, & de quantité de maisons qui ont été nouvellement construites en differens endroits.

Voici le nom des quartiers, comme ils se trouvent à present.

Le quartier de *la Cité*, contient 53 rues, où il y a 413 lanternes, pour éclairer pendant la nuit.

De *Saint Jacques de la Boucherie*, contient 55 rues, & a 183 lanternes.

De *Sainte Oportune*, 34 rues, 153 lanternes.

Du *Louvre*, ou de *Saint Germain l'Auxerrois*, 25 rues, 195 lanternes.

Du *Palais Royal* ou de *Saint Honoré*, 49 rues, 341 lanternes.

De *Mont-Martre*, 41 rues, 284 lanternes.

De *Saint Eustache*, 29 rues, 247 lanternes.

Des *Halles*, 27 rues, 142 lanternes.

De *Saint Denys*, 55 rues, 304 lanternes.

De *Saint Martin*, 54 rues, 415 lanternes.

De *la Greve*, 38 rues, 200 lanternes.

De *Saint Paul*, ou de la *Mortellerie*, 27 rues, 175 lanternes.

De *Saint Avoye*, ou de la *Verrerie*, 19 rues, 173 lanternes.

Du *Marais*, ou du *Temple*, 52 rues, 361 lanternes.

De *Saint Antoine*, 68 rues, 333 lanternes pour éclairer la Ville & les principales rues du Faubourg.

B vj

De la *Place Maubert*, 81 rues; 300 lanternes.

De *Saint Benoist*, 60 rues; 307 lanternes.

De *Saint André des Arts*, 51 rues; 311 lanternes.

Le quartier de *Luxembourg*, 62 rues; 337 lanternes.

De *Saint Germain des Prez*, 55 rues; 396 lanternes.

Quarante-huit conseillers du Roi, commissaires, enquêteurs & examinateurs au Châtelet, sont préposez pour veiller avec soin à tout ce qui se passe dans ces quartiers, & pour y faire exactement observer la police, ce qu'ils font avec toute l'attention possible. Ils raportent les contraventions aux audiences de police qui sont tenues au Châtelet, deux fois la semaine, par le Lieutenant general de police.

Nicolas de la MARRE, commissaire au Châtelet, a publié un traité general de la police, & particulierement de celle de Paris, dont il a donné trois vol. *in fol.* dans lesquels il a ramassé toutes les ordonnances qui ont été faites depuis plusieurs siecles, au sujet desquelles il rapporte quelques origines curieuses & historiques que le public a reçu avec satisfaction. On voit à la tête de cet ouvrage, sept plans differens de la Ville, qui marquent l'état où elle a été dans les siecles passez, & ses divers accroissemens.

On compte à present cinquante trois paroisses dans cette Ville & dans les Fauxbourgs, & un fort grand nombre de couvens des deux sexes, sans parler d'une infinité de communautez seculieres qui augmentent tous les jours ; & environ vingt hôpitaux dirigez avec bien de la sagesse & de la charité, dans lesquels on entretient une tres-grande quantité de pauvres & de malades de tous âges & de toute espece, & plus qu'en aucun lieu sans contredit.

Voilà tout ce que l'on peut dire en general de l'histoire de Paris : Il faut entrer maintenant dans le détail, pour faire connoître autant qu'il sera possible, les beautez qui s'y trouvent à present.

Afin de commencer avec quelque ordre, & pour voir de suite toutes les parties de cette fameuse Ville, selon le dessein que l'on s'est proposé, on ira d'abord à l'endroit le plus remarquable qui en fait le principal ornement par sa vaste étendue & par sa magnificence.

LE LOUVRE.

LA grande & principale entrée du Louvre est située à l'Orient du côté de saint Germain l'Auxerrois. Les premieres assises de ce superbe édifice, furent posées sur les desseins du *Cavalier*. *Jean-Laurent* BERNIN, le plus fameux sculpteur & des plus renommez architectes de ces derniers siecles, que l'on fit venir exprès d'Italie en l'année 1665, avec bien des dépenses; le Roi lui aiant donné six mille livres de pension, sa vie durant, & une gratification de cinquante mille écus, son portrait garni de diamans de la valeur de dix mille livres, sans compter les frais de son voiage, de son séjour à Paris, qui fut de six mois entiers & de son retour à Rome, à cent francs par jour ; mais cependant n'aiant rien fait en cette occasion qui pût soutenir la grande réputation qu'il avoit delà les monts, comme on en peut convenir par les modéles de sa façon qui subsistent encore & que l'on peut voir dans la sale où l'académie de l'architecture tient ses

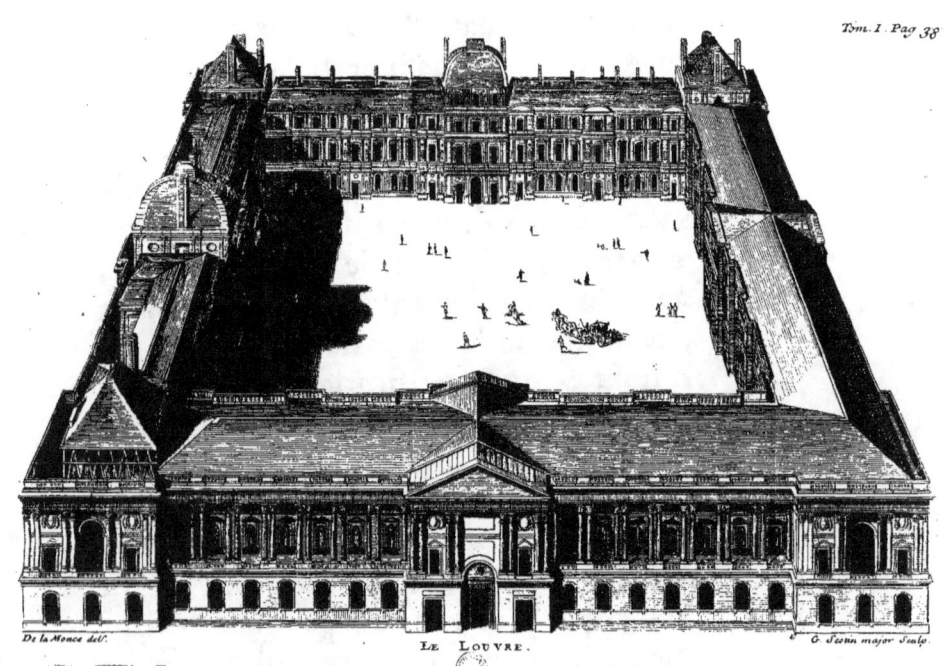

LE LOUVRE.

conferences au Louvre, on fut obligé de prendre d'autres mesures & d'avoir recours aux architectes françois, lesquels executerent l'ouvrage qui se voit à present sur pié.

On posa dans les premieres assises de ce bel édifice plusieurs médailles d'or & d'argent enfermées dans une boëte de bronze incastrée dans une autre de pierre creusée exprès, avec cette inscription :

LOUIS XIV.

Roi de France et de Navarre.

Après avoir dompté ses ennemis, donné la paix à l'Europe, & soulagé ses peuples, résolut de faire achever le roial bâtiment du Louvre, commencé par François I. *& continué par les Rois suivans. Il fit travailler quelque tems sur leur même plan ; mais depuis aiant conçu un dessein, & plus grand & plus magnifique, & dans lequel ce qui avoit été bati, ne put entrer que pour une petite partie, il fit poser ici les fondemens de ce superbe édifice, l'an de grace* 1665, *le* 17 *du mois d'Octobre.*

Messire Jean-Baptiste Colbert, *Ministre d'Etat & Tresorier des ordres* de SA MAJESTÉ, étant alors Surintendant de ses bâtimens.

Cette magnifique façade est composée d'un rez de chaussée, en maniere de piédestal continu, dans le massif, duquel on a menagé un coridor qui porte un grand ordre de colonnes Corinthiennes couplées avec des pilastres qui y répondent. Cette superbe façade est de quatre-vingt sept toises & demie de longueur, divisée par trois corps avancez, qui se communiquent par deux peristyles, ou portiques, à la maniere des Grecs ; à savoir deux corps avancez aux extrémitez, & un autre au milieu, où la principale entrée se trouve de ce côté-là, par un grand vestibule sans colonnes pour en soutenir la voute qui n'est pas encore achevée.

Le corps avancé du milieu, est orné de huit colonnes couplées comme tout le reste, & terminé par un grand fronton dont la cimaise est formée de deux seules pierres d'une grandeur prodigieuse, qui n'ont point de pareilles dans tous les édifices modernes. Elles ont chacune cinquante quatre piés de longueur, sur huit de large & dixhuit pouces d'épaisseur seulement. On les a tirées des carrieres de Meudon, où elles ne faisoient qu'un seul bloc, que l'on coupa en deux par le moien d'une cie d'une invention nouvelle & tres ingenieuse; & ne furent posées que dans le mois de Septembre de l'anrée 1674. On auroit peutêtre eu bien de l'embarras à les poser entieres, sans le secours de *Ponce* CLIQUIN, habile charpentier, qui en vint heureusement à bout, avec une machine de son invention, à peu près semblable à une autre qu'il avoit trouvée quelques années auparavant, pour un cheval de bronze amené de Nancy. La machine dont il s'est servi pour voiturer ces deux prodigieuses pierres, & pour les guinder jusqu'au lieu où elles sont posées à vingt-trois toises du rez de chauffée, a paru si singuliere aux savans, que pour en conserver la mémoire, *Claude Perault* en a fait graver une estampe qui se trouve dans la derniere édition de son *Vitruve*, traduit & commenté. Cette curieuse machine n'est pas moins ingenieuse que celle qui fut inventée par le Chevalier *Dominique Fontana*, pour élever l'obelisque du Vatican, dans le milieu de la place de saint Pierre, sous le Pontificat de Sixte V. On peut dire même, que cet obelisque étoit bien plus facile à poser que ces deux grandes pierres, lesquelles non seulement sont beaucoup plus exhaussées, mais encore plus aisées à casser, aiant moins de solidité & de massif que l'obelisque dont on parle.

Entre les trois corps avancez, il y a, comme on l'a déja dit, deux peristyles de colonnes Corinthiennes, couplées pour une plus grande solidité, lesquels se communiquent par le moyen d'un petit coridor ingenieusement pratiqué dans l'épaisseur du massif au dessus de la grande porte, ou ouverture du milieu. Ces belles colonnes Corinthiennes qui sont cannelées, ont 3 piés 7 pouces de diamettre, & forment de chaque côté deux grands peristyles, ou portiques de vingt-deux toises de longueur, sur douze piés de largeur chacun ; dont les plafons soutenus sur les architraves en poutres, sont d'une hardiesse & d'une beauté surprenante.

Rien n'est plus digne d'admiration que les excellentes sculptures que l'on y a distribué par tout avec sagesse, qui sont d'un choix convenable à l'ordre Corinthien, lesquelles ont été executées avec un soin extrême, & une propreté toute particuliere.

Les pierres de tout cet édifice sont appareillées avec tant d'art & de correction, qu'elles semblent ne faire qu'un même corps ; & l'on a caché les jointes montans si à propos dans les coins des pilastres & dans les bandeaux des niches, que les assises paroissent d'une seule pieces dans toutes les faces du bâtiment.

La même ordonnance d'architecture est observée à l'exterieur du grand corps de logis du côté de la riviere, par des pilastres seulement ; & il doit regner par tout, au lieu des combles, une balustrade appuyée sur des piédestaux, que l'on voit déja commencée sur la façade principale ; ce qui embellit infiniment tout ce grand édifice, lequel pour la magnificence & pour la regularité n'a pas son pareil dans tous les bâtimens élevez depuis les Grecs & les Romains. Les sculptures des chapiteaux, des modillons & de tous les autres ornemens sont recherchez, & terminez d'une maniere admirable ; & quoique l'on eût en France des ouvriers plus habiles qu'en aucun lieu, pour les executer comme on pouvoit le souhaiter, on en fit cependant venir d'autres exprès d'Italie, ausquels on donna jusqu'à quinze francs par jour; ce qui les anima bien moins à faire quelque chose de beau & de distingué, que le desir de soutenir leur réputation.

Ces grands travaux, comme on les voit à present, ne furent cependant commencez qu'en l'année 1667, & furent poussez à l'état où ils sont en 1670, par les soins & sur les desseins de *Louis* le Vau, né à Paris, premier architecte du Roi, lequel eut la direction des bâtimens roiaux depuis l'année 1653, jusqu'en l'année 1670, qu'il est mort. *François* d'Orbai son éleve, ne contribua pas peu à la perfection de ce bel ouvrage, & continua à en avoir la conduite, jusqu'à ce qu'il fut parvenu à l'état où il est resté sans avoir été achevé. On peut assurer que c'est à ces deux habiles architectes, à qui toute la gloire de ce superbe édifice doit être attribuée, malgré ce qu'on a publié au contraire, lequel causeroit de l'admiration aux siecles à venir, s'il avoit été porté à la perfection où il devoit parvenir.

Quelques historiens prétendent que ce palais est d'une haute antiquité, & veulent qu'il y eût déja une maison roiale dans le même endroit, sous la premiere race des rois de France; mais ce que l'on sait de plus certain, c'est qu'il fut rétabli en 1214. par les soins de *Phi-*

DE LA VILLE DE PARIS. 45

lippe Auguste, lequel, selon la plus commune opinion, fit élever en cet endroit une fort grosse tour hors de la Ville, dans laquelle *Ferrand* comte de Flandre fut mis en prison après la fameuse bataille de Bouvines, que ce Prince gagna sur l'Empereur Othon, & sur ce Comte son feudataire, qui s'étoit revolté contre lui. Les historiens de son siecle n'ont pas manqué de rapporter la joie & le zele que les bons Parisiens firent paroître en cette occasion, qui de tout tems ont été plus passionnez pour la gloire de leurs Princes, qu'aucune autre nation du monde. Au retour de cette signalée victoire, on fit une magnifique entrée à Philippe II. ou Auguste, comme Paul Emil, & le moine Gaguin se sont avisez de le surnommer les premiers, où le comte Ferrand parut chargé de chaînes sur un chariot tiré par quatre chevaux *ferrans*, c'est à-dire, selon le langage de ces tems-là, de couleur de fer ; c'est pourquoi le peuple chantoit ces vers :

Quatre ferrans bien ferrez,
Traînent Ferrand bien enferré.

Cet événement remarquable arriva le 27 de Juillet 1214. Philippe Auguste pour en conferver la mémoire à la pofte-rité, fonda l'Abbéie de Notre-Dame de la Victoire proche de Senlis, occupée par des Chanoines reguliers.

Dans le commencement du feiziéme fiécle, on voioit encore cette vieille tour, accompagnée de plufieurs autres entourées d'un foffé profond, dans la difpofition où l'on voit à prefent le château de Vincennes. Cette tour a-voit fervi depuis le regne de *Philippe Augufte*, à garder les Trefors & les Archives de quelques Rois fes fuccefleurs. D'autres croient, qu'elle avoit été bâtie pour recevoir les hommages & le ferment de fidelité des Seigneurs qui relevoient de la couronne. On pourroit dire ici qu'elle étoit peutêtre confiderée comme le fiége feigneurial duquel dépendoient plufieurs fiefs ; puifqu'on fait qu'en ces fiécles là, c'étoit la coutume de bâtir de hautes tours dans les châteaux, fur lefquelles on en conftruifoit une autre plus petite appellée le *Donjon*, qui étoit la marque de la Seigneurie. Cette groffe tour avec quelques accompagnemens qui reftoient encore, fut renverfée lorfque FRANÇOIS I. fit jetter les fondations des ouvrages que l'on nomme à préfent le Louvre,

Cependant la mort ayant prévenu ce grand Prince dans les magnifiques desseins qu'il s'étoit proposez, le roi *Henri II.* son fils, poussa l'ouvrage plus avant, suivant l'intention de son illustre pere.

Pour conduire ce bâtiment avec plus de soin, & pour le rendre plus regulier, il fit venir exprès d'Italie un des plus renommez architectes, & celui des quatre qui a le mieux écrit sur l'art de bâtir, nommé *Sebastien* SERLIO, dont cependant les desseins, quoique tres-beaux, ne furent pas suivis; ceux de *Pierre de Lescot,* Seigneur de CLAGNY, qu'on appelloit ordinairement *l'abbé* de CLAGNY, d'une famille de Paris considerable dans la robe, aiant été trouvez infiniment plus réguliers & plus magnifiques. Ce ne fut pas sans raison, puisque le peu de choses que l'on voit de cet habile maître, peut passer sans contredit pour la plus belle & la plus correcte architecture que l'on connoisse, si l'on en croit les personnes les plus capables d'en juger.

Ce fut en l'année 1528, que l'on commença ce bel ouvrage qui doit être consideré comme le modele le plus parfait que l'on puisse choisir pour les riches exterieurs : ce qui devroit engager à le conserver avec plus de soin que l'on n'a fait jusqu'ici. L'on trouve dans des mémoires particuliers, que l'abbé de *Clagni*, cet illustre architecte, mourut en l'année 1578.

Tous les ornemens de sculpture de cet édifice sont du fameux Jean Gougeon, un des plus habiles sculpteurs qui ait paru en France, dont les ouvrages sont encore regardez avec admiration. Il y a même de l'apparence qu'il a eu part à la disposition de l'architecture des façades, parce que l'accord, ou l'union de l'une & de l'autre se trouvent si justes & si admirables, qu'il est presque impossible que cet ouvrage ait été imaginé & conduit par deux personnes differentes.

Cependant on voit qu'il y a dans l'Attique quelque chose de *Paul* Ponce, sculpteur renommé, qui a beaucoup travaillé à Fontainebleau. On estime particulierement les sculptures de la frise du second ordre, qui representent des enfans avec des festons, de même que les ornemens symboliques dans les frontons; & l'on ne peut rien desirer de plus beau, ni de mieux executé dans ce genre.

Il est bon d'observer ici que la France

DE LA VILLE DE PARIS. 49
ce ne manquoit point alors d'excellens hommes en architecture & dans la pratique des beaux arts, comme on doit en convenir, si on examine atentivement ces travaux merveilleux ; puisque les choses qui restent sur pié de ces illustres maîtres, peuvent sans difficulté l'emporter sur tout ce que l'on vante dans les bâtimens modernes les plus estimez. Ce qui est encore de plus remarquable, c'est que ces deux grands hommes porterent presque tout d'un coup l'architecture à ce haut degré de perfection & de noblesse, où elle n'a presque plus paru depuis en France, quoiqu'il n'y eût que tres peu d'années qu'elle y fût connue.

En effet ce fut Louis XII. & François I. son successeur, l'instigateur des sciences & des beaux arts, qui amenerent d'Italie des architectes, des peintres & des sculpteurs, qui dônerent les premiers l'idée du bon dessein en France, particulierement pour l'architecture retrouvée, ou plûtôt déterrée depuis fort peu de tems ; cependant ces beaux arts nouvellement pratiquez furent portez d'abord à un tres haut degré de perfection.

Quelques années après, un architecte françois aquit beaucoup de gloire &

de reputation, aiant été preferé aux Italiens, pour les grandes fabriques.

Philippe II. roi d'Espagne, qui avoit conçu l'idée du monastere de saint Laurent de l'Escurial, pour immortaliser la mémoire de la fameuse bataille de saint Quentin, gagnée le jour de saint Laurent, 10 d'Aoust 1557, fit travailler avec un soin extrême, tous ceux qui avoient de la reputation en Italie, & ailleurs. Il avoit amassé jusqu'à vingt-deux desseins pour ce grand édifice, sur lesquels *Vignol* en avoit fait un particulier par son ordre ; cependant toutes ces précautions n'empêcherent pas que *Louis* de Foix né à Paris, ne fut preferé à tous les plus fameux architectes qui étoient alors en reputation, & il eut l'avantage d'être choisi pour la conduite de ce grand ouvrage, qui a longtems été consideré comme l'ornement de l'Europe.

Ce fut ce même *Louis* de *Foix* qui commença en l'année 1585 la tour de Cordouan, à l'entrée de la riviere de Bordeaux, pour servir de phare aux navires ; ouvrage qui n'est gueres inferieur par la hardiesse de l'entreprise & par sa grande beauté, au fameux phare d'Alexandrie, qu'on a mis autrefois aurang des sept merveilles du monde.

Louis de *Foix*, selon de *Thou*, du *Pleix*, & de *Marca*, dans son histoire de Bearn, fit des choses encore plus surprenantes. Il donna à *Dom-Charlos* fils de *Philippe* II. roi d'Espagne, une machine ingenieuse avec laquelle par le moien de quelques poulies, il pouvoit étant au lit, ouvrir & fermer la porte de sa chambre; ce qui étant venu aux oreilles de ce roi cruel & jaloux, augmenta ses inquiétudes & le fit mourir impitoiablement en 1568. *Louis* de *Foix* étant revenu en France entreprit des ouvrages d'une grande utilité. Il ferma l'ancien canal de Ladour, proche de Baionne, & y fit un nouveau port, ce qu'il executa tres-heureusement en 1579.

Quelques années après, les beaux arts tomberent en France d'une si étrange maniere, qu'il s'en fallut bien peu que la barbarie ou la grossiereté des siecles qui avoient précédé les regnes de *Louis* XII. & de *François* I. ne reprît le dessus. Les guerres civiles qui déchirerent cruellement le roiaume pendant plusieurs années, interrompirent l'application que l'on avoit donné aux sciences & aux beaux arts; ce qui fut cause que les ouvriers mal conduits, ou encore infetez du Gothique que l'on pratiquoit depuis plusieurs siecles en Europe, ôterent à l'architecture cette majestueuse simplicité, dont les anciens étoient si curieux, & que l'on observa si mal dans la suite.

On remarque en effet cette extrême négligence dans les édifices élevez depuis ce tems là, où le caprice l'a emporté sur des regles qui ne sont pas moins inviolables que celles qui ont été prescrites par les anciens pour la poësie & pour les autres sciences, dont il n'est pas permis de s'écarter sans vouloir s'ériger en ridicule, ou en extravagat. Cette espece de barbarie paroît presque dans tous les édifices construits depuis le regne de *Charles* IX. jusqu'au milieu de celui de *Louis* XIII. & même encore après où tout est grossier, & où les arts se sentent de la négligence & de l'oubli, où ils avoient été dans les siecles les plus reculez. Ce desordre arriva, par le peu de soin & par le mauvais goût des Ministres, qui mépriserent une chose si salutaire au public, & si utile à la gloire d'un état.

Cependant les choses changerent bien de face par la vigilance & par l'application infatigable de *Jean-Baptiste* COLBERT, Surintendant des bâtimens. La belle & noble maniere de bâtir reprit le dessus, & a été portée de son tems à un tres-haut degré de perfection.

L'on peut même ajouter à la louange de ce rare Ministre, que si les excellens ouvriers qu'il avoit pris soin de former lui-même pendant son administration, avoient été employez, on auroit vû sans doute des choses dignes d'admiration, & sur lesquelles la critique la plus severe & la plus mordante n'auroit pû trouver à redire.

Ce que l'on appelle précisement le Louvre, consiste seulement en deux corps de bâtiment, qui forment un angle rentrant, dont les façades sont décorées d'une tres-excellente & tres-riche architecture. Tout l'édifice est à trois étages : le premier est orné de l'ordre Corinthien, le second du composite, le troisiéme d'un Attique. Les corps avancez sont enrichis de colonnes canelées, & le reste en pilastres du même ordre que les colonnes. On estime particulierement la proportion des fenêtres qui passent pour tres belles chez les connoisseurs; ce qui a été cause que les nouveaux Architectes les ont imitées en plusieurs endroits, comme aux niches du peristyle de la grande façade du Louvre, à la place des Victoires, à la place de Louis le Grand, & encore ailleurs. Ces belles fenêtres qui se trouvent dans le second étage, sont enfermées dans des chambranles ornez avec art, & couronnées de frontons angulaires & spheriques alternativement, dans lesquels il y a des sculptures tres-excellentes, comme on a déja dit. L'Attique a aussi ses ornemens particuliers ; ce sont des trophées d'armes en bas relief adossez sur les côtez des chambranles, ou des bandeaux des fenêtres, avec des lampes antiques sur les entablemens.

On ne doit pas se dispenser d'observer ici une chose singuliere pour desabuser le public, toujours tres-aisé à tromper par la vanité & l'imposture de ceux qui sont en reputation ; à savoir que le toit ou le comble du Louvre étant brisé, c'est-à-dire, à deux reprises differentes, l'invention de cette sorte de toit est bien plus ancienne que le vieux *Mansart*, à qui les ignorans l'attribuent faussement. Il est vrai cependant que cet architecte s'est habilement servi de cet exemple dans plusieurs édifices qu'il a élevez, que l'on a nommez *Mansardes* pour cette raison ; mais aussi ne peut on disconvenir qu'il n'ait pris cette idée du vieux Louvre, comme *François* BLONDEL le marque tres-judicieusement dans son grand cours d'architecture.

Il se voit dans la sale des cent Suisse, élevée de trois marches plus que le rez-de-chaussée, une espece de tribune de l'ouvrage de *Jean* GOUGEON, soutenue par quatre Cariatides gigantesques, d'un excellent dessein, & d'une execution tres-correcte. *Claude* PERRAULT, Medecin de la Faculté de Paris, de l'Academie roiale des sciences, tres-versé en architecture, l'a fait graver dans sa savante & curieuse traduction de Vitruve, où il la propose comme une piece achevée, laquelle n'a pas sa pareille dans toutes les parties qui la composent, principalement pour l'atitude & le contour des figures, & pour l'execution des sculptures qui surpassent tout ce que l'on voit dans ce genre.

Cette sale servoit autrefois à donner des festins & des fêtes magnifiques ; & la Reine Catherine de Medicis, qui mettoit tout en usage pour venir à bout de ses desseins, y faisoit aussi representer des comedies, & danser des balets avec de tres-grandes dépenses, pour amuſer la cour de ſon tems, qu'elle trompoit fort adroitement par ces ſortes de ruſes.

Voici les inſcriptions que le roi *Henri* II. a fait mettre ſur les portes: elles ſont gravées dans des marbres accompagnez de figures en bas relief, dans le goût antique, d'une excellente maniere.

HENRICUS II. CHRISTIANISS. VETUSTATE COLLAPSUM REFICI COEP. A. P. PAT. FRANCISCO I. R. CHRISTIANIS. MORTUI SANCTISS. PARENT. MEMOR, PIENTIS. FILIUS ABSOLVIT AN. SAL. CHRISTI MDXXXXVIII.

Sur les portes des côtez on lit les deux autres qui ſuivent.

VIRTUTI REGIS CHRISTIANISSIMI.

DONEC TOTUM IMPLEAT ORBEM.

Cette derniere a du rapport au croiſſant, que le roi Henri II. avoit pris pour sa devise, à cause, comme on le croit, du nom de *Diane* de *Poitiers*, Duchesse de Valentinois, pour laquelle il avoit beaucoup d'affection.

Le roi *Louis* XIII. a fait élever le gros pavillon du milieu, dont le comble est en coupe quarrée, lequel est de la même ordonnance que l'ancien ouvrage, excepté cependant qu'étant plus exhaussé que le reste, on a mis des cariatides sur l'Attique, executées par Sarazin, qui soutiennent un fronton fort enrichi, copiées sur celles de la salle des cent Suisses, dont on vient de parler.

Le grand vestibule qui sert à présent d'entrée au Louvre, du côté des Tuilleries, sur lequel est une Chapelle, entre les deux escaliers qui conduisent aux appartemens, est sous ce gros pavillon. Ce passage est soutenu de deux rangs de colonnes couplées d'un ordre Ionique, dans les proportions de celles du Capitole, du dessein de Michel Ange. Ce pavillon aiant été achevé sous la conduite de *Jacque* le Mercier, premier architecte du Roi, fort aimé du Cardinal de Richelieu; on fit continuer le corps de logis, où est à présent l'Academie Françoise, & commencer le pavillon du côté de la rue Saint-Honoré ; ce qui fut executé sous la surintendance des bâtimens de *François Sublet* de NOYERS, qui connoissoit parfaitement les beaux arts. Il faut cependant remarquer que le premier dessein du Louvre n'eut été que la quatriéme partie de tous les ouvrages qui se voient à présent.

La cour qui se trouve au milieu de ce vaste bâtiment, est de soixante & trois toises en quarré, dont le Roi a fait élever presque trois parties, qui ne sont pas encore achevées à la verité, mais cependant où il paroît beaucoup de magnificence & de grandeur.

Les quatre faces interieures de ces édifices sont composées de huit pavillons & de huit corps de logis, racordez l'un à l'autre, qui enferment cette grande cour. L'architecture dans toutes les façades, selon le dessein des nouvelles restaurations devoit être de trois ordres; le premier corinthien, le second & le troisiéme composite, avec tous les riches ornemens qui conviennent à ces ordres : mais ce qui auroit produit une grande décoration dans tout ce magnifique ouvrage, c'est qu'au lieu de comble, on devoit faire regner par tout une terrasse avec une balustrade sur le devant, dont les piédestaux auroient été chargez de trophées & de vases alternativement. Toutes ces choses sont encore fort éloignées de leur perfection, & ont été fort négligées jusqu'ici. Il n'y a seulement que les faces principales & les murs de séparation d'élevez, & les chapiteaux des colonnes ne sont que formez, ou *galbez*, s'il est permis de se servir de ce terme de l'art en cette occasion.

Dans l'interieur du Louvre, on doit voir l'APPARTEMENT de la Reine mere *Anne d'Autriche*, qui est de plein-pié avec la salle des cent Suisses. Il est composé de quelques pieces, dont les plafons sont ornez de tres-belles peintures. Dans celles qui ont été décorées les dernieres, au-dessous de la galerie d'Apollon, en retour sur le petit jardin du côté de la riviere, *François* RO-MANELLI, éleve de *Pietro* de *Cortone*, fort estimé à cause de la beauté de ses ouvrages, a peint les plafons & les lambris d'une excellente maniere. Les grands païsages sont de BOURSON, qui excelloit dans ce genre ; mais rien ne surpasse en richesses d'ornemens, le petit cabinet de ce même appartement, qui donne sur la riviere, où l'on n'a rien épargné pour la magnificence, jufqu'au parquet qui eft d'une marqueterie extrémement bien travaillée.

La salle des antiques eft proche de ce cabinet. Elle eft incruftée en compartimens de divers marbres rares, avec des niches ornées de colonnes auffi de marbre, dans lefquelles on a pendant long-tems confervé les ftatues antiques que l'on voit à prefent dans la galerie de Verfailles.

La salle particuliere deftinée par les bains ne cede rien en magnificence à tout le refte de cet appartement, par l'abondance des riches ornemens qui s'y trouvent par tout diftribuez. Les colonnes de marbre avec leurs chapiteaux de bronze doré, les baluftrades de même, le plafond enrichi de fujets peints de lapis en camajeu fur des fonds d'or par les plus excellens maîtres, & mille autres chofes, rendent ce lieu d'une richeffe extraordinaire.

Les curieux en hiftoire eftiment particulierement les portraits d'après nature, placez dans un petit Attique de lambris autour de la Salle, qui reprefentent toutes les perfonnes illuftres de la maifon d'Autriche, depuis Philippe I. pere de Charles-Quint, jufqu'à Philippe IV. roi d'Espagne. Ces portraits sont d'autant plus remarquables, qu'on ne les trouve point ailleurs ensemble. Ils ont été peints par *Velasque*, Espagnol d'origine, de mediocre capacité, quoiqu'il eut été longtems en Italie. La devise de la Reine mere Anne d'Autriche est répetée en plusieurs endroits de cet appartement. C'est un Pelican qui se pique le sein, pour nourrir ses petits de son propre sang, avec ces mots:

NATOS ET NOSTRA TUEMUR.

En l'année 1722, cet appartement a été disposé pour l'Infante Reine & pour sa suite, & a été changé de maniere qu'on a de la peine à connoître l'état où il étoit autrefois.

LA GALERIE D'APOLLON.

LEs appartemens d'enhaut consistent en diverses pieces; mais ce qu'il y a de plus beau & de plus remarquable, c'est la galerie d'Apollon. Elle fut presque toute consumée le six de Février 1661, par l'imprudence d'un menuisier qui travailloit à finir le théatre, que l'on préparoit pour un magnifique balet, où le Roi devoit danser avec toute la cour.

On voioit autrefois dans cette galerie avant ce malheureux embrasement, les portraits des Rois & des Reines, grands comme nature, autour desquels on avoit disposé ceux des Princes du sang, des favoris, & des principaux ministres de chaque regne, dont on eut bien de la peine à sauver une partie, qui se conserve encore dans le cabinet des tableaux du Roi. Cependant la perte de quelques-uns de ces rares originaux qui furent reduits en cendre, a été réparée depuis. Le Roi *Louis* XIV. a fait rétablir magnifiquement cette galerie; & quoique l'ouvrage ne soit pas dans son entiere perfection, on doit cependant la considerer comme une des plus belles pieces & des mieux décorées de toutes les maisons roiales.

Charles le BRUN, né à Paris, premier peintre du Roi, a donné tous les desseins des travaux que l'on admire dans ce lieu. Il a choisi un sujet allegorique tiré de la fable, qui convenoit à la devise de Sa Majesté; & pour cette raison, il a peint dans le grand cartouche qui se trouve au milieu du plafond, le soleil tiré dans son char avec tous les attributs que les poëtes lui donnent ordinairement. Les autres cartouches qui accompagnent celui ci, representent les quatre saisons de l'année dans des bordures tres-riches ; mais ce qui se distingue le plus, c'est le grand morceau de peinture à l'extrémité, du côté de la riviere, qui fait voir le triomphe de Neptune & de Thetis dans un char tiré par des phoques, ou des chevaux marins, accompagné de Tritons & de Nereïdes. Cette piece est une des plus considerables que le *Brun* ait jamais faite; & tous les connoisseurs la regardent comme le plus bel ouvrage qui soit sorti des mains de cet excellent peintre.

Comme on n'oublioit rien pour la perfection & pour l'excellence de tous les ornemens qui devoient enrichir ce lieu, on choisit les quatre plus habiles sculpteurs qui fussent alors en France, ausquels pour donner plus d'émulation & de courage, on proposa une récompense de trois cens louis d'or. Ce fut *François* GIRARDON, qui remporta le prix. Ces particularitez font connoitre que cette galerie doit être considerée comme un chef-d'œuvre dans toutes les parties differentes qui la décorent, quoiqu'il s'en faille beaucoup qu'elle ne soit achevée comme elle devroit être.

Entre les pieces de cet appartement, on en remarquera quelques-unes qui font tres-richement decorées ; mais depuis que les bâtimens doubles du côté de la riviere ont été élevés, les vûes en font tellement gâtées, que la lumiere y manque presque tout-à-fait, tant en haut qu'en bas ; ce qui fait que l'on a assez de peine à distinguer les belles choses qui y font restées, pour lesquelles cependant on a fait autrefois de tres-grandes dépenses.

LE CABINET DES TABLEAUX
DU ROI.

ON conservoit autrefois les tableaux du Roi, dans un ancien hôtel proche du Louvre ; mais depuis que la plus grande partie a été placée dans les appartemens de Versailles, ceux qui n'ont pû trouver place à cause de leur grandeur, ont été mis dans la galerie d'Apollon, dont on vient de parler.

Avant qu'on eut transporté à Versailles tout ce que l'on voioit autrefois rassemblé dans ce riche cabinet, on pouvoit dire hardiment qu'il n'y avoit point de lieu en Europe, où il se trouvât tant de belles choses ensemble. On y remarquoit des ouvrages choisis de tous les fameux peintres d'Italie, des Payis-bas, & de France, dont les plus estimez ont été gravez en plusieurs estampes par les plus habiles maîtres, qui forment des volumes extrémement curieux, où l'excellence de la gravure se fait admirer, aussi-bien que la correction du dessein. Il reste cependant encore à voir des piéces tres-rares dans la galerie d'Apollon, qui méritent que les curieux en peintures les aillent examiner, sur tout les nôces de Cana de *Paul Veronese*, qui est un tableau extrémement grand, d'une composition merveilleuse & savante, dont la republique de Venise a fait présent au Roi, par une députation faite exprès, mais qui a été malheureusement gâté depuis, par l'ignorance d'un peintre qui avoit entrepris de le nettoyer.

On distinguera aussi les batailles d'Alexandre le Grand, peintes par le BRUN, sur lesquelles on a fait de tres riches tapisseries aux Gobelins, qui font un des principaux ornemens des maisons roiales. Ces beaux ouvrages donnent une haute idée de la perfection où la peinture est montée en France, & rien n'est plus savant & plus admirable que la varieté infinie & l'extrême abondance des sujets qui sont traitez dans ces grandes pieces, lesquels feront honneur au siecle où nous vivons, qui a plus fourni de gens habiles en tous genres, que les siecles passez. Il y a aussi des morceaux de plusieurs autres maîtres renommez, entre lesquels on distingue une Annonciation d'une excellente beauté, peinte par *Vandeick* d'après un original du fameux *Titien*, les quatre tableaux *d'Albane*, gravez par *Baudet*, & plusieurs autres grands ouvrages de peinture remarquables par leur beauté singuliere.

LE CABINET DES LIVRES

DU ROI.

LE Cabinet des livres du Roi occupe aussi un des appartemens du Louvre, placé dans le gros pavillon au-dessus de la Chapelle. Il est composé de toutes les nouvelles éditions qui paroissent, chaque Auteur étant obligé de donner un exemplaire de son ouvrage; ce qui fait que ce Cabinet augmente tous les jours. Il a été pendant plusieurs années sous la garde du savant *André Dacier* de l'Academie Françoise, & de l'Academie des belles Lettres, duquel on aura occasion de parler ailleurs. Le Cabinet du Roi est à present sous la garde de l'*Abbé* BIGNON, qui donne tous ses soins pour l'augmenter.

L'ACADEMIE FRANÇOISE.

ON ne doit pas s'exempter en parlant des choses extraordinaires qui se trouvent dans le Louvre, de faire mention de toutes les academies qui y sont à present établies, & sur tout de l'Académie Françoise qui en occupe un appartement à rez-de-chaussée, lequel lui a été accordé le 28. du mois d'Aoust 1673.

Cette Compagnie est la premiere érigée en France par l'autorité du Roi. Elle est composée de quarante personnes, qui ont toûjours été distinguées par leur érudition; & ce ne seroit pas une médiocre entreprise d'en vouloir faire l'éloge après ce qu'en a écrit Paul Pelisson, dans l'histoire qu'il en a publiée, où il donne une haute idée de cette académie, la premiere du roiaume, que le Roi a honorée d'une protection particuliere.

On saura seulement que ce fut à la sollicitation du cardinal de Richelieu, qui n'entreprenoit rien que de grand, que le Roi *Louis* XIII. s'en déclara le fondateur, par des lettres patentes données au mois de Janvier de l'année 1635. qui ne furent cependant verifiées que le 10. de Juillet 1637, avec cette clause; *A la charge que ceux de ladite assemblée & academie, ne connoîtront que de l'ornement, embellissement & augmentation de la langue françoise & des livres qui seront par eux faits & par autres personnes qui le desireront & le voudront.*

Pour rendre l'Academie Françoise plus recommandable, ce fameux ministre la forma de tout ce qu'il put trouver d'illustres dans le roiaume, distinguez par des ouvrages qui étoient sortis de leurs mains. Ce fut le 10 de Juillet de l'année 1637, que la premiere assemblée se tint chez son illustre protecteur ; & depuis ce tems-là, jusqu'à present, ces assemblées qui se tiennent trois fois la semaine, n'ont reçu aucune interruption, quoique l'academie ait plusieurs fois changé de lieu. Après la mort du cardinal, le chancelier *Seguier* la reçut dans son hôtel, où elle a tenu ses conferences longtems depuis, Enfin, le Roi *Louis* XIV. pour faire sentir une protection plus particuliere à cette académie, a accordé un appartement au Louvre à ceux qui la composent, & elle a été la premiere qui a obtenu cette marque de distinction.

Le principal dessein de l'Academie Françoise, est de travailler à la pureté de la langue, & à la rendre capable de la plus haute & de la plus sublime éloquence ; ce qui fut cause que dès son établissement, on proposa de faire un dictionnaire pour regler les termes dont on se devoit servir, & une grammaire la plus exacte qu'il se pourroit, pour la rendre plus correcte. Dans la suite on devoit aussi donner au public, une rhetorique & une poëtique. Mais de tous ces beaux & magnifiques projets, le dictionnaire seul a paru, commencé en 1639, auquel l'academie a travaillé en corps l'espace de 56 ans, puisqu'il n'a vû la lumiere que le 24 du mois d'Aoust de l'année 1694.

Voici la liste de ceux qui composent à present l'*Academie Françoise*, tirée du Tableau qui se trouve dans la sale où elle tient ses conferences.

DESCRIPTION

LE ROI, Protecteur.

Après le décès de LOUIS LE GRAND son Bisayeul, qui avoit bien voulu s'en declarer Protecteur après le Chancelier SEGUIER qui avoit succedé au Cardinal de RICHELIEU.

François-Timoleon de *Choisy*, Prieur de saint Lo de Rouen, reçu à la place de *François* de *Beauvilliers*, Duc de Saint-Aignan, qui avoit succedé à *Hippolyte-Jules* de la *Mesnardiere*, qui avoit succedé à *François Tristan*, qui avoit succedé à *François de Cauvigny*, Sieur de *Colomby*.

Bernard de *Fontenelle*, Secretaire de l'academie roiale des Sciences, reçu à la place de *Jean-Jacques Renouard*, sieur de Villayer, conseiller d'état, qui avoit succedé à *Abel Servien*, Surintendant des Finances.

Jean-Paul Bignon, Abbé de saint Quentin, Bibliothecaire du Roi, conseiller d'état ordinaire, reçu à la place de *Roger* de *Rabutin*, comte de Bussy, qui avoit succedé à *Nicolas Perrot d'Ablancourt*, qui avoit succedé à *Paul Hay*, sieur du *Chastelet*.

Simon de la Loubere, reçu à la place de *François Tallemant*, qui avoit succedé à *Jean de Montreuil*, qui avoit succedé à *Jean Sirmond*.

Jean-François-Paul le Fevre de *Caumartin*, Evêque de Blois, reçu à la place de *Louis Irland* de *Lavau*, qui avoit succedé à *Henry-Louis Habert*, sieur de *Montmort*.

Charles Castel de *Saint Pierre*, Abbé de Tiron, reçu à la place de *Jean-Louis Bergeret*, qui avoit succedé à *Geraud de Cordemoy*, qui avoit succedé à *Jean de Ballesdens*, qui avoit succedé à *Claude de Malleville*.

Jean-Baptiste-Henry du Trousset de VALINCOUR, Secretaire general de la Marine, & des Commandemens de Monseigneur le Comte de Toulouse, Académicien de la Crusca, reçu à la place de *Jean Racine*, qui avoit succedé à *François de la Motte le Vayer*, qui avoit succedé à *Claude Gaspar Bachet*, sieur de *Meziriac*.

Louis de SACY, Avocat au conseil, reçu à la place de *Toussaint Rose*, qui avoit succedé à *Valentin Conrart*.

Nicolas de MALEZIEU, Chancelier de Dombes, reçu à la place de *François*

DESCRIPTION
de *Clermont* de *Tonnerre*, Evêque &
Comte de Noyon, qui avoit succedé
à *François Barbier Daucour*, qui
avoit succedé à *François* de *Mezeray*,
qui avoit succedé à *Vincent Voiture*.

Armand Gaston, Cardinal de ROHAN,
Evêque & Prince de Strasbourg,
grand aumônier de France, reçu à
la place de *Charles Perrault*, qui a succedé à *Jean de Montigny*, nommé à
l'évêché de Leon, qui avoit succedé
à *Gilles Boileau*, qui avoit succedé à
Guillaume Colleter.

Melchior, Cardinal de POLIGNAC, reçu à la place de *Jacques-Benigne
Bossuet* Evêque de Meaux, qui avoit
succedé à *Daniel Haï* du *Chastelet*.

François-Joseph de *Beaupoil*, marquis
de saint AULAIRE, lieutenant general au gouvernement de Limosin, reçu à la place de *Jean Testu*, qui avoit
succedé à *Guillaume* de *Bautru*.

Edme MONGIN ci-devant Précepteur de
son Altesse Serenissime Monseigneur
le Duc, & de Monseigneur le Comte,
abbé de saint Martin d'Autun, reçu
à la place de *Jean Gallois*, qui avoit
succedé à *Amable de Bourzeys*.

Claude-François FRAGUIER, de l'académie des belles Lettres, reçu à la
place

place de *Jacques-Nicolas Colbert* Archevêque de Rouen, qui avoit succedé à *François Esprit*, qui avoit succedé à *Philippe Habert*.

Antoine Oudart de la MOTTE, reçu à la place de *Thomas Corneille*, qui avoit succedé à *Pierre Corneille* son frere, qui avoit succedé à *François Maynard*.

Henry de Nesmond, Archevêque de Toulouse, reçu à la place d'*Esprit Fléchier* Evêque de Nismes, qui avoit succedé à *Antoine Godeau* Evêque de Vence.

Henry-Charles du *Cambout*, Evêque de Mets, Duc de COISLIN, Pair de France, Prince du saint Empire premier Aumonier du Roi, commandeur de l'Ordre du S. Esprit, reçu à la place de *Pierre* du *Cambout* Duc de Coislin, Pair de France, son frere, qui avoit succedé à *Armand* du *Cambout*, Duc de Coislin, Pair de France, son pere, qui avoit succedé à *Claude de l'Estoile*.

Antoine Danchet, de l'Academie des belles Lettres, reçu à la place de *Paul Tallemant*, qui avoit succedé à *Jean Ogier* de *Gombaud*.

Bernard de la MONNOYE, Correcteur honoraire en la chambre des Comptes de Dijon, reçu à la place de *François-Seraphin* des MARAIS, qui avoit succedé à *Marin Cureau* de la *Chambre*.

Louis Hector de VILLARS, Duc de Villars, Pair & Maréchal de France, Chevalier des ordres du Roi, & de la Toison d'or, gouverneur de Provence, reçu à la place de *Jean-François Chamillart* Evêque de Senlis, qui avoit succedé à *François Charpentier*, qui avoit succedé à *Jean Baudouin*.

Jean-Roland MALET, Gentilhomme ordinaire de la chambre du Roi, reçu à la place de *Jacques de Tourreil*, qui avoit succedé à *Michel le Clerc*, qui avoit succedé à *Daniel de Priezac*, Conseiller d'état.

Jacques Nompar de CAUMONT, Duc de la FORCE, Pair de France, reçu à la place de *Fabio Brulart de Sillery*, Evêque de Soissons, qui avoit succedé à *Estienne Pavillon*, qui avoit succedé à *Isaac de Benserade*, qui avoit succedé à *Jean Chapelain*.

Victor-Marie d'ESTRE'ES, Maréchal de France, Chevalier des ordres du Roi, Vice-amiral de France, Grand d'Espagne, & President du conseil de marine, reçu à la place de *Cesar Car-*

dinal d'ESTRE'ES, qui avoit succedé à *Pierre* du *Ryer*, qui avoit succedé à *Nicolas Faret*.

Claude Gros de BOZE, intendant des devises & inscriptions des édifices Roiaux, Garde des médailles du cabinet du Roi, secretaire perpetuel de l'Academie des belles Lettres, reçu à la place de *François* de *Salignac* de FENELON Archevêque, Duc de Cambrai, qui avoit succedé à *Paul Pelisson*, qui avoit succedé à *Jacques* de *Serisay*.

André-Hercule de FLEURY, ancien Evêque de Frejus, précepteur du Roi, reçu à la place de *François* de *Callieres*, qui avoit succedé à *Philippe Quinault*, qui avoit succedé à *François Salomon*, qui avoit succedé à *Nicolas Bourbon*, qui avoit succedé à *Pierre Bardin*.

Nicolas-Hubert MONTGAULT, Abbé de Chartreuve & de Villeneuve, de l'Academie des belles Lettres, ci devant Precepteur du Duc de Chartres, reçu à la place de *Gaspar Abeille* Prieur de Notre Dame de la Mercy, qui avoit succedé à *Charles Boileau* Abbé de Beaulieu, qui avoit succedé à *Philippe Goisbaut*, sieur du *Bois*, qui

D ij

avoit succedé à *Nicolas Potier* de
NOVION, premier Président du Parlement de Paris, qui avoit succedé à
Olivier Patru, qui avoit succedé à
François Porcheres d'*Arbaud*.

Jean Baptiste MASSILLON, Evêque de
Clermont, reçu à la place de *Camille
le Tellier* de LOUVOIS, Bibliothecaire du Roi, qui avoit succedé à *Jean
Testu* de *Mauroy*, qui avoit succedé
à *Jean-Jacques* de MESME, Président
au mortier, qui avoit succedé à *Jean
des Maretz* sieur de S. Sorlin.

Nicolas Gedoyn Chanoine de la Ste Chapelle de Paris, de l'Academie Roiale
des belles Lettres, reçu à la place de
Jacques Louis de *Valon*, Marquis de
MIMEURE, qui avoit succedé à *Louis
Cousin*, qui avoit succedé à *Paul
Philippe* de CHAUMONT ancien Evêque d'Acqs, qui avoit succedé à *Honorat Laugier*.

Jean Baptiste du BOS, Secretaire perpetuel de l'académie Françoise, Abbé de
Ressons, reçu à la place de *Charles-
Claude Genest*, Abbé de saint Vilmer,
qui avoit succedé à *Claude Boyer*, qui
avoit succedé à *Louis Giry*.

Henry Emanuel de ROQUETTE, Abbé
de saint Gildas de Ruis, Docteur

de Sorbonne, reçu à la place d'*Eu-sebe Renaudot* Prieur de Froslay, qui avoit succedé à *Jean Doujat*, qui avoit succedé à *Balthasar Baro*.

Louis François Armand du PLESSIS, Duc de Richelieu & de Fronsac, Pair de France, reçu à la place de *Philippe de Courcillon*, Marquis de *Dangeau*, qui avoit succedé à *George de Scudery*, qui avoit succedé à *Claude Faure* sieur de *Vaugelas*.

Jean Boivin, de l'Académie de la Crusca, & de celle des belles Lettres, garde de la Bibliotheque du Roi, Professeur roial en langue grecque, reçu à la place de *Pierre Daniel* HUET, ancien Evêque d'Avranches, qui avoit succedé à *Marin le Roi*, sieur de *Gomberville*.

Jean-Joseph *Languet* de GERGIS, Evêque de Soissons, reçu à la place de *Marc-René de Paulmy* Marquis d'Argenson, qui avoit succedé à *Jean d'Estrées*, nommé à l'Archevêché de Cambrai, qui avoit succedé à *Nicolas Boileau* des *Preaux*, qui avoit succedé à *Claude Bazin*, sieur de *Bezons*, qui avoit eu la place du Chancelier *Seguier*.

Claude-François HOUTTEVILLE, Abbé

de saint Vincent du Bourg, reçu à la place de *Guillaume Massieu*, qui avoit succedé à *Jules* de *Clerambault*, qui avoit succedé à *Jean* de la *Fontaine*, qui avoit succedé à *Jean-Baptiste Colbert*, ministre d'état, qui avoit succedé à *Jean de Silhon*.

Charles-Jean-Baptiste FLEURIAU, Comte de Morville, Ministre & Secretaire d'état, ci-devant Ambassadeur du Roi en Hollande, & Plenipotentiaire au Congrès de Cambrai, reçu à la place de *Louis de Courcillon* de DANGEAU, Abbé de Fontaine-Daniel, qui avoit succedé à *Charles Cotin*, qui avoit succedé à *Germain Habert*.

Philippe Nericauld DESTOUCHES, reçu à la place de *Jean Galbert Campistron*, qui avoit succedé à *Jean Renaud de Segrais*, qui avoit succedé à *François Metel*, sieur de *Bois-Robert*.

Joseph d'OLIVET, reçu à la place de *Jean de la Chapelle*, qui avoit succedé à *Antoine Furetiere*, qui avoit succedé à *Pierre de Boissat*.

Jacques ADAM, Secretaire des commandemens du Prince de Conty, reçu à la place de *Claude Fleury*, Prieur d'Argenteuil, qui avoit succedé à

Jean de la *Bruyere*, qui avoit succedé à *Pierre Cureau* de la Chambre, qui avoit succedé à *Honorat* de *Bueil*, Marquis de Racan.

Charles-Jean-François HENAULT, President à la premiere des Enquêtes, reçu à la place de *Guillaume* Cardinal *du Bois*, qui avoit succedé à *André Dacier*, qui avoit succedé à *François de Harlay de* CHANVALON Archevêque de Paris, qui avoit succedé à *Hardouin de Perefixe*, qui avoit succedé à *Jean-Louis Guez de Balzac*.

Pierre-Joseph ALARY, Prieur de Gournay sur Marne, reçu à la place de *Jean-Antoine de* MESMES, premier President du Parlement, qui avoit succedé à *Louis Verjus* Comte de Crecy, qui avoit succedé à *Jacques Cassaignes*, qui avoit succedé à *Marc-Antoine Gerard* sieur de *Saint Amant*.

Jean-Baptiste COIGNARD, Imprimeur & Libraire ordinaire du Roi, & de l'Académie Françoise, & *Jean Baptiste* COIGNARD son fils, reçu en survivance, en 1713. à la place de *Jean-Baptiste Coignard* ayeul, qui avoit succedé à *Pierre le Petit*, qui avoit succedé à *Jean Camusat*.

Une remarque tres-importante, qui ne doit pas être oubliée à la louange de cette académie, c'est que depuis son établissement, la langue Françoise est parvenue à une richesse & à une perfection pour les sciences & pour les beaux arts, qui ne se trouve dans aucune langue vivante. Le stile chez les auteurs est entierement changé, & l'éloquence, soit pour la chaire, soit pour le barreau, ou dans les discours académiques, est d'une sublimité & d'une correction infiniment au dessus de tout ce qui se voit dans les écrits de ceux qui ont vêcu avant son commencement; sans parler de la poésie, qui n'avoit autrefois que de la rudesse & du caprice, & qui ne brilloit que par quelques jeux de mots qui paroissent à present grossiers & souvent tres insipides. Il faut ajouter, que non-seulement l'académie Françoise a produit un grand nombre de sçavans, qui ont enrichi la langue d'une infinité de productions de consequence, & de traductions de tout ce que l'antiquité Greque & Romaine a de plus prétieux; mais qu'elle a encore donné des regles, & fixé des doutes; ce qui sert infiniment à ceux qui veulent écrire & parler poliment.

La haute perfection, où la langue

Françoise est parvenue, lui a procuré une si grande réputation dans toute l'Europe, que toutes les nations civilisées l'apprennent à present avec une extrême ardeur, jusqu'à negliger la langue maternelle; & dans toutes les cours d'Allemagne, un homme qui parle & qui écrit poliment le françois, est fort distingué des autres.

Pour donner plus d'émulation & plus d'ardeur à ceux qui s'appliquent à l'éloquence & à la poësie Françoise, l'Académie distribue tous les ans, le jour de la fête de saint Louis, deux prix, l'un d'éloquence, l'autre de poësie. Ces prix consistent en deux médailles d'or. Celui de l'éloquence a été fondé par *Jean-Louis Guez de Balzac*, & celui de la poësie par *François de Clermont de Tonnerre* Evêque de Noyon. Ces prix ont fait que plusieurs personnes composent pour avoir la gloire de les remporter, parce que l'on est persuadé que la brigue n'y a aucune part. Le jour de la même fête l'Académie fait chanter dans la chapelle du Louvre une Messe en musique, à la fin de laquelle le panegyrique du même saint est prononcé par un habile Prédicateur.

A l'exemple de l'Académie Françoise, il s'est formé dans la suite d'autres Académies en plusieurs villes du Roiaume, à *Nismes*, à *Arles*, à *Angers*, à *Caen*, à *Soissons*, à *Ville-Franche* en Beaujolois, & en d'autres lieux.

Celle de Soissons, par ses Lettres d'établissement de l'année 1674. regiſtrées au Parlement le 27 de Juin 1675, eſt obligée d'envoier à l'Académie Françoiſe une piece d'éloquence de ſa façon, que l'on y lit ordinairement en public, avec d'autres ouvrages.

On voit quelques tableaux dans la ſale où ſe tiennent les conferences. Un de la ſainte Vierge, un autre du Roi, en habit dont on ſe ſert au ſacre, peint par *ſaint André* ; le portrait du Cardinal de Richelieu, & celui du Chancelier *Pierre Seguier*, qui s'en declara protecteur après la mort de ce fameux miniſtre. Enfin, celui de la Reine *Chriſtine* de Suede, donné par elle-même, qui vint un jour à l'aſſemblée, où elle fit paroître ſon genie extraordinaire. Ce fut au mois de Mars de l'année 1658. Le Chancelier *Seguier* la conduiſit lui même ; & le ſçavant *Marin Cyreau* de la CHAMBRE, fut député pour la recevoir & pour lui faire les complimens au nom de la Compagnie, auſquels elle répondit d'une maniere qui charma toute la nombreuſe aſſemblée qui aſſiſta à cette reception, comme on le lit dans les œuvres du célebre *Patru*. Cette Reine étoit arrivée à Paris dès l'année 1656, dans le mois de Septembre, & la reception que l'on lui fit ce jour-là fut d'une extrême magnificence. Elle est morte à Rome en l'année 1688. Elle étoit unique heritiere du grand Gustave Adolphe, & se demit de la couronne de Suede dans le mois de Juin 1654, en faveur de Charle Gustave son cousin germain, pour vaquer plus tranquillement à la pratique de la religion catholique qu'elle avoit embrassée quelques années auparavant, & à l'étude des hautes sciences qu'elle aimoit infiniment.

Depuis quelques années on a logé au Louvre les autres Académies nouvellement rétablies. On leur a donné des appartemens convenables, dans lesquels elles trouvent toutes les commoditez dont elles peuvent avoir besoin pour leurs exercices.

Les Académies de peinture & d'architecture ont obtenu cette grace en 1692 ; & celle des sciences, qui depuis son établissement avoit toûjours tenu ses conferences dans la bibliotheque Roiale, a eu un logement comme les autres dans le même Palais en 1699, de là

D vj

maniere qu'il sera rapporté dans la suite.

L'ACADEMIE ROIALE
DES BELLES LETTRES.

Cette Académie a commencé en l'année 1663, sous le ministere de J. B. COLBERT.

La France jusqu'alors sembloit n'avoir pas encore été assez occupée du soin de laisser à la posterité une juste idée de sa grandeur ; les plus glorieux événemens étoient oubliez, ou couroient risque de l'être, parce qu'on négligeoit d'en conserver la memoire sur le marbre & le bronze ; & le peu qu'on voyoit de monumens publics, avoit presque toujours été abandonné à l'imagination & au caprice de quelques particuliers. Le Roi regarda donc comme un avantage pour la nation, l'établissement d'une Académie destinée à travailler aux inscriptions, aux devises, aux médailles, & à répandre sur ces sortes d'ouvrages, le bon goût & la noble simplicité qui en font tout le prix. Il forma d'abord cette Compagnie d'un petit nombre d'hommes choisis de l'Académie Françoise, & il leur assigna à tous des pensions. Ces nouveaux Académiciens s'occuperent principalement à faire des médailles sur ce qu'ils trouverent de plus remarquable sous le regne de Sa Majesté, & c'est ce travail qui a produit le magnifique volume, sous ce titre.

MEDAILLES
SUR LES PRINCIPAUX EVENEMENS
DU REGNE
DE LOUIS LE GRAND,
AVEC LES EXPLICATIONS HISTORIQUES
PAR L'ACADEMIE ROYALE
DES MEDAILLES ET DES INSCRIPTIONS.

Quelques années après, le Roi jugea à propos de donner une nouvelle forme à l'Académie des belles Lettres, par un reglement à peu près semblable à celui que l'Académie des sciences avoit eu trois ans auparavant. Suivant ce reglement, les inscriptions & les médailles ne font plus qu'une petite partie de son objet; elle embrasse généralement toute l'érudition Grecque & Latine, & le nombre des Académiciens a été augmenté à proportion. Ils sont au nombre de quarante, sans compter les Veterans; & ces quarante personnes sont distribuées en trois classes, dont la premiere est de dix honoraires, la seconde de dix pensionnaires; & la troisiéme de vingt associez. Voici les noms des uns & des autres en la presente année 1724.

HONORAIRES.

L'*Abbé* BIGNON Conseiller d'état ordinaire, Bibliothecaire du Roi.

Le Cardinal de ROHAN, Commandeur des Ordres du Roi, Grand Aumônier de France.

De CAUMARTIN, Evêque de Blois, de l'Academie Françoise.

Le PELLETIER de SOUZY, Conseiller d'Etat ordinaire.

BIGNON, Conseiller d'Etat ordinaire, ancien Prevost des Marchands.

Malon de BERCY, ancien Intendant des Finances.

Le Cardinal de POLIGNAC, Grand Maistre de l'Ordre Hospitalier du S. Esprit de Montpellier.

Dom BERNARD de MONTFAUCON, Benedictin.

L'*Abbé* de GONDRIN d'ANTIN, nommé à l'Evêché de Langres.

DE LA VILLE DE PARIS.

De FLEURY, ancien Evêque de Frejus, Précepteur du Roi.

PENSIONNAIRES.

L'*Abbé* COUTURE, ancien Recteur de l'Université de Paris, Professeur en éloquence Latine, Directeur du College Royal.

L'*Abbé* de VERTOT, Prestre, Docteur en Droit Canon.

De BOZE, Intendant des devises & inscriptions des Edifices Roiaux, l'un des 40 de l'Académie Françoise, Secretaire perpetuel de l'Académie.

L'*Abbé* FRAGUIER, de l'Academie Françoise.

MOREAU de MAUTOUR, Conseiller, Auditeur en la chambre des Comptes.

BURLETTE, Medecin de la Faculté de Paris.

De VALOIS, *de la Marre*, Antiquaire du Roi.

L'*Abbé* GEDOYN, Chanoine de la sainte Chapelle.

BOIVIN de *Villeneuve*, Professeur Roial en langue Grecque.

MORIN.

De BOULLONGNE, Chevalier de saint Michel, Directeur & Recteur de l'Academie Roiale de peinture & sculpture, pour les desseins.

ASSOCIEZ.

SEVIN.
BLANCHART.
FOURMONT.
HARDION.
MAHUDEL, Docteur en Medecine.
BANNIER.
L'*Abbé* de FONTENU.
FRERET.
GOULLEY de *Bois-Robert*.
SALLIER, Lecteur & Professeur Roial pour l'Hebreu.
FALCONNET, Docteur en Medecine de la Faculté de Paris.
De RIENCOURT, Avocat au Parlement.
LANCELOT, Secretaire du Roi.
RACINE.
De CHAMBOR, ancien Capitaine de Cavalerie.
De POUILLY.
De FONCEMAGNE.
SECOUSSE.
L'*Abbé* FOURMONT.
De la CURNE de *Saint Palaye*.

HONORAIRES ETRANGERS.

Le Cardinal GUALTERIO.
Dom ANSELME BANDURI, Benedictin, Bibliothecaire du Grand Duc.
ISSELIN, ancien Recteur de l'Université de Bâle.

PENSIONNAIRES VETERANS.

DE LA LOUBERE.
L'*Abbé* BOUTARD.
L'*Abbé* ANSELME, Prédicateur ordinaire du Roi.

ASSOCIEZ VETERANS.

L'*Evêque de* CASTRES.
ROLLIN.
DE FONTENELLE.
DANCHET.
L'*Abbé* MONGAULT.
L'*Abbé* NADAL.
L'*Abbé* DE BOISSY.
DE LA NEUFVILLE.
BOINDIN.
DE MANDAJORS.

ANISSON, Directeur de l'Imprimerie roiale, Imprimeur & Libraire de l'Academie.

Le Roi a confirmé l'établissement de l'Academie roiale des belles Lettres en même tems que l'Academie des sciences, par des Lettres patentes du mois de Février 1713, regiſtrées au Parlement & à la Chambre de Comptes, au mois de Mars ſuivant.

Selon les reglemens donnez à Verſailles le 16 de Juillet 1701, au nombre de quarante neuf ; les conferences de cette Academie doivent ſe tenir deux fois la ſemaine, le Mardi & le Vendredi. De plus on doit faire des aſſemblées publiques deux fois l'année ; une le premier jour d'après la ſaint Martin ; l'autre le premier jour d'après l'octave de Pâque.

Pour recompenſer l'aſſiduité aux conferences, S. M. fait diſtribuer à chaque ſéance quarante jettons d'argent à tous ceux des Académiciens qui ſe trouvent preſens, comme le porte le quarante ſeptiéme article des reglemens.

Cette Académie occupe à preſent un appartement à côté de celui de l'Académie Françoiſe, qui eſt décoré d'une maniere ingenieuſe.

Le grand tableau qui occupe une des

faces de la sale, représente l'histoire, sous la figure d'une femme assise, tenant une plume & aiant un livre ouvert devant elle; elle contemple le portrait du Roi, en buste dans un cartouche au haut du tableau, soutenu par Mercure. Au dessous de l'histoire, on voit Saturne avec ses divers attributs, & à côté un genie occupé à graver au burin; dans le lointain il y a un balancier, & sur le devant du tableau plusieurs médailles répandues. La composition excellente de tout ce grand sujet est d'*Antoine* COYPEL, premier peintre du Roi, à la reserve du portrait du Roi, qui est d'*Hyacinte* RIGAULD. Le tout a été gravé pour une estampe qui sert de frontispice au livre magnifique de l'histoire du Roi, par les médailles, pour lequel on a fait une extrême dépense.

A l'opposite de ce tableau est un autre de même grandeur. Il représente Minerve, qui expose & découvre la vérité; & Saturne de sa faulx, menace le mensonge & l'ignorance, qui prennent l'épouvante & la fuite. Ce tableau est aussi de la composition de *Coypel*, de même que l'Apollon & le Mercure, que l'on voit peints dans la même salle. On a placé sur les principales entrées les portraits des premieres personnes de la maison roiale peints par *Hyacinte* RIGAULT, qui s'est aquis tant de reputation par les excellens portraits qui sortent de son pinceau.

On conservoit autrefois dans le même lieu quelques modeles curieux ; deux pour le grand escalier du Louvre, dont le premier étoit du dessein de *Perrault* ; & l'autre de le *Vau*, où il paroissoit tant d'art & de grandeur, qu'on eût rien vû de pareil dans ce genre, si l'un ou l'autre eût été executé dans cette magnifique intention. Un autre modele pour un pont de bois d'un arc tres-étendu, qu'on auroit pû élever sur la Seine, dans sa plus grande largeur, dont l'invention paroissoit ingénieuse & fort utile, aussi du dessein de *Perrault*, qui avoit un tres-grand genie pour ces sortes d'ouvrages. & pour des machines differentes, dont on conserve les principaux modeles dans une salle de l'Observatoire roial.

L'ACADEMIE ROIALE

DES SCIENCES.

ON a donné à cette Academie, depuis son rétablissement, l'appartement du vieux Louvre, que le Roi a occupé autrefois pendant plusieurs années. La premiere ouverture s'y fit le 29 de Juin de l'année 1699, avec un fort grand concours, qui donna bien des applaudissemens aux découvertes que l'on y proposa ce jour-là.

Cette Academie doit sa premiere institution au zele ardent que J. B. COLBERT avoit pour l'utilité publique & pour la gloire de son ministere.

Dans le mois de Decembre 1666, *Jean* du *Clos* Medecin renommé, & *Amable* de *Bourseis* Abbé, marquerent à ce grand Ministre les personnes les plus capables de la former en mathematiques, en médecine & en physique; & comme l'on vit dans la suite, que le succès surpassoit ce que l'on avoit attendu, on fit bâtir en 1667 l'Observatoire roial à l'extremité du faubourg saint Jacques, pour la commodité particuliere des Academiciens qui s'appliqueroient à l'astronomie où le Roi a fait plus de deux millions de dépenses, comme on le dira en parlant de cet édifice.

L'Academie des sciences tient ses conférences ordinaires le Mercredi & le Samedi, lesquelles doivent au moins durer depuis deux heures après midi jusqu'à cinq; & deux fois l'année elle est obligée de faire des assemblées publiques, une dans la premiere semaine d'après l'octave de Pâque; & l'autre après la fête de saint Martin.

Les reglemens au nombre de cinquante arrêtez à Versailles le 26 de Janvier 1699, ordonnent plusieurs choses tres sages & tres-utiles. Par le 49 article de ces reglemens, Sa Majesté fera distribuer à chaque assemblée quarante jettons d'argent à tous ceux des Academiciens pensionnaires qui seront presens, pour les récompenser en quelque maniere de leur assiduité.

N... *Rouillé* de MESSAY, Conseiller au Parlement, a legué par son testament fait en 1714, la somme de cinq mille livres de rente sur l'hôtel de Ville, à condition que l'Academie proposeroit tous les ans des prix pour ceux qui auront mieux réussi dans des sujets qu'elle auroit proposez.

Cette Academie a le droit d'examiner toutes les machines pour lesquelles on demande des privileges à Sa Majesté: le President de l'assemblée est nommé tous les ans par le Roi, qui le peut continuer.

Le Secretaire qui est perpetuel recueille tous les mémoires des Academiciens. Le Tresorier qui est aussi perpetuel, a soin des livres, meubles, instrumens, machines & autres curiositez, appartenantes à l'Academie qu'il represente quand il est necessaire.

L'histoire de cette Academie a paru d'abord en Latin, par les soins de *Jean du Hamel*, imprimé *in quarto*, en l'année 1701, & ensuite en François de la même forme en 1702, de la composition de *Bernard de Fontenelle*, secretaire perpetuel de la même Academie, à la tête de laquelle on lit une excellente préface que l'on regarde comme un chef-d'œuvre. Le même auteur a encore mis au jour un autre ouvrage sur le même sujet intitulé, *Histoire du renouvellement de l'Academie des sciences en 1699, & les éloges historiques de tous les Academiciens morts depuis ce renouvellement, avec un discours préliminaire sur l'utilité des mathematiques & de la physique.*

L'Academie des sciences est comprise sous ces trois classes.

Les Honoraires,
Les Pensionnaires,
Les Associez Adjoints,

Dont voici la liste.

LES HONORAIRES.

SA MAJESTÉ CZARIENNE.

L'Abbé BIGNON, Conseiller d'Etat ordinaire, Bibliothecaire du Roi.

Le P. Sebastien TRUCHET, Carme du grand Couvent.

De MALESIEU, Chancelier de Dombes, de l'Academie Françoise.

Le Maréchal D'ESTRE'ES, Vice-amiral de France.

Le Cardinal de POLIGNAC, Grand-Maître de l'Ordre Hospitalier du S. Esprit.

PAJOT D'ONS-EN-BRAY, Intendant general des Postes.

Le Marquis de TORCY.

Le Duc de la FORCE.

De FLEURY, ancien Evêque de Frejus, Précepteur du Roi.

De VALENCOUR, Secretaire general de la Marine.

Le Maréchal de TALLARD.

PENSIONNAIRES

POUR LA GEOMETRIE.

SAURIN,
De MAIRAN,
De LAGNY, Sous-Bibliothecaire du Roi, & de la Societé roiale de Londres.

POUR

DE LA VILLE DE PARIS.

POUR L'ASTRONOMIE.

Maraldi,
Cassini, Maître des Comptes, de la Societé roiale de Londres.
Le *Chevalier* de Louville, de la Societé roiale de Londres.

POUR LES MECHANIQUES.

Jaugeon,
De Reaumur,
Saulmon.

POUR L'ANATOMIE.

Du Verney, Medecin & Professeur en Anatomie.
Litre, Médecin de la Faculté de Paris.
Winssou, Médecin de la Faculté de Paris, interprete de la langue Teutonique, à la Bibliotheque du Roi.

POUR LA CHIMIE.

Lemery, Médecin de la Faculté de Paris, & Médecin ordinaire du Roi.

Geoffroy, Médecin de la Faculté de Paris, Lecteur au College Roial, Professeur de Chymie au Jardin du Roi.
J. Geofroy, de la Societé roiale de Londres.

POUR LA BOTANIQUE.

Marchand, Docteur en médecine.
Renneaum, *de la Garenne*, Médecin de la Faculté de Paris.
De Jussieu, Médecin de la Faculté de Paris, Professeur & Démonstrateur des plantes au jardin du Roi, & de la Societé roiale de Londres.

SECRETAIRE.

Bernard de Fontenelle, de l'Academie Françoise, de l'Academie des belles Lettres, & Secretaire perpetuel de l'Academie des sciences.

LE TRESORIER.

Couplet de Tartreaux, fils, Professeur roial de Mathematiques des Pages de la grande écurie du Roi.

DE LA VILLE DE PARIS. 99

ASSOCIEZ LIBRES.

CHIRAC, premier Medecin de feu S. A. R. Monseigneur le Duc d'Orleans.

Le P. REYNEAU, Prêtre de l'Oratoire.

DES CHIENS *de Ressons*, Commandeur de l'ordre militaire de S. Louis.

DE RESAY.

ASSOCIEZ
POUR LA GEOMETRIE.

CHEVALIER, maître de Mathematiques du Roi, & des Pages de la petite écurie, Professeur au College roial.

TERASSON, Lecteur du Roi en philosophie, & Professeur au College roial.

POUR L'ASTRONOMIE.

DE LISLE, premier Géographe du Roi.

DE LISLE, le jeune, Lecteur & Professeur au College roial.

E ij

POUR LES MECHANIQUES.

NICOLE,

De la HIRE, Médecin de la Faculté de Paris.

POUR L'ANATOMIE.

HELVETIUS, Médecin de la Faculté de Paris, & Médecin ordinaire du Roi.

PETIT, Maître Chirurgien Juré à Paris.

POUR LA CHIMIE.

PETIT, Docteur en médecine.

D'ANTY D'ISNARD Docteur en medecine.

POUR LA BOTANIQUE.

CHOMEL, Médecin de la Faculté de Paris, Médecin ordinaire du Roi.

ASSOCIEZ ETRANGERS.

BERNOUILLI, de la Societé roiale de Londres.

NEWTON, Chevalier, de la Societé roiale de Londres.

DE LA VILLE DE PARIS. 101

HARTSOCKER, Mathematicien de l'Electeur Palatin.

BIANCHINI, Camerier d'honneur du Pape, & Chanoine de sainte Marie Majeure à Rome.

SLOANE, Docteur en médecine & ancien Secretaire de la Societé roiale de Londres.

Milord PEMBROCK.

Le Duc D'ASCALONE.

Le Comte MARSIGLI.

ADJOINTS

POUR LA GEOMETRIE.

BOMIE,
DE BEAUFORT.

POUR L'ASTRONOMIE.

LIEUTAUD, Professeur de Mathématique.

POUR LES MECHANIQUES.

DE MOLIERES.

E iij

POUR L'ANATOMIE.

Moran le fils.

POUR LA CHIMIE.

Bolduc le fils, Apoticaire du Roi, démonstrateur en chimie au Jardin roial des plantes.
Du Fay, Capitaine au regiment de Picardie.

POUR LA BOTANIQUE.

Trant, Médecin de la Faculté de Paris.

VETERANS.

Dalesme, Pensionnaire.
Bosleduc pere, Apoticaire artiste du Roi.
Burlet, premier Médecin du Roi d'Espagne.
Rouhault *associé*, Chirurgien du Roi de Sardaigne.

ADJOINT SURNUMERAIRE.

Des Landes, Commissaire de la Marine.

ADJOINTS.

Simon VALHEBERT,
BEAUVILLIERS, Ingenieur.
DESENNE, Intendant des bâtimens de S. A. S. Monseigneur le Duc.

PEINTRE ET DESSINATEUR.

CHATILLON, Peintre du Roi.

L'ACADEMIE ROIALE
D'ARCHITECTURE.

Cette Academie fut érigée en 1671, par les soins de J. B. COLBERT. Il la forma de tous les architectes renommez du roiaume, qui travailloient alors avec plus de succès, & le Roi la mit sous la direction du Surintendant des bâtimens, dont le même Ministre occupoit si dignement la charge.

Elle est composée à la vérité d'un petit nombre de membres, mais tous connus pour avoir une grande pratique dans l'art de bâtir, & dans tout ce qui regarde la fabrique & la beauté des édifices; la plûpart desquels ont élevé les

DESCRIPTION
grands ouvrages que l'on admire à preſent dans cette Ville & aux environs.

Voici les noms des Academiciens qui la compoſent à preſent.

PREMIERE CLASSE.

DE COTTE, premier Architecte du Roi & directeur.
GABRIEL,
DES GODETZ,
DE L'ASSURANCE,
BRUAND,
BAUFFRAND,
DE COTTE le fils,
BEAUSIRE,
MOLLET,
DESGOTS,
FELIBIEN, Secretaire de l'Academie.

SECONDE CLASSE.

DE LESPINE,
DORBAY,
MATHIEU,
DULIN,
JOSSENAY,
TANNEVOT,
HARDOUIN,
Jean-François FELIBIEN,

HAUBERT,
DE LA GNEPIERE,
LE ROUX,
LASSURANCE fils,
DE VIGNY.

    Jean-François FELIBIEN, Secretaire perpetuel de l'Academie d'architecture, historiographe du Roi & de ses bâtimens, & garde des antiques de Sa Majesté, a mis au jour plusieurs ouvrages qui font connoître sa science & sa capacité.

    Il occupe un appartement dans la rue Saint-Vincent, que le Roi lui a donné, dans lequel on peut voir une bibliotheque nombreuse. Elle contient quantité de choses rares, concernant les maisons roïales, dont il a fait une collection fort ample de tout ce qu'il a pû trouver. La disposition ingenieuse & reguliere de cette bibliotheque ornée de tableaux de prix, marque bien le goût & le genie de celui à qui elle appartient.

    L'Academie d'architecture s'assemble pour ses conferences tous les Lundis dans l'appartement que le Roi lui a accordé au Louvre, en 1692, le même que la Reine occupoit autrefois.

    On voit dans une chambre voisine

plusieurs modeles des bâtimens du Louvre, & des autres maisons roiales, sur
tout celui du fameux *Cavalier Berin*,
que l'on fit venir exprès de Rome en
1665, pour donner des desseins, qui
cependant ne furent pas suivis, comme
on l'a dit en son lieu.

Le Roi entretient un Professeur public pour l'architecture, qui donne dans
le même lieu ses leçons deux fois la semaine, le Lundi & le Jeudi. *François
Blondel* a donné le premier ces leçons
avec beaucoup d'approbation, desquelles il a formé son grand cours d'architecture, en trois volumes *in fol.* enrichi
de quantité de figures, à la tête duquel
on peut lire le discours qu'il fit à l'ouverture de l'Academie, où il se trouva un
grand nombre de personnes de consideration.

N... des Godetz, donne à pré-
sent les leçons & s'en aquitte avec d'autant plus de succès qu'il a une profonde
connoissance de tout ce qui regarde sa
profession. On a de lui un ouvrage *in
fol.* sous le titre de *la mesure des édifices des anciens Architectes*, enrichi de
quantité de figures dessinées & gravées
tres-correctement, pour lequel il a eu
besoin d'un travail prodigieux, en

mesurant avec une précision particuliere jusqu'aux moindres parties, qui n'avoit pas été gardée par tous ceux qui avoient entrepris le même dessein avant lui.

L'ACADEMIE ROIALE
DE PEINTURE.

LE Roi aiant donné le petit hôtel de Richelieu en l'année 1692, pour augmenter les appartemens du Palais Roial, en faveur du mariage du Duc d'Orleans; l'Academie de peinture & celle d'architecture qui y étoient établies depuis plusieurs années, furent logées au Louvre dans la même année.

Cette Academie la plus célebre de toute l'Europe a produit & produit tous les jours les plus excellens peintres, sculpteurs & graveurs que l'on connoisse à present.

Elle doit son établissement aux soins de *Martin* CHARMOIS, Seigneur de *Lauré*, amateur des beaux arts, qui travailloit également bien de peinture & de sculpture. Ce fut en l'année 1643, peu de tems après la mort de *Simon Vouet*, premier peintre du Roi. Elle eut d'abord pour protecteur le Cardinal *Jule Maza-*

rin, premier Ministre d'Etat ; & pour Vice Protecteur, l'illustre Chancelier *Pierre Seguier*, qui après la mort du Cardinal voulut avoir cette place ; & comme il avoit marqué pendant toute sa vie beaucoup de consideration pour les personnes qui excelloient dans les beaux arts, il s'attacha fortement à maintenir par son crédit & par ses bienfaits cette Academie naissante, dans sa splendeur & dans son lustre.

Cette compagnie pour marquer son zele & sa reconnoissance à ce grand magistrat, fit après sa mort arrivée le 28 de Février 1672, un service funebre dans l'Eglise des Prêtres de l'Oratoire de la rue saint Honoré, où l'on dressa un catafalque sur les desseins de le BRUN, des plus magnifiques qu'on eut encore vû en France ; où *Lully* à la tête de quatre cens musiciens & symphonistes, fit voir en cette occasion de quoi il étoit capable. Pour conserver la mémoire de cette pompe funebre, *Sebastien* le CLERC, en a gravé une estampe qui n'est pas de ses moindres ouvrages.

J. B. COLBERT, Surintendant des bâtimens, succeda à la qualité de Protecteur & à l'affection que le Chancelier *Seguier* portoit à cette Academie, à laquelle il avoit déja procuré des lettres patentes d'établissement, dès le mois de Septembre 1667. Pour la rendre encore plus florissante, & pour donner plus d'émulation & de courage à ceux qui se distinguoient, ce grand ministre fit avoir des pensions, ou des gratifications considerables à ceux qui faisoient des ouvrages qui meritoient l'approbation des connoisseurs habiles.

ETAT ET ORDRE
de l'Academie de Peinture & de Sculpture en l'année 1724.

DIRECTEUR.

DE BOULLONGNE, Peintre, Chevalier de l'Ordre de saint Michel, Ecuyer, Conseiller, Secretaire du Roi, Maison, Couronne de France, Directeur & Recteur.

CHANCELIER.

VAN CLEVE Sculpteur, ancien Directeur, Chancelier & Recteur.

RECTEURS.

Coustou l'aîné, Sculpteur.
De Largilliere, Peintre.

ADJOINT A RECTEURS.

Barrois, Sculpteur.

ANCIEN DIRECTEUR.

De Troy le pere, P. ancien Directeur, & Adjoint à Recteur.

HONORAIRES ET AMATEURS

Paul Bignon Abbé de saint Quentin, Conseiller d'Etat ordinaire, l'un des Quarante de l'Académie Françoise, Président de celle des Sciences, Bibliothecaire du Roi.

Anselme, Abbé de saint Sever Cap de Gascogne, Prédicateur ordinaire du Roi.

Gabriel, Ecuyer, Chevalier de l'Ordre de saint Michel, Conseiller du Roi, Contrôleur General des Bâtimens, Jardins, Arts & Manufactures de Sa Majesté; son Archi-

DE LA VILLE DE PARIS. III
tecte ordinaire, & premier Ingenieur des Ponts & Chauffées du Roiaume.

DE LAUNAY, Ecuyer, Conseiller-Secretaire du Roi, Maison, Couronne de France & de ses Finances, Directeur de la Monoie du Louvre.

DE COTTE fils, Ecuyer, Contrôleur General des Bâtimens du Roi, à Paris.

FERMEL'HUIS, Docteur en Medecine de la Faculté de Paris.

DE LA MOTTE, Ecuyer, Conseiller-Secretaire du Roi, Intendant & Ordonnateur des Bâtimens & Jardins de Sa Majesté, Arts & Manufactures de France, premier Commis d'iceux.

ANCIENS PROFESSEURS.

VERDIER, Peintre.
POERSON, P.
SILVESTRE le jeune, P.

PROFESSEURS.

HALLE', Peintre.
VERNANSAL, P.
RIGAUD, P. Ecuyer.
FREMIN, S.

BERTIN, Peintre.
COUSTOU le jeune, S.
CHRISTOPHE, P.
LE LORRAIN, S.
CAZES, P.
DE TROY fils, P.
BERTRAND, S.
GALLOCHE, P.

ADJOINTS A PROFESSEUR.

POIRIER, Sculpteur.
TAVERNIER P. Secretaire.
LE MOINE l'aîné, S.
DE FAVANNE, P.
VERDOT, P.
MASSOU, S.
DU MONT premier Sculpteur de S. A. R. Monseigneur le Duc de Lorraine.

PROFESSEURS
pour la Perspective & l'Anatomie.

TRIPPIER, Chirurgien ordinaire du Roi & de feu Monseigneur le Duc de Berry, Professeur pour l'Anatomie.
LE CLERC, P. Professeur pour la Perspective.

CONSEILLERS.

Meusnier, P. Trésorier,
Vivien, P.
des Portes, P.
Bouys, P.
Tourniere, P.
Allegrain le pere, P.
Arcis, S.
Hardy, S.
Ferrand, P. en émail.
Jouvenet, P.
Gobert, P.
Ranc, P.
Belle, P.
Van-Schuppen, P.
Baptiste, P.
Serre, P.
Masse, P.
Simonneau le jeune, G.
Silvestre l'aîné, P.
d'Ulin, P.
du Change, G.
Drevet, G.
Houasse, P.
Audran, G.
Flamen, S.
de Chavanne, P.
Baptiste Feret, P.
Courtin, P.

SIMONNEAU, l'aîné, G.
ALLOU, P.
COUDRAY, S.
NATTIER l'aîné, P.
POILLY, G.
LE MOYNE le jeune, S.
BOUSSEAU, S.
ALLEGRAIN fils, P.
VLEUGHELS, P. Adjoint de l'Academie de peinture que le Roi entretient à Rome.
BOIT, P. en émail.
MASSE', P.
RAOUX, P.
THIERRY, S.
ROETTIERS, Gr. des Medailles du Roi.
CHEREAU, G.
BLAN, Gr. des Medailles du Roi.
RICCI, P.
DU VIVIER, Gr. des Medailles du Roi.
François le MOINE P.
NATTIER le jeune, P.
OUDRY.
LANCRET, P.
RESTOUT, P.
STIEMART, P.
PESNE, premier Peintre de Sa Majesté Prussienne.
Mad.^{elle} *Rosa Alba* CARRIERA, P.
COYPEL, P.

TARDIEU, G.
PARROCEL, P.
LA JOUE, P.
ROETTIERS, Graveur general des Monoyes de France.
DIEU, P.
DE LAISTRE, P.
LUCAS, P.
HUILLIOT, P.
DES ROCHERS, G.
GUESLAIN, P.
DES PORTES, fils, P.

REYNE's Huissier & Concierge de l'Academie, à qui on s'adresse pour voir les belles choses qu'elle contient. Il les fait voir avec beaucoup d'exactitude & d'intelligence.

Afin de donner occasion de se perfectionner aux jeunes gens qui ont de l'affection & du génie pour le dessein, on expose un homme nud tous les jours à six heures du soir, pour apprendre de la nature même le grand art de dessiner correctement, qui demande une tres forte application de plusieurs années ; & pour les animer davantage, on distribue ensuite des prix à ceux qui ont le mieux réussi.

Les sales que l'Academie occupe à présent, sont décorées de quantité de morceaux de peinture & de sculpture, entre lesquels il y en a d'une rare perfection.

La sale particuliere destinée aux assemblées qui se tiennent le dernier samedi de chaque mois, est richement ornée d'un grand nombre de tableaux, & sur les faces il y a plusieurs figures moulées sur les plus belles antiques d'Italie, parfaitement bien reparées ; qui sont placées avec beaucoup de discernement & de connoissance ; entre autres le *Laocoon* du Vatican, la *Venus Medicis*, l'*Hercule* & la *Flore* du Palais Farnese, l'*Apollon* & l'*Antinoüs* de Belveder, le *Gladiateur* & le *Faune* qui tient le petit Jupiter de la vigne Borghese, les *Lutteurs*, *Bachus*, le *Mirmillon* ou le Gladiateur mourant ; les *Athletes* & un grand nombre d'autres, sans parler des bustes, des vases, des bas-reliefs, & de divers autres morceaux choisis avec une intelligence toute particuliere.

Les portraits & les bustes des personnes de distinction qui ont rendu des services à l'Académie, ou qui lui ont accordé leur protection, sont aussi exposez de même que les chefs-d'œuvres que l'on doit faire pour y être reçu, dont le nombre est si grand que plusieurs sales en font toutes remplies du bas jufqu'en haut. Entre ces pieces il y en a quelques unes dignes d'admiration, qui font connoître à quel degré de perfection la peinture & la fculpture font parvenues en France. Dans les endroits les moins expofez, on peut voir les pieces qui ont merité le prix que l'on diftribue tous les ans, le jour de la fête de faint Louis, aux jeunes éleves qui ont le mieux réuffi, foit en peinture, ou en fculpture, l'un & l'autre de ces beaux arts étant cultivez avec le même foin & la même application.

L'Academie de peinture a pris poffeffion le 2. de Mars 1712 du nouvel appartement que le Roi lui avoit donné; mais depuis l'arrivée de l'Infante, on a changé toute cette difpofition, & l'Académie n'eft pas logée auffi commodément qu'elle étoit auparavant, quoique la plûpart des belles chofes que l'on y admiroit autrefois s'y voient encore.

Le *Duc* d'ANTIN Surintendant des Bâtimens, Arts, & Manufactures de France, a l'Académie de peinture fous fa protection. Les foins affidus & vigilans qu'il donne pour tout ce qui la regarde, feront que la peinture & la fculpture, ou plutôt que la maniere de deffiner des peintres & des fculpteurs François, ne le cedera point à celle des Italiens, laquelle dans les siecles précédens a eu l'avantage sur celle de toutes les autres nations de l'Europe.

Une des principales constitutions de cette Academie est que tous les peintres qui la composent, sont obligez le jour de saint Louis, de faire voir au public de leurs ouvrages. Ce reglement qui n'avoit été observé que deux fois depuis son établissement, fut renouvellé en 1699. par les ordres de Jules Hardouin Mansart, alors nouvellement revêtu de la charge de Surintendant des bâtimens.

Pour cet effet, une partie de la longue galerie du Louvre, du côté des Tuilleries, fut ornée des plus riches tapisseries de la couronne, & chaque Académicien y envoia ce qu'il avoit fait de plus beau. Le public vit avec étonnement des pieces en peinture & en sculpture, égales à ce que l'Italie a de plus merveilleux; & la quantité surprenante avec la diversité presque infinie, ne causerent pas moins d'admiration. Les étrangers les plus indifferens pour les belles choses qu'ils voient tous les jours à Paris, ne purent s'empêcher d'avouer que toute l'Europe ensemble n'auroit pû fournir de plus beaux ouvrages en peinture modernes, que ceux qui furent exposez dans cette longue & spacieuse galerie, qui en avoit été decorée magnifiquement à plusieurs rangs l'un sur l'autre, dans l'espace de cent quinze toises de chaque côté.

En 1704 dans le mois de Septembre, la même exposition se fit encore, laquelle dura plusieurs semaines, on y remarqua encore des nouveautés d'une surprenante beauté.

On peut dire ici, que l'Académie de peinture établie à Rome pour les François, a été érigée par J. B. COLBERT, en l'année 1667. On y envoie les éleves qui ont remporté les prix de peinture & de sculpture dans l'Académie dont on vient de parler ; lesquels, y sont entretenus aux dépens du Roi, qui fournit même jusqu'aux frais de leur voiage, ce qui fait beaucoup d'honneur à la France & qui produit presque toujours d'excellens sujets en peinture, en sculpture & même en architecture. Cette Académie occupe un Palais proche de S. André de la Valle, où loge le directeur qui a des pensions considerables pour veiller à tout ce qui s'y passe. *Poerson* peintre habile a cette Académie sous sa direction, & depuis peu on lui a donné pour adjoint

Vleughes, qui s'est acquis de la réputation dans son art.

LES ANTIQUES DU ROI.

Dans la sale des cent-Suisses, qui est un peu plus élevée que le rez-de-chaussée de la cour du Louvre, où se trouve cette belle tribune de *Jean-Gougeon*, dont on a déja parlé ; on conserve les antiques du Roi qui étoient autrefois au petit hôtel de Richelieu, sous les appartemens que l'Académie d'architecture & de peinture occupoient. Avec quantité de bustes & quelques statues, on peut voir des tombeaux antiques tres curieux, entre autres celui de *Cajus*, *Lutatius*, *Catulus*, dont *Jean-François* FE-LIBIEN, garde des antiques de S. M. a fait une description. On conserve dans le même lieu, les creux des plus belles antiques de Rome, & de toute l'Italie, que l'on a fait mouler avec une tres-grande dépense & avec un soin tout particulier, dans le tems que J. B. COL-BERT étoit Surintendant des bâtimens. La France a vû avec plaisir les soins que ce Ministre donnoit pour embellir les maisons roiales, de tous les ornemens qui pouvoient y convenir. La colonne
Trajanne

Trajane, le plus magnifique monument de Rome, & le plus rare que l'on connoisse pour l'excellence du travail, s'y voit non-seulement en creux, comme elle a été apportée d'Italie, mais aussi moulée exactement ; de sorte que l'on peut sans peine en remarquer toutes les beautez ; ce qui donne une extrême satisfaction à ceux qui s'entendent à ces rares pieces, en y trouvant la correction que l'on admire dans les originaux. Le roi *François I.* qui aimoit les belles choses & qui s'y connoissoit plus qu'aucun Prince de son siecle, avoit entrepris la même dépense, dans le dessein de faire élever cette superbe colonne à Fontainebleau ; mais après sa mort, la barbarie aiant repris le dessus pendant quelques années, les creux que l'on avoit fait venir de Rome avec de tres-grands soins, furent tellement negligez, que l'on s'en servit dans la suite à construire une écurie, qui est encore à présent sur pié dans le même lieu.

Le Quai qui regne depuis le Pontneuf jusqu'au Louvre, a été entierement reparé. On a commencé à y travailler le 15 de Mai 1719. La route a été considerablement élargie le long de la terrasse du Louvre, jusqu'au pavillon de la

Reine, ce qui étoit tres-neceſſaire. La Ville a fait en cette occaſion une dépenſe tres conſiderable & qui lui a fait honneur. En fouillant les terres pour les fondations de ces grands travaux, on trouva d'anciens débris d'une grande ſolidité, qui firent connoître qu'il y avoit eu en cet endroit des édifices de conſéquence, & qui pouvoient être les fondations de l'ancien Louvre, du tems de Philippe Auguſte.

LE GARDE-MEUBLE DU ROI.

SUr le bord de la riviere, au coin de la rue des Poulies, eſt le garde-meuble, dans une vieille maiſon, autrefois nommée l'*hôtel du petit Bourbon*, à cauſe que les Princes de cette maiſon y avoient demeuré.

On lit dans des hiſtoriens citez par *Marville p.* 156, qu'après la mort de *Charles* de BOURBON, tué au ſiege de Rome le 6 de Mai 1527, dont le corps deſſeché ſe voit encore à préſent d'une maniere fort negligée dans le château de Gayete; on fit peindre de couleur jaune la porte de cette maiſon & ſemer du ſel dans tous les endroits, en memoire de la revolte de ce Prince. Et ſelon *Bran-*

tome, la même chose fut observée à l'hôtel de l'Amiral de *Chatillon*, comme une coutume établie en ce tems-là, dont la pratique n'étoit pas nouvelle.

Le dehors de cette maison, où l'on garde tant de richesses, n'a rien de remarquable. C'est dans ce lieu où l'on conserve les meubles précieux de la couronne.

L'on y voit principalement une prodigieuse quantité de tres-riches tapisseries anciennes & nouvelles, dont les plus belles & les plus estimées ont été faites sous le regne de *François* I. De ce nombre sont les batailles du grand Scipion, qu'il acheta vingt deux mille écus des ouvriers Flamans, qui le prefererent à l'Empereur *Charles-Quint*, pour lequel elles avoient été commencées; mais n'en pouvant recevoir le payement, ils prefererent ce Prince, amateur & tres-curieux des belles choses. Cette somme rapportée à la valeur présente de la monoie faisoit près d'un million. Cette tapisserie est du dessein & sur les cartons de *Jule Romain*, aussi bien que les triomphes du même Scipion faits pour le roi *Henri* II. Ces deux tentures sont ensemble cent-vingt-deux aunes de cours en vingt-deux pieces, dont on a vû les esquisses de la main de *Jule Romain* dans le cabinet de *Jabas*. Celles d'après les desseins de *Raphaël*, sont l'histoire de Josué de quarante trois aunes en huit pieces, la fable de Psiché en vingt-six pieces, de cent six aunes ; & les actes des Apôtres en dix pieces de cinquante-trois aunes ; aussi-bien que l'histoire de saint Paul, de quarante-deux aunes en sept pieces.

Il y a plusieurs tentures d'après les cartons d'*Albert Durer*, & de *Lucas* son contemporain. On estime fort de ce dernier les douze mois de l'année, de trente-sept aunes de cours. Elle représente les chasses de toutes les saisons, & est d'un travail admirable & d'une varieté infinie. Cette magnifique tenture a longtems appartenu à la maison de Guise ; les sept âges en vingt-huit aunes sont aussi du même, & ne sont pas d'une moindre beauté, ainsi que plusieurs autres de divers vieux maîtres. Le Roi en a fait fabriquer une tres grande quantité aux Gobelins, sous la conduite & sur les desseins de le *Brun*, dont la plûpart sont rehaussées d'or & d'argent, qui montent toutes ensemble jusqu'à 24000. aunes ; sans cependant comprendre le grand tapis de pié à la Turque, en quatre-vingt douze pieces, qui a été fabriqué dans la manufacture de la Savonerie, comme on le dira dans son lieu: il devoit être de l'étendue de la grande galerie du Louvre, c'est à dire de deux cens vingt sept toises de longueur; ouvrage dans son genre qui n'a pas encore eu de pareil.

Avec ces choses, on verra quantité de tres-riches broderies anciennes & nouvelles, comme des lits, des tentures de chambres & d'alcove, qui ont appartenu aux rois *François* I. & *Henri* II. dont les cartouches en soie plate ont été dessinez par les premiers maîtres du tems. Un manteau de velours violet semé de flammes d'or, qui a servi au roi *Henri* III. pour la premiere fonction de l'ordre du S. Esprit, dont il a été l'instituteur. Toute la garniture de velours bleu foncé, en broderie d'or & d'argent, pour un riche vaisseau que le Roi devoit monter, qui alloit à une extrême dépense, & des caparaçons pour trente-six mulets, faits pour son mariage. Des pieces détachées tres-riches qui viennent d'un nommé *Heincelin*, où il est lui-même representé. Un lit à fond d'argent, où l'on voit tous les Rois & les Reines de France, avec les Princes & les Princesses du sang, en habits de leur tems;

d'une excellente execution. Un autre lit enfin dont l'ouvrage n'a pas d'égal pour la richesse, d'une broderie toute rehaussée de quantité de perles de tres-grand prix. Le lit qui a servi à Reims, lorsque *Louis* XIV. y a été pour son sacre, & celui dans lequel Monseigneur défunt est né. Toutes ces pieces sont d'une beauté & d'une magnificence qui ne se trouvent point ailleurs.

On montre aussi dans le même endroit le buffet du Roi *François* I. composé de quelques pieces de vermeil doré d'un travail où le beau dessein se fait déja sentir.

Dans une chambre particuliere, on conserve quantité d'anciennes armes, entre lesquelles il y en a aussi d'étrangeres. On distingue particulierement l'armure que le roi *François* I. avoit à la fameuse journée de Pavie, qui est d'un ouvrage merveilleux. Une armure du roi *Henri* II. qu'il portoit lorsqu'il fut blessé dans le malheureux tournoi de la rue saint Antoine par le Comte de *Montgomery*. Celles des rois *Henri* IV. & *Louis* XIII. Enfin, une dont la Republique de Venise a fait present à Sa Majesté, enrichie de gravures soigneusement travaillées, & une que la ville de Paris presenta à

Monseigneur, lorsqu'il étoit seulement âgé de dix ans.

Le garde-meuble conserve encore quantité de curiositez de conséquence, quoique les plus rares pieces aient été transportées à Versailles.

Assez proche en remontant dans la rue des Poulies, qui termine à la rue S. Honoré, on passera devant un vieux bâtiment resté de l'ancien hôtel de Longueville, dont une partie a été abatue pour faire place à la grande façade du Louvre, de laquelle on a parlé.

Louis le Vau premier Architecte du Roi avoit occupé cette maison quelques années avant sa mort. En 1709, on en a entierement changé les dedans pour les rendre plus logeables & plus à la mode. On a orné les appartemens de quelques tableaux du cabinet du Roi. Chavannes a été emploié pour des payïsages placez sur les portes des cabinets qui sont d'une grande beauté, & font un heureux effet ; ainsi que les ouvrages de Des Portes, pour des animaux, & de Boyer pour des architectures, en perspective, tous trois de l'Academie, & fort habiles, chacun en son genie.

On a construit fort à la hâte un édifice pour les nouvelles monoies, des écus à cinq livres, & des louis d'or à vingt, qui gâte fort la majestueuse façade du Louvre; mais il est à présumer que cet édifice ne restera pas longtems sur pié, à cause du mauvais effet qu'il produit, en ôtant la liberté de voir aisément un morceau d'architecture qui fait tant d'honneur à la France, par la grandeur & la perfection de toutes les parties qui le composent.

LE PALAIS DES TUILLERIES.

La Reine *Catherine* de *Medicis* qui aimoit passionnément les beaux arts, & qui s'y connoissoit parfaitement, fit jetter les fondations du Palais des Tuilleries, au mois de Mai, de l'année 1564, dans un lieu fort negligé alors, où pendant tres-longtems on avoit fabriqué de la tuile. Comme cette habile Reine s'entendoit en architecture, elle se servit pour la conduite de ce bel édifice, de deux architectes François qu'elle crut les plus experimentez, & qui avoient alors plus de reputation, nommez *Philbert* de LORME & *Jean* BULAN, lesquels employerent toute leur capacité

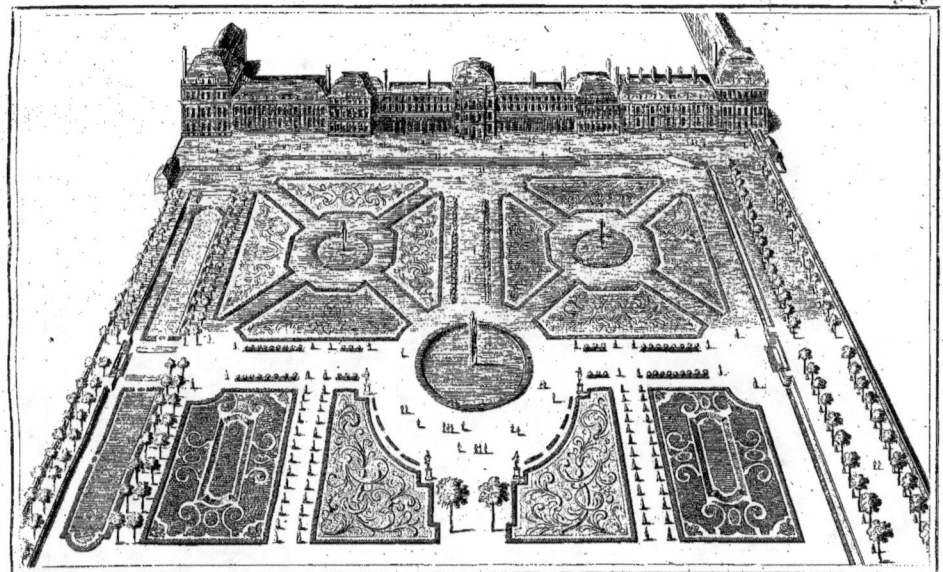

PALAIS DES TUILLERIES.

pour faire un ouvrage qui répondît à l'opinion que l'on avoit conçue de leur habileté.

Cependant de L'ORME, Abbé de saint Eloy près de Noyon, & de saint Serge lez Angers, Conseiller & Aumônier du Roi, fort entendu dans la bonne architecture, eut toute la conduite de cet édifice, quoiqu'il avoue lui même, mais sans doute pour flatter la Reine, qu'elle en avoit donné les principaux desseins. Cet excellent architecte a été le premier qui a ôté l'habit Gothique à l'architecture Françoise, selon la remarque de Felibien, & qui l'a fait voir vêtue à la Greque & à la Romaine. Il avoit fait de longues études de ce bel art en Italie, où il s'étoit appliqué à mesurer exactement ce qui reste de plus beau & de plus précieux dans les édifices antiques, ce qui lui avoit donné un gout exquis, & l'avoit rendu capable de concevoir & d'executer de grandes choses, comme il arriva en effet, puisque tous les ouvrages que l'on voit de lui, ont une majesté & une noblesse qui les distinguent infiniment des autres. Il fût emploié sous *Charles* IX, aux édifices du Louvre, d'Anet & de Saint-Maur : ce qui engagea Catherine de *Medicis* à lui donner l'intendance des bâtimens, à l'employer aux Tuilleries & au monument qu'elle faisoit édifier à Saint-Denis, pour les Princes de la maison de Valois, dont les Religieux ont obtenu la destruction en 1719. Il restoit à la vérité bien des choses à faire pour la perfection de ce bel ouvrage, comme la posterité en pourra juger par les estampes qui en ont été gravées; cependant ce qui étoit commencé donnoit une grande idée de magnificence, & de regularité.

Le Palais des Tuilleries n'avoit pas autrefois la longue étendue que l'on y voit à present. Il étoit seulement composé du gros pavillon quarré du milieu, moins élevé & d'une ordonnance toute differente de celle d'aujourd'hui, des deux corps de logis qui ont une terrasse du côté du jardin & des deux pavillons qui les terminent. Ces cinq pieces qui formoient entierement toute la façade de ce Palais, avoient de la regularité & de la proportion avec leur hauteur; & même à considerer ces cinq pieces détachées du reste, on trouve encore à present qu'elles peuvent former un tout ensemble d'une tres-belle disposition. Les faces des deux côtez de cet édifice sont décorées d'architecture d'une grande maniere. Du côté de la cour ou de la principale entrée par la place du carousel, le gros pavillon du milieu couvert en dôme quarré, est orné de trois ordres de colonnes de marbre ; à savoir de l'Ionique, du Corinthien, & du composite, avec un Attique encore au-dessus. Les colonnes du premier ordre sont à bandes de marbre, avec des ornemens simboliques sur les bandes, qui ont été travaillez avec bien du soin. Du côté du jardin, ces mêmes ordres se trouvent seulement de pierre, observez à peu près de la même maniere.

Dans la grande restauration que le Roi a fait faire de ce Palais en l'année 1664 sur les desseins de *Louis* le VAU, dont *François* D'ORBAY a eu toute la conduite, on a ajoûté un troisiéme ordre & un Attique qui ne s'y trouvoient pas auparavant, afin que l'exhaussement répondît à tout le reste.

Mais à present voici de quelle maniere ce Palais se trouve distribué en dehors & en dedans, avec les augmentations faites sous le roi *Henri* IV. & en differens tems depuis.

Toute la façade de l'édifice est composée de cinq pavillons & de quatre

F vj

corps de logis sur une même ligne, de *cent soixante-huit* toises trois piés de longueur, dont l'architecture est traitée diversement à la vérité, ce qui cependant n'empêche pas que le tout ensemble ne fasse une grande & magnifique apparence, dont toutes les vûes des allées du jardin des Tuilleries sont infiniment embellies. Le premier ordre des trois corps du milieu est Ionique, à colonnes bandées, comme on l'a déja dit; & les deux petits pavillons qui les suivent, sont aussi ornez de colonnes Ioniques, mais cannelées avec des rinceaux d'olivier dans les cannelures, depuis le tiers jusqu'au haut, posées sur un grand stylobate ou piédestal continu. Ces deux pavillons ont de plus un second ordre Corinthien & un Attique terminé par des vases sur une balustrade, qui feroient un meilleur effet, si l'invention en étoit d'une plus belle forme & plus ingenieusement imaginée.

Avant que l'on reparât cet édifice, les curieux en architecture alloient voir par admiration, une de ces colonnes Ioniques cannelées; elle est posée dans l'angle rentrant, entre la premiere arcade qui soûtient la terrasse & le petit pavillon du côté de la riviere. Ils trouvoient que les proportions & le contour de cette colonne étoient d'un profil exquis & heureusement trouvé ; mais depuis que l'on a regraté cet ouvrage, on en a déchargé tant de parties hors des mesures qu'elle avoit autrefois, que cette colonne n'a plus les beautez qui la distinguoient des autres, aux yeux des savans. L'ordre Ionique de ces deux petits pavillons, passe pour un modele achevé ; & il paroit que les regles prescrites par *Vitruve*, y sont observées exactement, même jusque dans les bases qui sont Attiques, dont cet ancien maître a donné les proportions qui se trouvent pratiquées dans celles-ci. Les autres pieces qui suivent, sont deux corps de logis & deux gros pavillons, lesquels terminent cette longue ligne de bâtimens; ces quatre dernieres pieces sont d'un grand ordre composite, en pilastres cannelez.

Cependant on trouve fort à redire que dans les deux pavillons des extremitez, l'architecture soit traitée fort irregulierement, parce que les architraves & les frises sont coupées, pour faire place aux ouvertures des fenêtres qui sont d'ailleurs extrémement hautes pour leur largeur, & les pilastres trop espacez l'un de l'autre. Ce grand ordre composite est surmonté d'un Attique dans ces deux pavillons seulement, avec des vases sur leur entablement, & le tout ensemble forme un corps fort grand & fort exhaussé, mais sans aucune correction, & fort desagréable aux yeux de ceux qui aiment & qui connoissent la bonne architecture.

Pour voir l'interieur de ce Palais, on entre d'abord dans un grand vestibule ouvert de tous côtez, dont le plafond un peu trop bas à la vérité, est soutenu par plusieurs arcades, avec des colonnes Ioniques apuiées sur des massifs entre deux qui portent une corniche architravée.

Dans le même espace où se trouve à présent ce Vestibule, on voioit autrefois un escalier d'un dessein ingenieux & fort hardi, c'étoit une des plus belles choses que l'on pût desirer dans ce genre, le même *Philbert de Lorme* en avoit donné le trait ; mais on a été obligé de le détruire pour conserver à la Cour la charmante vûe du jardin des Tuilleries, & pour ménager d'autres pieces dont on avoit besoin au dessus.

On trouve à present le principal escalier placé à main droite dans ce vestibule, de la premiere rampe duquel on peut entrer dans la Chapelle qui est voisine de la sale des machines. Ensuite par deux autres rampes qui naissent du même pallier, on monte dans un grand salon fort exhaussé au-dessus du vestibule dont on vient de parler, & de-là dans tous les appartemens disposez en enfilade, qui forment un magnifique point de vûe, à les regarder de la premiere entrée.

La balustrade de ce grand escalier est formée par des lyres entrelassées de serpens, pour exprimer en même tems la devise du Roi & les armes de J. B. COLBERT, Surintendant des bâtimens, sous les ordres duquel tous les nouveaux embellissemens de ce Palais ont été entrepris & executez. Cette balustrade merite d'être consideree. Elle est de pierre de Montesson, d'une invention ingenieuse, & terminée avec beaucoup de propreté.

Mais pour voir toutes ces choses de suite, on doit commencer par le grand appartement du Roi, composé de diverses pieces, où les plus excellens maîtres François ont travaillé avec un tres-grand succès, sur les desseins & sous la conduite particuliere du fameux le BRUN, qui en distribua les travaux aux plus habiles de ses éleves.

La sale des gardes, qui se trouve au-delà du grand salon est embellie d'un plafond peint en grisailles, dans lequel entre plusieurs ornemens ingénieusement imaginez on distingue quatre grands tableaux, deux de chaque côté, peints de blanc & de noir, pour feindre des bas-reliefs, & un plus grand au milieu. Les quatre tableaux qui occupent les faces principales du plafond, du côté de la cour & du côté du jardin, sont peints en maniere de bas-reliefs, où l'on a representé quatre sujets qui conviennent heureusement au lieu où ils sont placez, à sçavoir une marche d'armée, une bataille, un triomphe & un sacrifice, qui sont autant de symboles, pour marquer aux gens de guerre les principaux devoirs de leur profession. Dans le premier de ces bas-reliefs feints de marbre, ils voient que la fonction d'un soldat est de marcher contre l'ennemi; dans le second, qu'il faut combattre pour remporter la victoire, exprimée dans le troisiéme tableau par un triomphe, après lequel ils sont obligez de rendre des actions de graces au ciel qui les a protegez; ce que l'on a figuré par le sacrifice, qui fait le sujet du quatriéme bas-relief. Le tableau du milieu, plus grand que les autres, est feint comme une ouverture, par le moien de laquelle on voit le ciel ouvert & plusieurs figures colorées soutenues en l'air, entre lesquelles une tient la corne d'abondance, pour montrer la récompense des services. Une autre sonnant de la trompette, representente la renommée qui publie les belles actions militaires; & enfin d'autres figures, des aîles au dos, qui distribuent des palmes & des couronnes de laurier pour recompenser ceux qui se distinguent dans les combats.

Dans l'antichambre, le plafond paroît veritablement ouvert, tout rempli d'une grande lumiere, dont les yeux sont agréablement éblouis, & peint avec tant d'art, qu'il semble que le jour entre par cette ouverture feinte. On voit comme dans une source de lumiere, le soleil assis sur son char, qui paroît s'élever sur l'horison pour commencer à répandre ses raions de toutes parts. Un vieillard nud, des aîles au dos, une clepsidre en main, semble montrer au soleil le chemin qu'il a encore à faire. Il a sous lui un jeune enfant qui tient le plan d'un édifice dessiné sur du papier, & plus bas deux figures assises sur des nuages; une de femme vêtue d'un manteau de pourpre tenant un serpent qui se mord la queue, dans le cercle duquel on a marqué l'année 1668, qui est le tems que cette peinture a été achevée; l'autre figure est d'un jeune homme couvert d'un simple manteau verd & couronné de fleurs, qui tenant d'une main une corne d'abondance, & montrant de la droite les signes du zodiaque, marque le printems. D'un autre côté la renommée paroît soûtenue de grandes aîles; elle a deux trompettes & embouche celle de la main gauche avec beaucoup de vigueur, l'autre qu'elle tient de la main droite a une banderolle bleue où est écrit en lettres d'or, *Dat cuncta moveri*. Plusieurs filles legerement vêtues, mais de differentes couleurs, sont autour du soleil, qui tiennent à leurs mains, l'une un compas, l'autre des balances, celle-ci un foudre, d'autres diverses couronnes; chacune enfin a son symbole particulier. La plus éloignée paroit en repos, assise entre des nuages obscurs, des pavots à la main, & deux petits enfans proche d'elle; dont l'un tient un livre, & l'autre un masque. Toutes ces figures representent les heures du jour & celles de la nuit; & differentes idées poétiques qui ont du rapport aux vertus & aux operations que l'on attribue au soleil.

Le reste du plafond est embelli de quantité d'ornemens peints & rehaussez d'or, que l'on peut rapporter au tableau du milieu.

Du côté du jardin & du côté de la cour, on distinguera quatre bas-reliefs colorez sur des fonds d'or, où l'on a representé les quatre parties du jour par autant de sujets tirez des métamorphoses d'Ovide, qui marquent aux courtisans leurs principaux devoirs; de même que le peintre a fait aux soldats dans la sale des gardes dont on vient de parler.

Dans le premier tableau, on voit Procris qui donne un dard à Céphale; ce chasseur si fameux dans la fable, à cause de sa diligence qui precedoit le soleil, fait voir qu'un courtisan doit avoir de la vigilance, & prévenir souvent cet astre.

Dans le second, on a peint la statue de Memnon, qui étoit immobile lorsque le soleil cessoit de l'éclairer, mais aussitôt que cet astre dardoit les raions sur elle, cette statue rendoit des oracles, & paroissoit avoir du mouvement; pour faire comprendre, que ceux qui sont obligez de vivre à la cour, doivent demeurer dans le respect & dans le silence jusqu'à ce que le Prince leur permette d'agir & de parler.

La fable de Clitie changée en girasol, est représentée dans le troisiéme tableau, pour marquer que les courtisans doivent toujours être prêts à suivre le Prince en quelque endroit qu'il veuille aller.

La quatriéme enfin fait voir le soleil, qui se délasse chez Tetis, accompagné de plusieurs Tritons qui lui font la cour, pour indiquer aux courtisans qu'ils doivent travailler à divertir le Prince lorsqu'il est de retour le soir dans son Palais.

Il y a encore quatre bas-reliefs de figure ovale en couleur de bronze, placez dans les encoignures, au-dessus de la corniche, qui representent aussi les quatre parties du jour, mais sous des sujets differens. Ce riche plafond n'a aucun ornement de peinture, ou de sculpture, qui ne renferme quelque sens moral, sous des figures ingenieuses, inventées avec beaucoup d'esprit & de jugement.

Toutes les peintures dont on vient de parler, sont de *Nicolas* LOIR, né à Paris, fort habile dans sa profession, qui avoit fait de grandes études à Rome, où il avoit demeuré plus de douze ans entiers.

On entre ensuite dans la grande chambre du Roi, dont BARTOLET-FLAMAL Chanoine de Liége, excellent peintre, a fait le plafond, dans lequel il a repre-

DE LA VILLE DE PARIS. 141
senté la Religion qui tient un cartouche destiné pour un portrait. Les brasiers de stuc sur la grande corniche dorée qui regne tout autour, sont de *Louis Le-rambert*, sculpteur habile, né à Paris, & les figures qui accompagnent ces braziers sont de GIRARDON. Il faut aussi considerer les ornemens de grotesques sur les lambris & sur divers endroits du plafond, qui sont des LEMOINE, du Parisien & du Lorrain, tous deux fort estimez pour ces sortes d'ouvrages.

De là on entre dans le grand cabinet, où la sculpture a été employée avec profusion. Les paneaux du lambris sont excellemment peints, on y a representé les attributs de la guerre, de l'abondance & des élemens ; & sur les chambranles des portes, on a placé dans des frontons coupez, des vases chargez de sculptures richement dorées.

Au-delà, & dans le fond de ce grand appartement, on trouve la galerie des Ambassadeurs, où le roi Louis XIV a donné autrefois des audiences publiques. Le plafond est copié d'après celui de la galerie Farnese, peint par le fameux *Annibal Carache*, qui fait, comme on sait, un des plus beaux ornemens de Rome, excepté cependant que les termes, qui font ici de carnation, font feulement feints de ftuc dans l'original. La fable de Pfiché y eft repréfentée en differens tableaux, avec d'autres fujets tirez des métamorphofes; mais placez & difpofez ici d'une maniere fort differente. On ne peut trop admirer ces belles copies, qui le cedent peu aux originaux, aiant été faites par de tres-habiles Peintres que le Roi entretient dans l'Académie établie depuis plufieurs années à Rome, dont ERRARD, fi connu par fes ouvrages, a eu longtems la direction. Mais toute la difpofition de cette galerie a été entierement changée lorfque le roi Louis XV. eft venu occuper le Palais des Tuilleries, & l'on n'y voit plus quantité de chofes curieufes & fingulieres qui s'y trouvoient autrefois.

Les appartemens qui regnent du côté du jardin, confiftent en une chambre & un cabinet, où *Noel* COYPEL a fait des ouvrages de peinture très dignes d'admiration. On voit encore dans le même lieu d'excellens payifages peints par *Francifque*, qui font fur les lambris.

Les autres pieces du même plein-pié deftinées pour les appartemens de la Reine, dont l'entrée eft fous le gros pavillon du côté de la riviere, à fçavoir la salle des gardes, l'antichambre, la chambre & le cabinet, sont remplies & décorées des ouvrages de NOCRET qui y travailloit en 1668, où il a representé la Reine en differens endroits sous la figure de Minerve.

Le petit appartement qui regne au-dessous de celui-ci, que le Roi *Louis* XIV. a autrefois occupé, a été peint par MIGNARD d'Avignon, qui s'est servi de la devise de ce Prince, pour le sujet de ses peintures, c'est-à-dire du soleil & de ses attributs; on voit les saisons de l'année sur lesquelles cet astre semble présider & communiquer ses influences, pour procurer la fecondité à toute la nature. Dans un autre tableau de la même chambre, le Peintre dont on vient de parler, a representé Apollon & Diane, qui exercent leur vengeance sur les enfans de Niobé, que sa beauté & ses grandes prosperités avoient rendue si pleine de vanité & d'orgueil, qu'elle avoit osé se comparer à Latone, mere de ces deux divinités. Comme ces tableaux sont pour décorer cette chambre & pour honorer Apollon qui y préside & qui semble répandre sa lumiere par l'ouverture du plafond, c'est encore dans la même idée qu'il a orné l'alcove de deux autres sujets; le premier est le supplice de Marsyas, & l'autre le châtiment du roi Midas, qui avoit donné son jugement en faveur de Paris.

Sur le même plein-pié on trouve l'appartement de *Monseigneur*, composé à peu près d'autant de pieces que celui de la Reine, qui est au dessus, lequel a son entrée dans le même escalier. On y doit remarquer les excellentes peintures de *Philippe* de CHAMPAGNE, peintre estimé, parce qu'il ne faisoit rien qui ne fût d'une grande correction. Cet habile maître y a représenté l'éducation d'Achilles. Son neveu qui travailloit sous-lui, a terminé les exercices de la jeunesse & d'autres choses allegoriques, que son oncle avoit commencées dans le même lieu, en 1666.

L'autre partie interieure du bâtiment du côté de la rue Saint-Honoré, contient la chapelle qui n'est pas achevée, & le grand théatre, autrement nommé LA SALE DES MACHINES, où l'on representoit les balets & les comedies devant toute la Cour, dont Psiché a été la derniere. Cette belle piece après plusieurs années de representation, attiroit encore une foule d'admirateurs, parce que le spectacle magnifique qu'elle fournissoit,

DE LA VILLE DE PARIS. 145

nissoit, étoit mêlé de musique, d'entrées de balet & de recits tragiques ; ce qui a cessé pour faire place à la musique seule, sous le nom d'Opera.

Ce théatre est sans contredit le plus magnifique de l'Europe, sans en excepter même celui de Parme, dont les Italiens font tant de cas. Il est vrai cependant que ce dernier est plus vaste & plus spacieux, mais sans aucuns ornemens qui soient remarquables. Celui-ci est d'une distribution tout à fait ingenieuse ; chaque spectateur peut voir & entendre tres-commodement, & sans aucun embarras. L'espace qui est derriere pour les décorations & pour les machines a beaucoup d'étendue, & les ornemens y ont été distribuez par tout avec une abondance extrême. Tout est peint en marbres de diverses couleurs. Les loges en balcons sont soutenues sur des colonnes Corinthiennes, dont les chapiteaux & les soubassemens sont dorez tres-richement, ainsi que les corniches & les ballustrades. Le plafond est chargé de sculptures dorées & de peintures, sur les cartons de le BRUN, executées par *Noel* COYPEL. VIGARANI, gentilhomme Italien, fort estimé pour les machines & pour les grands spectacles, a donné tou-

Tome I.   G

tes les dimensions de ce magnifique theatre, qui peut tres-aisément contenir jusqu'à sept ou huit mille personnes.

Les principales vûes de tout ce Palais donnent sur le jardin des Tuilleries, auquel il sert d'une perspective magnifique, en terminant agréablement toutes les allées principales, par une longue façade de bâtimens d'une riche & grande architecture, dont l'effet à la verité a beaucoup plus d'apparence que de régularité & de précision.

On a fait quelques réparations dans les appartemens de ce Palais pour y loger le roi *Louis* XV. avec les principales personnes de sa suite; ce qui étoit d'autant plus necessaire, qu'il y avoit près de cinquante ans que la Cour ne les avoit occupez, & que ces appartemens avoient été negligez malgré leur heureuse disposition & la beauté des ornemens dont ils sont decorez.

LE JARDIN
DES TUILLERIES.

DE l'aveu de tous ceux qui ont vû les payïs étrangers, le jardin des Tuilleries est sans contredit une des plus belles promenades de toute l'Europe, dans l'état où il est à present, quoiqu'il ne soit pas encore orné de fontaines, comme il le doit être, si les desseins qui ont été proposez sont suivis.

Il a été commencé en 1600. par les soins du roi *Henri* IV. qui avoit fait élever la partie de la galerie en grands pilastres, quelques années auparavant.

La disposition du Jardin depuis le changement qui y a été fait, est si belle, & son étendue a été distribuée d'une maniere si ingenieuse, que dans son espace, qui n'est que de *trois cens soixante* toises de longueur, *sur soixante & huit* de largeur, qui font en tout environ soixante & sept arpens de terrain; on trouve generalement tout ce qui peut donner de la satisfaction, dans les promenades les plus charmantes & les plus délicieuses.

Le grand parterre est du côté du Palais, divisé en plusieurs compartimens, & coupé par des allées qui conduisent aux principales entrées; toutes les plus belles fleurs de chaque saison de quelque espece qu'elles puissent être, ne manquent jamais d'y paroître, avec des arbustes toujours verds dans des plates-bandes, qui enferment de grandes pieces de buis en broderie.

G ij

La grande terrasse qui regne dans toute l'étendue de la façade du Palais, est ornée de six figures de marbre & de vases entre deux qui produisent une décoration particuliere. Les trois figures du côté de la riviere, qui representent un chasseur & deux chasseresses, sont de *Coustou*, sculpteur habile de l'Académie; & celles du côté de la rue saint Honoré, representent un Faune, une Hamadriade & la déesse Flore : ces trois dernieres sont de *Coyzevox*, dont on a grand nombre d'ouvrages fort estimez.

Il se trouve seulement trois jets d'eau dans tout le jardin, qui sont placez, deux dans les parterres, un plus grand dans l'esplanade à l'entrée de l'allée du milieu, dont les bassins sont bordez de gazon. Il y a encore une grande piece d'eau de figure octogone, à l'autre extremité de la même allée du milieu, du côté du fer à cheval, où deux rampes en demi cercle qui conduisent aux terasses, prennent naissance.

On a placé quatre groupes de figures de marbre, autour du grand jet d'eau du parterre, à sçavoir Oritie, enlevée par le vent Borée, & Cerès par Saturne, sous la figure du tems ; le premier est de *Flaman*, & l'autre est de *Renaudin*. On les a vû longtems dans l'Orangerie de Versailles, d'où ils ont été transportez lorsque le roi *Louis* XV. est venu aux Tuilleries. Les deux autres representent Lucrece qui se poignarde en presence de Collatinus, qui a été commencé par *Theodon*, & terminé par le *Pautre* ; & Enée, chargé de ses dieux Penates, qui sauve son pere Anchise de l'embrasement de la ville de Troies, avec son fils Ascagne qu'il tient par la main ; ce dernier groupe est aussi de le *Pautre*.

On a encore embelli le jardin des Tuilleries de plusieurs excellentes figures de marbre. Autour de la piece à l'extrémité de la grande allée, on a disposé sur le devant de la charmille, des termes & d'autres statues qui paroissent d'une tres-bonne main, & qui décorent avantageusement l'espace où elles sont placées.

Entre les demi-cercles que forme le fer à cheval, on remarquera quatre Fleuves de marbre sur des piédestaux de même, d'un excellent travail ; à sçavoir, la Seine, de l'ouvrage de *Coustou*, & la Loire de *Vancleve* ; le Nil & le Tibre, copiez à Rome sur les antiques qui se voient au Capitole, par les éleves que le Roi entretient dans l'Académie qu'il y a fondée. Les seize enfans dans

G iij

diverses attitudes autour du Nil, marquent selon le sentiment de quelques savans antiquaires, la crue de ce fameux Fleuve qui monte tous les ans à la hauteur de seize coudées, ce qui procure cette grande fertilité à l'Egypte, dont tous les historiens parlent & sans laquelle cette fertile Province seroit absolument inhabitée.

A l'extrémité du Jardin entre les ouvertures du fer à cheval, on distinguera deux figures à cheval d'une grandeur extraordinaire, élevées sur des jambages rustiques ; l'une represente Mercure, & l'autre la Renommée. Elles sont de la main de *Coyzevox*, qui les termina en l'année 1702, pour être transportées à Marly, où elles ont été jusqu'au 7 de Janvier 1719, qu'elles ont été posées où l'on les voit à present.

Toute l'étendue de ce beau jardin est coupée par plusieurs allées, qui se rapportent à trois principales, plus longues & plus larges que les autres. Celle du milieu est de *cent soixante & cinq toises* de longueur, & large de *seize*, plantée de maronniers d'Inde, accompagnée de deux contre-allées, où l'on voit toujours une tres grande affluence de beau monde aux heures de la promenade. Les deux autres allées qui sont paralleles à celle ci, ont un peu moins de largeur & sont formées par des tilleuls.

Entre ces trois grandes allées & dans les espaces qui se trouvent jusques aux terrasses, on a disposé des bosquets & des boulingrins de toutes sortes de figures, avec des piéces de gazon rondes & ovales, creusées en pente douce, entourées de maronniers & d'ifs alternativement.

Mais ce qui embellit infiniment le jardin des Tuilleries, c'est la grande terrasse du côté de la riviere, qui regne le long du chemin du cours de la Reine, longue de *deux cens quatre vingt six* toises, & large environ de *quatorze*, de laquelle on découvre une tres grande vûe.

On voit d'un côté une partie des plus beaux bâtimens de la Ville, & de l'autre le riche dôme des Invalides, un large canal que forme la Seine le long du Cours, ensuite une campagne semée de villages, terminée par les montagnes de Meudon & de Saint-Clou, dans une distance juste, pour ne rien perdre des objets qui s'y trouvent. Cette terrasse est plantée de deux rangées d'ormes, qui forment trois allées. Elle est revêtue

G iiij

d'une tres belle maçonnerie, ornée de corps en faillie, chargée de boffages, du côté du grand chemin ; & d'efpace en efpace, on trouve en dedans de grands perrons, d'une difpofition ingenieufe & commode, pour defcendre dans les allées de traverfe, dont toute la largeur du jardin eft coupée.

André le NOSTRE, né à Paris, a eu toute la conduite des Tuilleries, & l'on peut dire à fa louange, que perfonne avant lui n'avoit porté l'art du jardinage auffi loin qu'il a fait. Les deffeins merveilleux qu'il a donnez pour Verfailles & pour d'autres lieux, ont fait admirer fon genie rare & fingulier. On doit ajoûter de plus à fa louange, que l'on a vû en France un tres-grand changement, furtout dans les parterres, depuis que les deffeins ingenieux & agréables qu'il a donnez ont été goutez, la plupart defquels ont été gravez pour l'utilité & la fatisfaction de ceux qui voudroient s'en fervir ; ce qui a déja été executé en plufieurs endroits de l'Europe, avec beaucoup de fuccès.

Il faut ajouter encore ici, qu'en 1716 on a conftruit un pont tournant d'un deffein nouveau & ingenieux pour donner accès aux champs Elifées ; plufieurs mains mal construites ont été détruites & renversées, à la place desquelles on fait une vaste esplanade entourée d'un fossé revêtu des deux côtés d'une maçonnerie solide. Le pont qui donne entrée aux Tuilleries a été fabriqué d'une partie des pierres tirées de la démolition du bel arc de triomphe, érigé à la mémoire de *Louis* XIV. placé à l'extrémité du faubourg-saint Antoine, comme on le dira dans un autre endroit.

LA GRANDE GALERIE DU LOUVRE.

ON remarquera que le Palais des Tuilleries communique avec le Louvre, par le moyen de la grande galerie, qui est d'une extraordinaire longueur, dont l'architecture n'est pas également traitée par tout.

Depuis le gros pavillon qui fait un angle vis à vis du Pont roial, jusqu'au premier passage qui marque le milieu de la galerie; elle est decorée de pilastres d'ordre composite, groupez deux à deux & cannelez, d'une grandeur gigantesque, l'architecte les aiant disposez de cette maniere, afin qu'on pût les distin-

G v

guer aisément de loin. On remarque particulierement les huit derniers de ces pilastres, proche du premier passage, où l'on trouve que les chapiteaux sont d'une plus belle forme & d'une proportion plus élégante. La lettre *H* à la place des roses dans les chapiteaux de ces pilastres, fait connoître que cet édifice a été élevé sous le roi *Henri* IV. vers l'année 1596. Tout l'entablement de cette partie de la galerie est couronné de frontons angulaires & spheriques alternativement, dont les timpans sont enrichis de sculptures, qui representent les arts, les sciences & d'autres choses symboliques. Les membres de toute cette architecture ont de la grandeur, & les modillons entre autres, ont peu de pareils dans leur proportion extraordinaire.

On doit encore remarquer que cette partie de la galerie a été rétablie & décorée des principales sculptures que l'on y voit à present presque en même tems que le palais des Tuilleries, c'est-à-dire vers l'année 1664.

Dans la même suite au-delà du petit lanternin sous lequel se trouve le passage, est un gros ouvrage de maçonnerie, fort simple & fort grossiere. Tout le reste jusqu'au Louvre est d'un dessein assez singulier, orné de petits pilastres couplez, chargez de quantité de sculptures & de bossages vermiculez, dont la plus grande partie n'a pas été achevée; & il paroît que cet ouvrage a été commencé sous le regne de *Charles* IX. lorsque la confusion des ornemens sans choix étoit fort à la mode.

Vers le milieu de la grande galerie, il y avoit autrefois une porte d'ancienne structure, dont on voit encore quelques restes sur le bord de la riviere, que l'on nommoit la porte neuve, à côté de laquelle il se voioit une grosse tour construite du tems que les Anglois attaquoient les principales Villes du Roiaume, & tâchoient de s'en rendre maîtres. Ce fut par cette porte que le roi Henri IV. entra à Paris, lorsque cette Ville se soumit à son obéissance. Mais tous ces ouvrages furent détruits & renversez, lorsque le Roi prit le dessein de faire travailler au Louvre.

Le dedans de cette galerie, dont la longueur n'a point de pareille, est de deux cens vingt sept toises depuis une porte jusqu'à l'autre, & de quatre toises cinq piés de largeur. On avoit commencé de grands travaux de sculpture & de peinture pour les plafons, sous le regne de *Louis* XIII. dont le fameux *Nicolas* POUSSIN avoit donné les desseins, qui furent executez par *Remy* VIBERT, mais que l'on trouva trop petits pour le lieu où ils sont placez; ce qui fut cause que l'ouvrage demeura imparfait. Cependant ce qui a été achevé, au sentiment des plus délicats & des plus habiles connoisseurs, est d'une correction & d'une beauté merveilleuse; & le POUSSIN y a fait voir de quoi il étoit capable, par l'abondance des sujets qui y sont traitez, où l'on remarque avec admiration l'étude que ce grand maitre avoit fait des plus belles antiques, & le goût exquis qu'il en avoit pris. Les peintres, & particulierement les sculpteurs, regardent cet ouvrage comme une école, de laquelle ils tirent des idées qui leur servent infiniment, en y remarquant mille belles choses traitées d'une maniere ingénieuse & savante, qui donnent une extrême satisfaction aux connoisseurs. On croit que c'est moins par la faute de POUSSIN que de *Jacques* le MERCIER Architecte, si les choses se sont trouvées hors de la proportion qu'elles devoient avoir. Le MERCIER jaloux de la réputation de cet excellent Peintre, ne voulut pas souffrir qu'on les executât d'une autre maniere.

L'architecture de la partie de cette galerie du côté du Louvre, est de *Louis* METTEZEAU, originaire de Dreux, qui donna l'invention de la fameuse digue de la Rochelle, par le moyen de laquelle cette ville rebelle fut soumise au roi *Louis* XIII. le 29 de Decembre de l'année 1628, à l'occasion de quoi un Poëte de ce tems là fit cette Epigramme à la louange de *Mettezeau*.

Heretico palmam retulit Methezaus ab hoste,
  Cùm Rupellanas aggere cinxit aquas.
Dicitur Archimedes terram potuisse movere.
  Æquora qui potuit sistere, non minor est.

Mettezeau fut assisté dans l'heureuse entreprise de cette fameuse digue, par *Jean Tirieau*, maître maçon de Paris. Ils la commencerent le 2 de Decembre 1627. Cette digue avoit sept cens quarante-sept toises de longueur, & fut regardée comme l'entreprise la plus hardie & la plus heureuse qui eut été imaginée en ce genre; puisque les Anglois ne purent jamais la forcer avec toute leur Flotte, ce qui fut cause que la ville de la Rochelle fut obligée de se rendre après un siege tres-violent, où les assiegez firent tout ce qui se peut faire pour une vigoureuse défense, animez sur tout du pretexte de la religion.

L'autre partie de la galerie décorée de grands pilastres, dont on vient de parler, est d'*Estienne* du PERRAC, architecte d'une médiocre capacité, duquel on voit peu d'ouvrages remarquables à Paris.

Les plans des principales forteresses de l'Europe, particulierement de celles du Roiaume, sont placez dans la partie de la grande galerie la plus voisine du Palais des Tuilleries. On en compte à present cent soixante ou environ, entre lesquelles il y en a qui ont coûté de tres-grandes sommes.

Ces plans marquent en relief les moindres parties des travaux & des édifices particuliers des Villes, ce qui donne d'autant plus de satisfaction, qu'il ne se voit rien ailleurs de pareil, aucun Prince n'aiant poussé si loin la magnificence sur cet article ; on fait état qu'il y en a pour cinq millions : quelques-uns de ces plans ont couté dix mille écus.

Jean BERTHIER a fait la plûpart de ces plans, & a une experience toute

DE LA VILLE DE PARIS. 159
particuliere pour executer cette sorte d'ouvrage, où il réussit mieux que personne n'a encore fait jusqu'ici.

LES ILLUSTRES

LOGEZ SOUS LA GRANDE GALERIE.

IL se trouve plusieurs appartemens sous la galerie du Louvre, occupez par des personnes qui excellent dans des professions differentes, que l'on distingue par ces logemens. Le roi *Henry IV.* a été le premier qui a accordé cette grace à quelques illustres de son regne; & par des lettres patentes expediées en 1608, il leur donna le privilege de travailler indépendamment de tous les autres maîtres du roiaume; ce qui a été confirmé par plusieurs arrêts donnez depuis ce tems-là.

Voici les noms de ceux qui les occupent à present, à commencer par l'extrémité de la galerie qui touche au Louvre.

La *Veuve* BELOCQUE a la garde des appartemens de la Reine mere.

BERRIN, excellent Dessinateur pour bien des choses differentes, comme des pompes funebres, fêtes galantes, feux d'artifice, carousels, habits, & décorations de théatre &c.

MARTINAU, Horlogeur habile, duquel on voit des ouvrages d'une ingenieuse invention.

SILVESTRE, Dessinateur, a un cabinet orné d'un plafond peint par *Boulogne* & plusieurs excellens tableaux. C'est lui qui a montré à dessiner à Messeigneurs les Princes.

MEUNIER, habile Peintre d'architecture.

La *Veuve* de VISE'.

COUSTOU, Sculpteur habile & en grande réputation.

Alexandre D'HERMAND, Colonel d'Infanterie, Ingenieur du Roi, a un cabinet où l'on voit un agréable & savant assemblage de curiositez de l'art & de la nature; il y a aussi plusieurs belles machines qui regardent les mechaniques, dont il en a mis une partie en usage pendant les dernieres guerres. C'est le même qui a trouvé l'invention de representer en relief tous les mouvemens des armées pour l'instruction de S. M.

DES PORTES, Peintre tres excellent, possede divers talens qui se trouvent rarement ensemble. Il excelle en

DE LA VILLE DE PARIS. 161
fleurs, en fruits, & en animaux de toutes les especes : avec tous ces rares talens il réussit parfaitement dans les figures, qu'il peint avec beaucoup d'art & de grace.

CHATILLON, Graveur en tailles douces, s'occupe encore à travailler en émail.

FREMIN Sculpteur de l'Academie.

TURET, savant Horlogeur dans les mathematiques, ce qui lui a donné de grandes lumieres pour faire d'heureuses découvertes dans sa profession.

GERMAIN, Orfevre tres-habile, dont les ouvrages sont tres-estimez.

L'INSPECTEUR DE LA GASETTE.

BOULE Ebeniste, dont les ouvrages de marqueterie sont fort recherchez.

RENIER Armurier du Roi.

DU VIVIER, Grav. pour les médailles.

BALIN, Orfevre renommé.

BENIER, Orfevre renommé.

BIDAULD, Horlogeur.

VANCLEVE, sculpteur, dont les ouvrages sont fort recherchez.

La *Veuve* LE BAST.

RONDET, Garde des pietreries de la Couronne.

BAILLY, Peintre en miniature.

FONTENAY, Peintre fleuriste.

COYPEL premier Peintre du Duc d'Orleans. Il occupe un double appartement à cause des desseins du Roi, dont il a la garde.

L'Imprimerie Roiale se trouve presque à l'extrémité de la Galerie.

François Sublet de Noyers, Secretaire d'état & Surintendant des bâtimens, qui cultivoit les beaux arts avec un soin extrême, & qui les soutenoit de tout son credit, a été le premier qui a établi l'Imprimerie Roiale, vers l'année 1640. Les impressions admirables qui en sont sorties en tres grand nombre, ont fait convenir à toute l'Europe, qu'il étoit bien difficile d'aller plus loin, & l'on a fait en diverses occasions des dépenses tres considerables pour les grands ouvrages en diverses langues qui y ont été imprimez. N.. Anisson en a la direction depuis quelques années, & ne neglige rien pour la perfection de tout ce qui la regarde.

La Monoie des medailles, dont l'entrée est vis à vis de la rue saint Nicaise, est de suite, & occupe quatre arcades dessous la grande galerie. C'est où l'on frappe les medailles d'or & d'argent, & les jettons que les curieux cherchent avec soin, pour enrichir leurs cabinets. Ce qui se presente d'abord, ce sont les balanciers ; il y en a quatre ; & les deux derniers nouvellement faits, sont uniques pour leurs masses & leurs ornemens. On descend après dans un grand attelier qui contient un fourneau, un moulin, des établis, & generalement tous les instrumens qui servent à la fabrication des médailles. Le moulin est remarquable, en ce que le bloc sur lequel sont montez les laminoirs, est de bronze ; ce qui contribue beaucoup à l'égalité des lames, & ce qu'on ne voit en aucun endroit. La machine à marquer la tranche des jettons, a aussi cela de singulier, qu'elle s'ajuste au volume des Flaons par un mouvement qui y est propre. On passe ensuite dans la galerie où se font les ouvrages d'or & d'argent pour le Roi, qui merite d'être vûe, à cause de sa longueur, de sa disposition, de la maniere ingenieuse dont elle est éclairée, & du nombre d'ouvriers qui peuvent y travailler sans se nuire les uns aux autres, ni embarrasser le passage.

Nicolas de LAUNAY, Orfevre du Roi, dont le genie est très rare pour les ouvrages de bon goût, a la charge de Directeur de cette monoïe ; il donne les beaux desseins des pieces qu'il fait faire pour S. M. & ne néglige rien pour rendre les médailles d'une perfection comparable à l'antique. Il a ramassé & placé dans un même lieu, qui est un grand cabinet en forme de galerie, les poinçons & les quarrez appartenans au Roi, qui sont des meilleurs maîtres de leur tems, dont la dépense revient à plus de deux millions, ce qui doit être consideré comme une chose des plus singulieres & des plus curieuses qu'il y ait en Europe. Ils sont rangez dans un ordre historique sur des tablettes à panneaux de glaces, qui en laissent voir aisément les types ; cette galerie avec cela est décorée des portraits de toutes les personnes de la Maison Roiale, depuis Henri IV. & de plusieurs autres choses d'un choix excellent.

Dans son appartement disposé avec beaucoup d'art, & meublé tres-proprement, on voit des tableaux de la premiere beauté ; entre lesquels on admire saint François, d'*Annibal Carache*, si connu & si estimé des curieux ; la vision d'Ezechiel peint par *Raphael* ; & le ravissement de saint Paul, par le fameux *Nicolas Poussin* ; des vases antiques de marbre, d'un tres-beau profil ; des bronzes choisis, & d'autres curiosités de prix qui meritent l'attention des connoisseurs habiles. Le maître avec cela reçoit avec politesse les étrangers & les curieux qui le viennent voir, ce qui donne encore une satisfaction particuliere & fait honneur à notre nation.

Voilà tout ce qui se peut voir de plus remarquable dans les appartemens pratiquez sous la grande galerie du Louvre.

Il seroit cependant fort à souhaiter, que quelques particuliers logés dans les mêmes appartemens, qui ont des choses tres-curieuses sous leur garde, ou qui leur appartiennent en particulier, voulussent bien permettre que l'on les vît, pour la satisfaction de quantité d'étrangers qui ne voiagent que pour connoître ce qu'il y a de singulier & de rare dans les endroits fameux comme la ville de Paris, ce qui contribueroit encore à augmenter la reputation de cette grande Ville.

LE COURS DE LA REINE.

AU-delà des Tuilleries, sur le bord de la riviere, la reine *Marie* de Medicis, qui aimoit la magnificence, fit planter en l'année 1616, le Cours, pour servir de promenade, principalement aux personnes en carosse. Elle choisit cette disposition comme la plus heureuse qui se pût trouver ; & en effet on peut dire que rien n'est plus avantageux & plus agréable que cette promenade, laquelle fournit tout ce que l'on peut desirer.

La longueur entiere du Cours est de mille huit cens pas ou environ, composée de trois allées qui sont formées par quatre rangées d'ormes, lesquelles ensemble sont environ vingt toises de largeur. Celle du milieu est plus large que les deux autres, & six carosses de front peuvent s'y promener sans s'incommoder. Le milieu du Cours est marqué par une grande esplanade ronde, autour de laquelle les rangées d'arbres conservent leur simetrie & leur distance, & les extrémitez sont terminées pardes portes de fer appuiées sur des corps de maçonnerie rustique, au haut desquelles il y a des figures couchées & assez mal dessinées.

Le Quai commencé le long du Cours, mais qui n'a pas été continué comme il auroit été necessaire pour resister aux débordemens de la riviere, a été construit avec dépense en l'année 1670 ; mais comme après plus d'un siecle les arbres du Cours commençoient à se détruire, on a enfin pris le parti de les arracher vers l'année 1722. Les bois en ont été vendus pour du charonage, & l'année suivante on en a replanté d'autres qui réussissent assez bien.

Le *maréchal* de BASSOMPIERRE, un des plus polis & des plus magnifiques Seigneurs de son tems, fit revêtir de pierre de taille toute la longueur du Cours du côté de la riviere, pour prévenir les dommages que les débordemens pouvoient causer ; peutêtre aussi vouloit-il faire cette dépense, parce que la promenade du Cours donnoit de l'agrément à la maison de plaisance qu'il avoit fait élever un peu plus loin sur le bord de l'eau, vers l'année 1630, selon les memoires qu'il a publiez de sa vie. Il la prêtoit souvent au Cardinal de RICHELIEU qui y venoit faire des retraites politiques pour méditer à loisir à ses grands projets. Cette maison est tombée depuis aux filles de la VISITATION DE SAINTE MARIE, par les libéralitez de la Reine d'Angleterre épouse de Charles I. qui fut obligée de se refugier en France après la mort tragique de son époux. Ces Religieuses sont magnifiquement logées dans cette maison, dont la situation est tres-heureuse. En 1704 elles ont fait construire une Eglise qui paroît de loin, dont le deſſein eſt agréable, ſans être délicat ni étudié ; parce qu'il paroît trop que les principales parties en ont été priſes ſur quelques édifices que l'on voit dans cette Ville. Le comble qui couvre ce petit édifice eſt pitoyable, & rien ne choque davantage la vûe que cette vilaine machine qui n'a aucune convenance avec tout le reſte, laquelle a été juſtement comparée par quelques critiques, à un panier à mouches.

On garde dans le chœur de ces Religieuſes, ſur une maniere de petite tribune, le cœur de *Henriette-Marie* de France, reine d'Angleterre, fille du roi *Henri* IV. & femme de *Charles* I. roi de la grande Bretagne, qui eut la tête tranchée à Londres en 1649. Cette Reine eſt decedée à Colombes le 10 de Septembre 1669. à l'âge de ſoixante ans.

Le cœur de JACQUES II. Roi de la grande Bretagne ſon fils, a été mis à côté. Le corps de ce Prince, que la poſterité n'admirera pas moins pour ſa profonde & ſolide piété, que par ſes fameuſes diſgraces, a été dépoſé dans une chapelle de l'Egliſe des Benedictins Anglois au Faubourg ſaint-Jacques, où il eſt conſervé avec veneration.

La reine *Marie* d'*Eſt*, ſa ſeconde femme,

DE LA VILLE DE PARIS. 169
me, morte à Saint-Germain en Laye, le 7 du mois de May 1718, est en dépost dans l'Eglise de ces Religieuses. Elle étoit fille d'Alphonce, IV. Duc de Modene, & de Laure Martinozzi, niece du Cardinal Mazarin.

Louise-Marie STUART, leur fille, Princesse recommandable par son esprit, sa pieté, & toutes les grandes qualitez dignes de sa haute naissance, est morte à Saint-Germain en Laye le 10 d'Avril 1712, âgée de dix-neuf ans & quelques mois seulement. Le cœur de cette Princesse, aimée & respectée de tout le monde, a été déposé auprès de celui du roi son pere ; & son corps aux Benedictins Anglois.

LA MANUFACTURE ROIALE DE LA SAVONNERIE.

LA premiere maison que l'on découvre en sortant du cours de la Reine, est un vieux bâtiment grossierement fabriqué, nommé la SAVONNERIE, parce que l'on y faisoit autrefois du savon, lequel a été destiné depuis à la fabrique des ouvrages à la Turque. *Pierre* du PONT, né à Paris, & *Simon* LOURDET,

Tome I. H

furent les premiers qui travaillerent en France de cette sorte d'ouvrages, & l'un & l'autre obtinrent des lettres de noblesse, pour recompense. Le premier commença vers l'année 1604, sous le regne de Henri Quatre, & le second en 1626. Leurs successeurs ont continué les mêmes travaux, & y ont si parfaitement réussi, qu'ils ont surpassé ce qui venoit du Levant. Plusieurs pieces de conséquence sont sorties de leurs mains, sur tout le grand tapis de pié, dont on a parlé dans l'article du Garde-meuble du Roi, qui devoit couvrir en quatre-vingt-douze pieces, toute l'étendue de la grande galerie du Louvre, sur un riche parquet de marqueterie achevé, sans avoir été posé; avec d'autres ouvrages, dont on voit des échantillons, chez du *Pont*, qui satisfont les curieux dans cette fabrique, la seule qu'il y ait à présent dans toute l'Europe & qui ait jamais été.

Par les soins du *Duc* D'ANTIN, Surintendant des bâtimens, cette manufacture fort negligée pendant plusieurs années, a été rétablie, & les édifices reparez en mil sept cens treize, comme on le voit par l'inscription gravée sur la porte, dans un marbre noir.

Pierre du *Pont*, petit-fils de celui dont on vient de parler, en a seul à présent la direction & fait tous les jours des pieces de consequence qui surpassent en beauté de dessein & en perfection de travail, tout ce que l'on a vû autrefois sortir de cette manufacture. Le tapis de pié qui couvre tout le parquet de la tribune du Roi à Versailles, est de lui, ainsi que quantité d'autres pieces qui se voient à Trianon, à Marly, & dans les autres Maisons roiales.

Assez proche de cette maison on pourra voir une *Verrerie*, dans laquelle on travaille continuellement à quantité d'ouvrages, dont il se fait un assez grand débit. On y a trouvé, à ce que l'on dit, le secret des gobelets de verre, qui resistent au feu.

Entre le cours de la Reine & la Savonnerie, dont on vient de parler, il se trouvoit un grand terrain vague dans lequel on élevoit des maronniers d'Inde & des arbustes de diverses especes pour les jardins qui en avoient besoin, sur la fin de l'année 1719. On a jetté les fondations dans cet espace d'un édifice avec beaucoup d'appareil & de fracas, d'un dessein extraordinaire, sans que l'on ait jamais pû savoir à quel usage il pouvoit être destiné : cependant on a travaillé à cet édifice avec tant d'empressement & d'application, que les fêtes & les dimanches y étoient emploiez, tout cela à demi achevé a été entierement détruit en 1723.

Comme cette route le long de la riviere peut engager à aller aux belles promenades qui se trouvent assez proches, il ne sera pas inutile de dire ici ce que l'on y doit voir de plus remarquable.

On passera devant le COUVENT DES MINIMES, ou des BONS HOMMES, placé dans une situation élevée qui lui procure une vûe merveilleuse. C'étoit autrefois une maison roiale qui appartenoit à *Anne de Bretagne*, épouse du roi *Louis* XII. morte à Blois le neuf de Janvier 1514, agée seulement de 37 ans. Elle donna cette maison que l'on nommoit alors *Nigeon*, aux Minimes, & fit commencer l'Eglise qu'on voit à present, où il y avoit déja une petite Chapelle sous le titre de N. D. des Graces. On nomme ce couvent les *Bons Hommes*, parceque les rois *Charles* VIII. & *Louis* XII. donnerent ce nom aux Religieux instituez par S. François de Paul, à cause de la douceur & de la simplicité de leur fon-

DE LA VILLE DE PARIS. 173
dateur. L'Eglise de ces Peres est assez propre. Le grand Autel est orné de colonnes de marbre, d'une proportion assez correcte. On voit des ouvrages de *Bourdon* peintre estimé, sur les lambris aux côtez de la porte du chœur. Le cloître est peint par tout, mais d'une maniere grossiere qui ne donne que du dégoust aux connoisseurs. Les jardins de ces Peres disposez la plûpart en terrasse, leur fournissent quantité de fruits & d'excellens raisins, ainsi que les vastes clos qu'ils ont sur la hauteur qui s'étendent bien avant dans la campagne voisine.

Le *village* de PASSY, qui se trouve dans une situation encore plus élevée, a d'assez jolies maisons, qui ne servent que pour prendre l'air dans la belle saison ; mais les plus considerables situées du côté de la riviere, sont celles du *Duc* D'AUMONT, dont les appartemens sont distribuez d'une maniere particuliere & tres ingenieuse ; & celle du *Duc* de LAUZUN, qui a une grande apparence du côté de la riviere, accompagnée de fort beaux jardins la plus part en terrasses, desquelles on jouit d'une vûe magnifique.

On a découvert assez proche des sources minerales ausquelles on attribue

H iij

bien des vertus particulieres, mais qui n'ont pas encore procuré des guérisons averées.

A l'extremité du côteau de PASSY, *Samuel Bernard*, si connu par ses grandes richesses, a fait élever de fond en comble des édifices magnifiques, dont les vûes principales donnent sur le village d'Auteuil, sur les côteaux de Meudon, de Saint-Clou, & du mont Valerien. La riviere qui serpente dans l'éloignement, & mille autres grands objets qui se trouvent dans une heureuse distance, fournissent de quoi satisfaire infiniment la vûe. Le corps de ce vaste bâtiment est d'une apparence si magnifique, que cet édifice avec tout ce qu'il contient surpasse, sans exagerer, plusieurs maisons roiales ; à quoi l'on doit ajouter les jardins d'une tres vaste étendue, les terrasses solidement revêtues de pierre de taille, ainsi que les perons pour y arriver, & bien d'autres ajustements qui n'ont pû être mis en l'état où l'on les voit à present sans dépenser des sommes tres considerables.

Au delà du *village* de *Passy*, on découvre le *bois* de *Boulogne*, autrefois appellé la *forest de Rouvroy*, que *François* I. fit enfermer de murailles, comme on le voit à préfent, pour y prendre plus commodement le plaifir de la chaffe. Son étendue eft feulement de quinze ou feize cens arpens.

A l'entrée eft une fort jolie maifon que l'on nomme la MEUTTE, dont les appartemens, quoique peu nombreux, ont toutes les commoditez pour le néceffaire & pour l'agréable.

Vers l'extrémité du bois de Boulogne on doit aller voir le *château* de MADRIT, que le roi *François* I. fit élever au retour de fa prifon en Efpagne, fur le modele du château de Madrit où Charles-Quint l'avoit retenu enfermé l'efpace d'une année entiere. C'eft un édifice d'un deffein fingulier & d'une ftructure particuliere qui n'a pas dequoi donner une grande fatisfaction aux curieux. On y remarquera feulement quelques colonnes & quelques ornemens de relief de terre cuitte, luttées de diverfes couleurs, qui jettent de l'éclat lorfque le foleil donne deffus.

LES CHAMPS ELISE'ES font à côté du Cours de la Reine, & ont été plantez en l'année 1670, par les ordres de J. B. COLBERT. On nomme ainfi un tres-grand efpace tout rempli d'arbres de haute futaye, qui forment quantité de longues allées & contre-allées de diverses largeurs, dans lesquelles les personnes en carosse peuvent prendre tres-commodément le plaisir de la promenade.

On a fait un pont de pierre en 1710, qui y conduit par la grande esplanade du cours, que l'on nomme LE PONT D'ANTIN, parce qu'il a été ordonné par le *Duc* D'ANTIN Surintendant des bâtimens.

LES ALLÉES DU ROULE, dressées & plantées en l'année 1670, en même tems que les champs Elisées dont on vient de parler, sont sur la hauteur voisine, & fournissent un heureux point de vûe aux Tuilleries. Elles communiquent aux champs Elisées par le moien d'un pont de pierre construit exprès en mil sept cens dix, que l'on nomme aussi le *pont d'Antin*; & pour rendre cette communication plus facile, on a été obligé de remuer beaucoup de terres inégales qui se trouvoient entre deux : ces allées, qui sont d'une grandeur magnifique, consistent en quatre rangées d'ormes à hautes tiges, regulierement plantez, qui forment trois routes de plus de vingt toises de largeur, & aboutissent à une fort grande esplanade en étoile, heureusement située au

DE LA VILLE DE PARIS. 177
sommet de la hauteur, de laquelle on découvre une vûe merveilleuse du côté de la Ville & de la campagne. Du centre de cette esplanade qui est d'une large étendue, on peut compter vingt-quatre allées qui y viennent terminer en droite ligne, dont la principale qui regne le long du bois de Boulogne, va finir d'un bout au village de Neuilly, & devoit servir de route pour Saint-Germain en laye, en construisant à l'extremité un pont de pierre sur la Seine ; & de l'autre, elle est allignée à la principale allée du jardin des Tuilleries, à qui elle sert dans l'éloignement, d'une perspective magnifique, que l'on distingue sans peine du vestibule & du grand salon du même palais.

Pour se satisfaire encore sur d'autres singularitez qui se trouvent aux environs du Louvre ; il faut prendre le chemin qui regne le long de la riviere, & rentrer dans la Ville par la *Porte* de la CONFERENCE, ainsi appellée, à cause qu'elle a été rebâtie dans le tems que le Cardinal Mazarin & Dom Louis de Haro, étoient occupez aux conferences du traité de paix des Pirenées, qui fut suivi du mariage de Louis XIV. Mais l'on trouve aussi

H v

dans quelques auteurs, qu'elle portoit ce nom longtems auparavant, qui lui fut donné à l'occasion de la retraite de *Henri* III. le jour des baricades; & que ce fut là que François de Richelieu, Grand Prevost de France, pere du Cardinal de même nom, arrêta les Parisiens qui vouloient suivre le Roi, pour tacher de le surprendre; en conferant avec eux, il lui donna le tems de s'évader, ce qu'il fit heureusement, & alla coucher à Trapes, proche de Versailles, & le lendemain à Chartres, où ses fideles serviteurs l'allerent trouver aussitôt qu'ils sûrent qu'il y étoit heureusement arrivé.

Il seroit fort à souhaiter, pour la commodité, & pour la decoration de a Ville, que les desseins proposez s'exécutassent, de faire un pont de pierre sur la riviere proche de la porte de la Conference, pour aller du quartier de saint Honoré, au quartier de saint Germain des prez; ce qui seroit d'une grande commodité pour ces deux quartiers, qui sont à present si augmentez & remplis d'un grand nombre de nouvelles & grandes maisons qui se communiqueroient tres-aisément par ce moien.

Dans le grand espace qui se trouve entre le Louvre & le Palais des Tuilleries, il y a quelques maisons qui meritent d'être examinées.

Vis-à-vis de ce palais est la place du carousel, qui retient encore ce nom, parce que l'on y fit les courses du superbe carousel de l'année 1662, pour la naissance de Monseigneur le Dauphin, mort à Meudon le 14 d'Avril 1711, dont on a des volumes gravez par *Chauveau*, excellent maître, avec bien du soin & de l'art. Toute la capacité de cette place fut entourée d'une maniere d'amphitheatre de charpente à plusieurs degrez, capable de contenir un tres-grand nombre de spectateurs commodément assis, qui vinrent exprès de divers endroits du roiaume, pour cette pompeuse & magnifique fête, qui dura trois jours entiers.

L'HÔTEL DE CREQUY, au milieu de cette place, a été occupé par l'illustre Maréchal de ce nom ; sa structure n'a rien de singulier, & l'on n'y distingue aucune beauté. Les architectes estiment néanmoins la porte, ou la principale entrée, laquelle est décorée d'un ordre Dorique formé de deux colonnes engagées d'un tiers dans le vif du bâtiment. *Auguſtin Charles* D'AVILER, dans le Vignol commenté, qu'il a mis au jour, trouve les proportions de cette porte admirables, & en loue l'ordonnance, comme d'un morceau, qui a peu de pareils à Paris.

L'HÔTEL DE LONGUEVILLE, que l'on nommoit autrefois l'hôtel d'*Epernon*, ſe trouve dans la rue de ſaint Thomas du Louvre; il a été bâti ſur les deſſeins de METEZEAU, architecte d'un goût tres médiocre. L'ordre qui y eſt obſervé a quelque apparence de beauté, quoiqu'il ſoit chargé de bien des choſes inutiles; mais ce qui choque le plus, eſt la principale entrée, accompagnée de quatre colonnes Ioniques, d'un tres-vilain module, chargées d'un fronton briſé qui fait un miſerable effet, & dont on ne voit preſque point d'exemples. Le bâtiment n'a pas été entierement achevé, il y manque une aîle toute entiere. Les appartemens ſont embellis de quelques plafons peints par *Pierre Mignard*, qui ne ſont pas à mépriſer. Cet hôtel a été longtems occupé par le Cardinal de *Janſon*, Evêque de Beauvais, & grand Aumonier de France; enſuite par le Cardinal de *Polignac*, ſi connu par les grandes affaires, où il a été employé.

L'HÔTEL DE MONTAUZIER, nommé autrefois l'*hôtel de Rambouillet*, le séjour agréable des muses, à cause de l'acueil favorable que les savans y recevoient du tems de Mademoiselle de *Rambouillet*, que le fameux Voiture & tous les beaux esprits qui vivoient alors ont celebré dans leurs écrits. Le Duc de MONTAUZIER, son illustre époux, accordoit aussi sa protection aux véritables savans de son tems, qui pour cette raison le regardoient comme le Mecenas de son siecle.

Cet hôtel appartient à present à *Jean-Charles de Crussol*, Duc d'UZE's, Pair de France, Gouverneur de Saintonge & d'Angoumois, dont la mere étoit fille unique du Duc de Montauzier.

Ces deux hôtels sont situez dans la rue de SAINT THOMAS DU LOUVRE, à l'extremité de laquelle est l'Eglise qui donne son nom à cette rue.

Cette Eglise Collegiale est desservie par un chapitre composé d'un Doien & de onze Chanoines. Le premier jouit de deux mille livres de revenu, & les Chanoines de trois cens liv. chacun. Le Chapitre nomme au Doienné, & le Roi a quatre canonicats, les sept aures sont alternativement nommez par le Roi & par l'Archevêque de Paris.

Cette ancienne Eglise a été fondée par Robert de France Comte de Dreux, surnommé le Grand à cause de sa vertu, cinquiéme fils de Louis le Gros. Ce Prince fit cette fondation à son retour du voiage de la Terre sainte à l'honneur de saint Thomas de Cantorbery.

Melin de SAINT GELAIS Poëte qui avoit bien de la réputation sous le régne de *Henri* II. est enterré dans cette Eglise. Sa poésie étoit estimée, & c'est pour cela que l'on le nommoit l'Ovide François. Il avoit été Abbé de Reclus, Aumônier & Bibliothecaire du Roi, & étoit fils naturel d'Octavien de SAINT GELAIS de *Lansac*, mort Evêque d'Angoulême, qui l'avoit fait élever avec soin.

SAINT NICOLAS DU LOUVRE, est une autre Eglise collegiale, fort proche de la grande galerie du Louvre, dont le bâtiment est des plus negligez & des plus mal construits. Le Chapitre est composé d'un Prevôt, qui a dix-huit cens livres de revenu, & de dix Chanoines qui en ont huit cens chacun. Ils sont tous à la collation de l'Archevêque de Paris, excepté un canonicat en patronage laïque à la nomination d'un gentilhomme de la Province du Limosin.

Après avoir satisfait sa curiosité sur le sujet du Louvre, & sur les choses les plus remarquables qui se trouvent aux environs, dont on a fait la description le le plus exactement & le plus en abregé qu'il a été possible, on commencera par les choses les plus voisines & qui meritent quelque distinction.

SAINT-GERMAIN L'AUXERROIS.

Cette Eglise, la Paroisse du Louvre & de tout le quartier des environs, est d'une fondation des plus anciennes de Paris. Le Roi *Childebert* I. qui mourut en l'année 558, dont la dévotion pour saint Vincent martyr étoit très-grande, la fonda presque en même tems que l'Abbéie de saint Germain des prez. Il dédia l'une & l'autre à saint Vincent, dont il avoit apporté les reliques d'Espagne, comme on le dira ailleurs. Cependant plusieurs années après, cette Eglise, de même que plusieurs autres, a changé de nom. Elle a pris le titre de S. Germain Evêque d'Auxerre, ancienne Ville de Bourgogne, sans que l'on en sache bien la raison, ni en quelle année ce changement s'est fait. Le bâtiment, comme on le voit à present, n'est guere plus ancien que de deux siecles, ou environ. Il est à la verité assez regulier dans sa maniere gothique & grossiere, & toutes les parties de cet ancien édifice se répondent assez correctement ; mais la lumiere y manque presque par tout, ce qui vient en partie des vitres qui sont peintes en apprêt, & de ce que l'on a imprimé les voutes d'un azur brun chargé de fleurs-de-lis d'or, & d'autres ornemens sans choix, dont la dépense a monté à plus de quarante mille livres, ce qui n'a servi à autre chose qu'à gâter cette Eglise, & à la rendre triste & obscure, comme elle paroît à present. D'ailleurs le bâtiment est grand. Un rang de chapelles regne tout autour, avec des bas côtez doubles fort bien voutez, comme dans les plus grandes fabriques.

Le grand Autel est orné de quatre Anges de bronze de grandeur naturelle, de même que de quelques vases que l'on attribue à *Germain* PILON ; aussi bien que la balustrade, dont les piédestaux & les appuis sont de marbre, & les balustrades de bronze assez bien fondus.

Les jours des grandes fêtes, on pare cet Autel avec un magnifique ornement, donné par *Anne d'Autriche*, d'une étoffe d'or & d'argent tres-riche, dont la Republique de Gennes avoit fait present à cette Reine; il ne fait pas cependant tout l'effet qu'on pourroit desirer, parce que les couleurs & les desseins en sont tres mal entendus. Cet ornement est fort ample; les chapes, les chasubles & les tuniques sont rehaussées d'une riche broderie sur les orfrois; & les pentes des rideaux, ainsi que le devant d'Autel, sont enrichis d'une grosse campane toute de trait très pesante. Le Soleil d'or est garni de quantité de pierreries, de même que le petit dais sous lequel on l'expose le jour des fêtes du saint Sacrement.

Une chose des plus remarquables de cette Eglise est le JUBE', qui separe le chœur de la nef; il est orné d'une architecture Corinthienne, dont les colonnes cannelées sont entre trois arcades, avec des ornemens de sculpture, estimez seulement parce qu'ils sont attribuez à un maître de reputation. On croit que cet ouvrage est de *Germain* PILON, qui avoit encore quelque reste du gothique, comme on le voit dans les desseins qu'il donnoit, quoique d'ailleurs ils eussent de la beauté, & quelque sorte de correction ; cependant il faut dire que ce Jubé ne fait pas un bel effet.

Le tableau placé sur la chaire du Prédicateur, est de BOULOGNE l'aîné qui a fait de fort belles choses.

L'œuvre où se placent les Marguilliers, est d'une menuiserie assez belle, dont le BRUN a donné le dessein, sur celui que d'ORBAY avoit proposé, auquel il a cependant ajouté des choses qui ne servent pas à l'embellir.

Les deux tableaux de la chapelle de paroisse, qui représentent les patrons de cette Eglise, saint Vincent & saint Germain Evêque d'Auxerre, sont de *Philippe* de CHAMPAGNE, Peintre fort estimé.

Dans une chapelle de la nef on remarquera un Ange Gardien, de *Sébastien* BOURDON ; & proche de la chapelle de paroisse, un saint Jacques de le BRUN.

On conserve dans la chambre où s'assemblent les Marguilliers, une excellente copie d'une céne de *Leonard* de VINCI, qui étoit autrefois dans l'Eglise, sans que l'on en remarquât la beauté ; mais ce malheur est souvent arrivé en d'autres occasions plus importantes. L'excellent original de ce tableau est à

Milan, qui paſſe pour le plus bel ou-vrage de ce fameux maître, à cauſe des expreſſions admirables & toutes diffe-rentes qui ſe trouvent ſur le viſage des Apôtres.

Les chapelles les mieux décorées de cette Egliſe, ſont celle de ROSTAING, où il y a des buſtes de marbre, ſur des colonnes de même, & quelques ouvra-ges de ſculpture d'un deſſein mauvais & d'une execution fort groſſiere.

Dans la chapelle des agoniſans, la premiere en entrant à main droite par la porte collaterale du côté du midi, on ne doit pas manquer d'aller voir un excellent tableau de *Jean* JOUVENET, qui repreſente un miracle fait au ſujet de l'Extrême-Onction, eſtimé des con-noiſſeurs, particulierement à cauſe des expreſſions vives & touchantes qui pa-roiſſent ſur les viſages des figures qui compoſent le ſujet.

Voici les noms des perſonnes les plus illuſtres, enterrées dans cette Egliſe.

A côté de la chapelle du ſaint Sa-crement, eſt le tombeau du Chancelier *Etienne* d'ALIGRE, mort en 1677, re-preſenté en marbre avec ſon pere, qui a été Chancelier auſſi-bien que lui. L'ou-vrage de ce tombeau eſt de *Laurent*

MANIER, Sculpteur de l'Académie.

Assez proche de la même chapelle sur un des piliers du double coridor qui tourne à cet endroit, pour faire le ronpoint du fond de l'Eglise, on voit la tête d'une femme mourante, peinte par le BRUN, sur un marbre noir. L'épitaphe qui est au bas, fait connoître que c'est là femme d'*Israel* SILVESTRE, dessinateur excellent, qui est aussi enterré dans le même endroit, duquel on a une grande quantité d'estampes estimées des curieux dont ils font des recueils pour enrichir leurs cabinets. C'est lui qui a enseigné à Monseigneur & aux trois Princes ses enfans ; c'est-à-dire, à *Louis* mort Dauphin, au roi d'Espagne, alors Duc d'*Anjou*, & au Duc de *Berri* défunt. Cet excellent morceau de peinture est dans un endroit si désavantageux pour la lumiere & a été si fort negligé, que l'on a bien de la peine à en distinguer les beautez.

Louis REVOL, Secretaire d'état, fut pourvû de cette grande charge par le roi *Henri* III. pour récompense de son zele & de sa fidelité au service de son Prince. Il contribua beaucoup à la conversion du roi *Henri* IV. par ses vives remontrances ; & dans les provisions qui lui furent expediées de sa charge, il fut qualifié *homme fidele, de saine reputation, & accoutumé à servir l'état dès ses premieres années.* Il est mort le 24 de Septembre 1595.

Le Chancelier *François* OLIVIER, un des plus grands hommes de son tems, est mort le 30 de Mars 1560. Il est enterré auprès de son pere, que le roi *François* I. avoit fait premier Président du Parlement en 1517. *Louis* XII. ce bon & sage Roi, qui se connoissoit sans prévention en personnes de merite, & qui les distinguoit si bien, avoit choisi ce dernier pour remplir la charge de Chancelier de Milan, à cause de son integrité & de sa capacité.

Pomponne de BELLIEVRE, Chancelier de France, decedé le 5 de Septembre 1607. âgé de soixante & dix-huit ans. *Nicolas* de BELLIEVRE son fils, Président au Parlement, & *Pomponne* de BELLIEVRE, premier Président du Parlement, fils de ce dernier ; tous trois ont leurs sépultures dans une chapelle assez proche du chœur. Ce dernier étoit un Magistrat d'une rare probité & d'une capacité reconnue, qui avoit été employé à diverses ambassades, où il avoit fidelement servi sa patrie ; il est mort en

1657, fort regreté de tous les gens de bien. Le célebre *Patru* a fait son éloge, qui se trouve dans le recueil de ses excellens plaidoiers.

La chapelle où se trouve la sépulture de ces grands hommes, qui ont rendu de si importans services à leur patrie, est decorée assez proprement. N.. DES-MOULINS, qui en étoit autrefois Chapelain, avoit un soin extrême de l'orner de tableaux à chaque fête differente, peints par des maîtres modernes en reputation ; bien éloigné en cela de l'avarice & de la paresse de ceux qui laissent détruire les belles choses qu'ils ont en possession, faute de les reparer ou de les conserver comme ils devroient faire.

Paul PHELYPEAUX, Seigneur de *Ponchartrain*, Secretaire d'état, est mort âgé de cinquante-huit ans, le 21 d'Octobre 1621. Il eut part aux grandes affaires de son tems qui étoient alors fort troublées, qu'il pacifia & mit en regle par sa prudence & sa sagesse. *Perrault* a mis son portrait avec son éloge dans son histoire des hommes illustres de France.

François PICART, né à Paris, Doien de la même Eglise, & de la Faculté de Theologie, Prédicateur le plus renommé de son siecle, est mort le 17 de Septembre 1556, âgé de cinquante-deux ans. *Hilarion de Coste* Religieux Minime, a fait son éloge dans son histoire des hommes illustres. C'étoit, dit cet auteur, *un Pasteur aimé & respecté de tout le monde, qui se distinguoit par son zele, & qui avoit gagné le cœur de tous ceux qui le connoissoient.*

Pierre SEGUIN, revêtu de la même dignité de Doien du Chapitre de cette Eglise, étoit tres habile dans la connoissance des médailles, dont il avoit fait une collection la plus curieuse & la plus ample que l'on eut encore vûe en France avant lui, dont la plus grande partie a passé dans le cabinet du Roi.

François MALHERBE, à qui la poësie Françoise a de si grandes obligations, par les ornemens dont il l'a enrichie, & par le soin qu'il a pris de la purger des grossieretez qui y restoient des vieux tems. Il est mort en 1628, âgé de 73 ans. Sa vie se trouve dans un recueil attribué à Balsac, intitulé, *Divers traitez d'histoire, de morale & d'éloquence.* GOMBAULT son ami lui fit cette épitaphe.

L'Apollon de nos jours MALHERBE *ici repose*,
Il a longtems vécu sans beaucoup de support.
En quel siecle passant, je n'en dis autre chose,
Il est mort pauvre, & moi je vis comme il est mort.

Ce qui fait voir que ce n'est pas d'aujourd'hui que les savans ne sont pas favorisez des biens de la fortune, & que la plûpart meurent dans l'indigence & dans la misere, comme il seroit aisé d'en fournir plusieurs exemples arrivez de nos jours. On a fait une nouvelle édition de ses ouvrages en 1724.

Charles-Annibal FABROT, Jurisconsulte tres-renommé par quantité d'ouvrages de consequence, fort aimé de Mathieu Molé, premier Président, & de l'illustre Jerôme Bignon, qui le retinrent à Paris pour travailler sur divers auteurs de l'histoire Bizantine que l'on imprimoit au Louvre, est mort le 26 de Janvier 1659, de trop d'application, en voulant corriger les œuvres de Cujas, dont il esperoit donner une édition plus parfaite, qui a paru en dix vol. *in fol.* après sa mort.

Louis

Louis le VAU, né à Paris, premier Architecte du Roi, est mort en 1670, âgé de cinquante-huit ans, duquel on parlera plusieurs fois dans la suite, à cause des beaux ouvrages d'architecture qu'il a conduit.

Claude BALIN, aussi né à Paris, orfévre tres-illustre dans sa profession. Les riches paremens d'Autel de cette Eglise, sont de son invention. Les vases & les autres grandes pieces d'argenterie que l'on a longtems admirées à Versailles, étoient de son ouvrage ; & l'on pouvoit dire à sa louange, qu'il avoit poussé l'orfévrerie à un point de beauté & de magnificence où elle n'avoit point encore paru en France, ni peutêtre ailleurs avant lui. Il est mort en 1678, le 22 de Fevrier, âgé de soixante trois ans.

Jean VARIN, Intendant des bâtimens ; Graveur general des monoies de France, est mort le 26 d'Août 1672, âgé de soixante huit ans. Les médailles & les monoies que l'on voit de lui ont tant de beautez, qu'il est impossible de rien desirer de plus parfait ; ce qui est cause que ses moindres pieces sont recherchées avec soin.

Guy PATIN, médecin savant, fort estimé du premier Président de la Moi-

Tome I.   I

gnon & des gens de lettres de son tems, est mort en 1672. Il étoit Professeur roïal en medecine. Le recueil de lettres qu'il a laissé en 5 *vol. in* 12. est tres agréable à lire par la diversité des matieres qui y sont contenues.

Martin des JARDINS, Sculpteur fameux, duquel on a des ouvrages d'une rare beauté. C'est lui qui a fait le magnifique groupe de la place des Victoires, & d'autres pieces dont on ne manquera pas de parler quand l'occasion s'en presentera ; il est mort en 1694.

Claude MELAN, excellent Graveur en taille-douce, est mort le 9. de Septembre 1688, âgé de quatre-vingt huit ans.

Jacques STELLA, Peintre renommé, est mort le 29 d'Avril 1667. âgé de 61 ans. On voit de ses ouvrages en divers endroits ; au Noviciat des Jesuites il y a un tableau de lui, où la Vierge & saint Joseph rencontrent N. S. entre les docteurs, qui est estimé.

Jacques SARAZIN, Sculpteur tres-habile, dont on a des ouvrages admirables, entre lesquels on estime les cariatides & toutes les sculptures du pavillon du Louvre, le Crucifix placé sur la porte du chœur à saint Jacques de la Boucherie, un autre à saint Gervais, & plusieurs pieces dont on parlera dans la suite. Il est mort en l'année 1666.

Claudine Bouzonnet STELLA, decedée le premier d'Octobre 1697, étoit habile dans le dessein & dans la gravure: on voit d'elle d'assez belles estampes d'après les tableaux les plus estimez de *Poussin*, entre lesquelles on distingue une descente de Croix d'après cet excellent maître.

François d'ORBAY, né à Paris, étoit bon Architecte, qui joignoit à la connoissance de son art un desintéressement & une probité reconnue : cependant ces rares qualitez ne lui avoient procuré aucune fortune ; & quoiqu'il eût été employé à de grands travaux, il étoit pourtant demeuré dans un état assez médiocre : sa mort est arrivée en 1698. Louis le Vau, premier Architecte du Roi, dont on a déja parlé, avoit été son maître.

Noel COYPEL, né à Paris, étoit habile Peintre ; il est mort en 1707, dans le mois de Decembre. On voit de ses ouvrages à Versailles, aux Invalides & en plusieurs autres endroits.

Guillaume SAMSON, Geographe ordinaire du Roi, second fils de Nicolas

Samson, est mort le 15 de Mai 1703, dans l'appartement qu'il occupoit aux galeries du Louvre. Quelques savans le nomment *doctissimi parentis doctissimus filius*; & l'on peut dire que le pere & les enfans ont merité à la France la gloire d'avoir donné les plus excellens Geographes; on doit ajouter qu'ils ont fait fleurir cette belle science, qui n'avoit été que fort confusément traitée jusqu'au seiziéme siecle. *Guillaume Samson* avoit été choisi pour dresser les Cartes de Geographie, qui ont servi à l'instruction des Enfans de France, & l'a montrée au Duc d'Orleans, mort en 1723, Regent du Roiaume.

Denys DODART, Medecin du Roi & de la Princesse de Conty, étoit de l'Academie des sciences, où il étoit occupé à l'histoire des plantes; le grand nombre d'experiences qu'on a vû de lui, a marqué son travail continuel, ce qui n'empêchoit pas qu'il ne vaquât au soulagement des pauvres jusqu'aux derniers momens de sa vie. Son principal ouvrage est intitulé, *Memoires pour servir à l'histoire des plantes*, imprimé au Louvre *in fol*. Il est mort le 5 de Novembre 1707, d'une maladie qu'il avoit prise de fatigue, en traitant à jeun des pauvres qui l'avoient occupé jusqu'à cinq heures du soir ; exemple rare, mais édifiant, pour un Medecin de Cour.

Louis BERIN, excellent dessinateur pour quantité de choses, comme carousels, pompes funebres, fêtes galantes, habits & décorations de théatres, meubles, tapisseries, &c. est mort au commencement de l'année 1711, dans un âge assez avancé.

René Antoine HOUASSE, Peintre en reputation, ci-devant directeur de l'Académie de peinture que le Roi entretient à Rome, & garde des tableaux & des desseins de S. M. est mort en 1710, âgé de soixante & quatre ans, dans la reputation d'un Peintre tres-habile & d'un parfaitement honnête homme.

Antoine COYZEVOX, un des plus habiles Sculpteurs de ces derniers tems, est mort le 10 d'Octobre 1720, âgé de 80 ans. On ne dira rien ici de ses nombreux ouvrages, parceque l'on aura occasion d'en parler en differens endroits de cette description.

Anne le FEVRE, épouse d'*André* DACIER, est morte le 16 du mois d'Août mil sept cens vingt, dans la soixante-huitiéme année de son âge : elle avoit aquis une tres-grande reputation & l'estime generale de tous les savans, par plusieurs ouvrages de critique & par des traductions d'auteurs Grecs & Latins, sur lesquels elle a donné de tres-savantes notes : mais elle étoit encore plus recommandable par sa grande modestie & par sa solide pieté, dont elle a donné des preuves édifiantes jusqu'à la fin de sa vie.

Un Poëte fit ces vers à la louange de cette illustre savante qui a tant fait d'honneur à sa patrie & à son sexe par les nombreux ouvrages qui sont sortis de sa plume ; & comme elle étoit fille & femme des deux plus illustres dans la belle & savante litterature, il s'exprima ainsi.

Docto nupta viro, docto prognata parente,
Non minor Anna viro, non minor Anna patre.

Son illustre époux *André* DACIER, étoit garde des Livres du cabinet du Roi, Secretaire perpepuel de l'Académie Françoise & de l'Academie des belles Lettres, auteur de plusieurs excellentes traductions, sur tout d'un nouveau Plutarque conjointement avec son épouse, qu'ils ont embellie de notes & d'éclaircissemens d'une tres grande érudition. Il est mort le 18 de Septembre 1722, âgé de soixante & un ans. Sa memoire sera toujours très-prétieuse dans la république des Lettres, qu'il a enrichie de plusieurs productions, dont les personnes studieuses lui seront toujours redevables.

Jean-Baptiste SANTERRE, Peintre fort recherché pour les portraits d'après nature, dont les ouvrages sont estimés, est mort en l'année 1719, dans un âge assez avancé, toujours appliqué au travail jusqu'aux derniers momens de sa vie.

Baraton fit cette épitaphe, pour être mise sur son tombeau, que l'on trouve dans le recueil des Poësies qu'il a publiées de sa façon.

D'un pinceau merveilleux à la belle nature,
SANTERRE *ajoute encore de nouvelles*
beautés,
Et tous les yeux sont enchantés,
Par les graces de sa peinture.

Concino Concini maréchal d'ANCRE, Florentin d'origine, fut enterré le 24 d'Avril 1617, sous les orgues de cette

I iiij

Eglife. Il fut affafiné fur le petit pont du Louvre, en préfence de *Louis* XIII. par le Marquis de Vitry, qui fut récompenfé du bâton de Maréchal de France pour cette belle action. Peu de jours après ce malheureux favori fut tiré de fa fépulture, & le peuple en fureur, excité contre lui par les favoris, exerça fur fon cadavre des outrages terribles & extravagans dont l'hiftoire fait horreur, capables d'effraier ceux qui courent aux grandes fortunes, & à la faveur intime des grands. Les richeffes immenfes qu'il avoit amaffées, *qui ne s'acquerent jamais fans crime*, felon le jugement d'un de nos meilleurs auteurs, & les mauvais confeils qu'on l'accufoit de donner à la reine Marie de Medicis, avec la jaloufie de quelques puiffans favoris, furent les principales caufes de cette violence. *Leonora Galigay* fa femme, eut un fort encore plus funefte; elle fut condamnée par un Arrêt du Parlement à avoir la tête tranchée & à être brûlée enfuite, ce qui fut executé dans la Greve. On l'accufoit de magie & d'autres crimes, dont cependant la conviction ne fut pas auffi complette, ni les preuves auffi claires, qu'elles devoient être pour un Arrêt de cette conféquence, du moins fi l'on ça veut croire les memoires de Bassompierre & de quelques auteurs de ce tems-là.

Le Chapitre de saint Germain l'Auxerrois est composé d'un Doien qui a huit mille livres de revenu, suivant l'état de la generalité de Paris fait par l'ordre du Roi en 1700, d'une dignité de Chantre & de douze Chanoines, dont les prébendes peuvent rapporter quinze cens livres chacune. Le Doien est electif.

La Chantrerie de saint Germain l'Auxerrois n'est qu'une simple commission conferée par le Chapitre, ajoutée à un Canonicat qui nomme aussi à toutes les chapelles les plus anciens Vicaires, Prêtres ou Choristes, suivant ce qui a été reglé par un Arrêt du Parlement du 14 de Novembre 1676. A l'égard des Canonicats, ils sont à la collation de l'Archevêque de Paris.

Comme cette Eglise paroissiale est tres-ancienne, & de fondation roiale, elle a conservé le titre de Basilique, ainsi que quelques autres de cette Ville. Son étendue alloit autrefois fort loin; mais par les grands accroissemens qui se sont faits en divers tems de plusieurs quartiers tout entiers, on a été obligé d'ériger des Paroisses nouvelles dans son territoire qui en sont demeurées dépendantes, comme saint Eustache, saint Roch, saint Sauveur & quelques autres.

Dans les magnifiques desseins proposez pour le Louvre à J. B. COLBERT, pendant la Surintendance des bâtimens, qu'il a exercée avec tant de succès, l'on devoit entierement renverser l'édifice de cette Eglise, ainsi que quantité de maisons qui l'environnent, pour faire une grande place d'armes richement décorée, à laquelle le Pont-neuf auroit abouti. La superbe façade du Louvre, le plus beau morceau d'architecture que l'on connoisse à present & qui ait été élevé depuis la magnifique antiquité, en auroit reçu un grand avantage, & rien n'eût été comparable à la majesté de cette merveilleuse execution, si elle avoit eu son effet. On devoit élever au milieu de cette magnifique place, un grand obelisque de marbre, accompagné de plusieurs figures de diverses nations & de divinités marines qui auroient jetté de l'eau dans un bassin disposé pour la recevoir, d'où ensuite elle se seroit divisée pour se communiquer en plusieurs endroits de la Ville & pour plusieurs quartiers qui en manquent à present; ce qui auroit produit une magnifique décoration & de grandes commodités pour les particuliers.

LE QUARTIER DE SAINT-HONORÉ.

POUR examiner ce quartier avec exactitude, il faut commencer par la rue du même nom, une des plus longues & des plus fréquentées de toute la Ville, dont une des extrémités donne dans la rue saint Denys, & l'autre à une porte grossierement bâtie qui mene à la campagne du côté du faubourg qui porte le même nom.

On trouve d'abord du côté de la rue saint Denys, une longue ligne de maisons d'une même symetrie, construites en 1671, lesquelles appartiennent au chapitre de saint Germain l'Auxerrois, qui en tire un revenu tres-considerable. Cet endroit, le plus large de toute la rue saint Honoré, a été pris sur le terrain du Cémetiere de saint Innocent, qui est derriere. Cette partie étoit autrefois nommée la rue de la *Feronnerie*, à cause de quantité d'ouvriers en fer blanc qui s'y trouvoient alors.

C'est dans cet espace où le plus affreux événement du dix-septiéme siecle est arrivé dans la personne de *Henri* IV. un des grands rois qui ait regné en France, & dont la memoire sera toujours pretieuse à la posterité, à cause de la douceur de son regne, & de la tendresse qu'il fit paroitre pour son peuple, sur tout pendant les dernieres années de son regne.

Comme cet événement est un des plus funestes, & des plus memorables qui se trouvent dans l'histoire, on a jugé à propos de rapporter en abregé ce que les plus fideles auteurs en ont publié de certain.

François RAVAILLAC, auteur de cet execrable attentat, originaire d'Angoumois, de basse naissance, de poil rousseau, rêveur & fort mélancolique de son naturel, avoit été moine, puis aiant quitté le froc avant sa profession, s'étoit reduit à tenir école pour subsister, & ensuite il s'étoit fait solliciteur de procès. Enfin il vint à Paris, sans que l'on ait jamais bien sû, s'il y étoit venu de son propre mouvement, pour executer son funeste dessein, ou par les sollicitations de quelques méchans esprits, faussement persuadez que le Roi alloit renverser la religion catholique en Allemagne, à cause des grands aprêts de guerre qui tournoient de ce côté-là.

Il prit son tems de cette maniere.

Le lendemain du couronnement de *Marie de Medicis*, qui s'étoit fait à saint Denys, Jeudi 13 de Mai 1610, avec toute la magnificence imaginable; le Roi sortit du Louvre, Vendredi 14 vers les quatre heures après midi, pour aller à l'Arsenal visiter le Duc de Sully son premier ministre, qui se trouvoit indisposé, & pour voir en passant les grands préparatifs qui se faisoient à l'hôtel de Ville, sur le pont de Notre-Dame, & en d'autres endroits par où la Reine devoit passer. Le Roi étoit dans le fond de son carosse, le Duc d'Epernon à côté de lui, le Duc de Montbazon, le Maréchal de Lavardin, Roquelaure, la Force, Mirebeau & Liancour, premier Ecuier; tous ces Seigneurs, ou sur le devant du carosse, ou aux portieres. Le carosse sortant de la rue saint Honoré, pour entrer dans la rue de la Feronnerie, se trouva embarassé entre deux charettes, l'une de vin, l'autre de foin, ce qui obligea d'arrêter. Il faut savoir que cette rue étoit alors si étroite, quoiqu'elle fût tres-paſſante, que le roi Henri II. avoit ordonné par des lettres patentes données à Compiegne le 14 de May. 1554, qu'elle fût élargie, pour rendre le paſſage plus libre à deux grandes rues ; ce qui avoit été negligé à cauſe des troubles arrivez depuis, & ce qui n'a encore été executé que pluſieurs années après ce funeſte accident. Les valets de pié qui ſuivoient le caroſſe, paſſerent ſous le charnier de ſaint Innocent pour éviter cet embarras, ce qui fit que le caroſſe du Roi demeura ſeul ; l'uſage n'étant pas alors introduit d'avoir un grand cortege de gardes l'épée nue à la main, comme il s'eſt obſervé depuis.

Ce ſcelerat inſigne, qui épioit l'occaſion depuis tres longtems, & qui ſuivoit opiniatrement le caroſſe du Roi, pour executer ſon abominable deſſein, remarqua la place où il étoit, ſe gliſſa entre les boutiques & le caroſſe, & montant ſur une borne, mit le pié ſur une rais de la roue ; enfin avec une fureur enragée, lui donna un coup de couteau entre la ſeconde & la troiſiéme côte un peu au-deſſous du cœur. A ce coup le Roi s'écria, *Je ſuis bleſſé* ; mais ce ſcelerat, ſans s'effrayer du cri, donna un ſecond coup, qui porta directement dans le cœur, dont il mourut presque incontinent sans pouvoir faire autre chose, que jetter un grand soupir. Ce malheureux donna encore un troisiéme coup, qui ne porta que dans la manche du Duc de Montbazon, qui se trouvoit à la portiere. Le Duc d'Epernon voiant le Roi rendre quantité de sang par la bouche & expirer de cette sorte, fit aussitôt tourner le carosse du côté du Louvre, & fit fermer les portieres, disant que ce n'étoit qu'une legeré indisposition, de peur d'effraier le peuple, extrémement affectionné pour ce bon Prince; aussitôt que l'on fut arrivé au Louvre, le corps fut ouvert en presence de vingt six medecins & chirurgiens, lesquels en examinant toutes les parties nobles, les trouverent si belles & si saines, que selon la disposition ordinaire de la nature, il pouvoit encore vivre plus de trente ans. Ravaillac, cet execrable parricide, fut pris presque sur le champ, pouvant aisément se sauver, tenant encore son poignard à la main, tranquile & satisfait de l'horrible meurtre qu'il venoit de commettre. On le mena d'abord à l'hôtel de Rez, où il fut si negligemment gardé pendant quelques jours, qu'il auroit pû aisément s'échaper; toutes sortes de personnes le pouvant voir & parler à lui librement, & il fut transferé delà à la Conciergerie. Son procès lui fut fait avec toute l'attention requise dans une si importante affaire; & à la question qui lui fut donnée dans toute la rigueur, il avoua des choses si étranges, que les Juges, surpris & effraiez, jurerent entre eux, sur les saints Evangiles, de n'en jamais rien découvrir, à cause des suites horribles qui en pouvoient arriver; ils brulerent même les dépositions & tout le procès verbal, au milieu de la chambre, & il n'en est resté que quelques legers soupçons, sur lesquels on n'a pû fonder jusqu'ici aucun véritable jugement.

Un historien savant a remarqué au sujet du meurtre commis en la personne du Roi Henri IV. que la France vit trois jours de suite des événemens bien differens.

Jeudi 13 de May, le couronnement de la Reine *Marie* de *Medicis* à Saint-Denys.

Vendredi 14, la mort tragique du Roi *Henri* IV.

Samedi 15, la Reine *Marie* de *Medicis* déclarée Regente d'un commun consentement, & sans aucune opposition.

Le même auteur observe que cinq rois de France de suite, sont morts de mort violente, à commencer à Henri II. Henri IV. compris.

En se détournant de quelques pas, on peut voir dans LA RUE DES DECHARGEURS, le frontispice de la maison, où la communauté des marchands tient son bureau, qui est du dessein de BRUAN. Cette porte est ornée d'un ordre Dorique, avec un grand Attique au-dessus, où il se trouve deux Cariatides ou Persans, qui répondent aux colonnes du premier ordre; mais l'architecte ayant voulu rendre les métopes quarrez de l'ordre Dorique, selon les regles ordinaires, a fait une faute tres-grossiere, parce qu'ayant été contraint de coupler les colonnes, elles se pressent de telle maniere, qu'elles se mangent par le soubassement & par la cymaise de l'abacque du chapiteau. Ainsi en voulant fuir une irrégularité, il est tombé dans une bien plus grande; ce qu'il auroit évité, s'il avoit précisément suivi les regles de l'art, & ne pas s'abandonner à son caprice. D'ailleurs ce petit morceau d'architecture a quelque

210 DESCRIPTION

beauté & fait un effet assez passable. Il a été gravé correctement, & l'on en a une estampe d'une assez bonne main.

Dans une rue voisine est la CHAPELLE DES ORFEVRES, où l'on verra des figures de *Germain* PILON, que les connoisseurs estiment. Ce petit édifice construit en 1550, est un ouvrage de *Philbert* de LORME, qui étoit un tres-excellent architecte, & qui meritoit avec justice la reputation qu'il s'étoit acquise. Cette chapelle dépend du Chapitre de saint Germain l'Auxerrois, dont le Chapelain est entretenu aux dépens de la communauté des orfévres, une des plus considerables de la Ville.

LE GRENIER A SEL, est dans la *rue de saint Germain*, qui est peu éloignée. C'est un corps de bâtiment d'une forme particuliere, executé en 1698, sur les desseins de *Jacques* de la JOUE. Le fond sur lequel il est situé, appartient à l'Evêché de Chartres, à cause de l'abbéie de Joye en-val, qui y a été unie pour le dédommagement de la distraction qui a été faite de la ville de Blois & de son territoire érigé en Evêché en 1698, en faveur de *David-Nicolas de Berthier*, qui en a été le premier Evêque. Les armes de Paul Gaudet des Marais, alors

Evêque de Chartres, & celles de l'abbéie de Joye-en-val, sont sur la façade de devant : ce qu'on peut ajoûter, c'est que les dedans de cette maison sont remarquables, par la quantité de sel qu'ils contiennent, qui monte à des sommes prodigieuses, si l'on compte que le minot, qui doit être de cent pesant, revient à cinquante quatre livres, comme on l'a vendu depuis le mois d'Octobre 1710.

Mais par le moien d'une *tremis grillée*, nouvellement inventée, au travers de laquelle on fait passer le sel pour tomber plus legerement dans la mesure, il s'en faut plusieurs livres qu'il n'ait le poids qu'il avoit autrefois, & qu'il devroit avoir suivant les ordonnances.

LA GABELLE, selon *François des Maisons*, dans son traité curieux des *aides, tailles & gabelles*, doit son origine en 1286, au roi Philippe le Bel, qui mit le premier, quatre deniers sur le minot de sel. Le roi François I. poussa l'impôt jusqu'à vingt-quatre livres pour chaque muid, qui contient quarante huit minots, à cause des guerres qu'il avoit à soûtenir contre l'Empereur Charles-Quint ; mais depuis & en divers tems, cet impôt a été poussé encore bien plus loin, puisque le muid de sel revient à présent à près de mille écus.

Mezerai, dit en quelque endroit, que l'invention de la *gabelle* vient des Juifs, & que le nom de *gabelle* tire son étimologie du terme Hebreu *Kabbala*, dérivé de *Kabbel*, qui signifie *donner*.

Dans la *rue* des BOURDONNOIS, occupée par divers marchands, & qui n'est pas éloignée, on remarquera une grande maison d'un dessein gothique, élevée & construite autrefois avec bien des soins & de la dépense. Les faces exterieures sur la rue & du côté de la cour, sont ornées de quantité de sculptures soigneusement executées, ce qui fait paroître plus de richesse que de beauté, & l'on peut dire que cette maison a été regardée comme un ouvrage des plus considerables de son tems. Elle a été construite par *Pierre* le GENDRE, Trésorier de l'extraordinaire des guerres, sous le regne de Louis XII. C'étoit un homme qui avoit aquis de grands biens, & qui possedoit plusieurs terres de consequence, comme celle de Montigni & d'Alincour, avec quantité d'autres qui ont passé depuis dans la famille des Villeroi,

LA CROIX DU TIROIR est la premiere chose remarquable que l'on distingue dans la rue saint Honoré. Elle est au coin de la rue de *l'Arbre-sec*, appuyée sur l'angle d'un pavillon dont la maçonnerie est assez belle, dans lequel se fait la décharge des eaux d'Arcueil, qui passent sous le pavé du Pont-neuf, & la maniere dont la distribution se fait, est assez curieuse à voir. Ce pavillon a été bâti en l'année 1606, par les soins de *François* MIRON, Prevôt des Marchands, duquel on parlera encore ailleurs.

On fait assez souvent des executions de criminels devant cette croix, principalement de ceux qui sont convaincus d'avoir fait de la fausse monoie, à cause que l'hôtel où l'on fabrique la monoie n'est pas fort éloigné de cet endroit.

Quelque historiens prétendent que c'est en ce lieu que la fameuse Reine BRUNEHAUT ou *Brunichilde*, épouse de Sigebert I. roi d'Austrasie, & ensuite de Merouée II. fils de Chilperic I. roi de France, fut traînée à la queue d'une cavale indomptée par l'ordre de Clotaire II. Mais le pere *Daniel* dans la nouvelle histoire de France, qu'il a publiée, ne dit pas que ce fut à cet endroit que la Reine Brunehaut fut executée ; & en lisant divers auteurs sur cet article, on remarque que ceux qui en parlent, font douter si cette Reine a été telle qu'ils l'ont voulu representer.

LES PRESTRES
DE L'ORATOIRE.

LA Congregation de l'Oratoire est une des plus considerables de toute la France, non seulement à cause des services importans qu'elle rend continuellement à l'Eglise & au public par les Seminaires & les Colleges qu'elle dirige avec tant de succès ; mais encore par le nombre des savans & des illustres prédicateurs qu'elle produit tous les jours.

LE CARDINAL *Pierre* de BERRULLE, d'une maison ancienne de Champagne, a été l'instituteur des Prêtres de l'Oratoire en France ; ce fut le 11 de Novembre, jour de saint Martin de l'année 1611, qu'il les établit à Paris. D'abord il les logea dans une vieille maison du faubourg saint Jacques, nommée l'*hôtel de Valois*, où l'on a depuis bâti le monastere du Val-de-Grace : mais en 1615, il les fit venir dans l'hôtel du *Bouchage*, bâti par les soins du Duc de *Joyeuse*, qui se fit ensuite Capucin. Quelques années après on jetta les fondations de l'Eglise l'on voit à present. Jacques le MERCIER, architecte alors fort employé, en eut le soin, & conduisit l'ouvrage à l'état où il est, dont il reste encore une partie considerable à achever; ce qui est fini paroît cependant assez regulier. L'ordre Corinthien y est observé en grand & en petit, d'une maniere correcte & assez exacte. Mais l'on peut dire que le jour manque à cet édifice, & que les dehors sont lourds & trop massifs, pour les proportions & pour la distribution des dedans.

Le grand autel se trouve à l'extremité, dans un espace vouté en maniere de coupe, de figure elliptique ou ovale, d'un trait tout-à-fait admirable, qui avoit été destiné pour la chapelle de la Reine Anne d'Autriche; mais on l'a placé à cet endroit, afin de moins embarasser & de dégager la partie de l'Eglise qui reste à achever, n'aiant pû l'être jusqu'ici faute des fonds nécessaires.

Le tabernacle posé sur le grand autel, est d'un dessein d'architecture ingenieux & tres-bien imaginé, inventé par *Louis Abel* de SAINTE-MARTHE, General de la Congrégation de l'Oratoire, qui avoit le discernement délicat pour les beaux arts. Ce tabernacle est un Dôme fort élevé, accompagné de quatre portiques, soutenus chacun de six colonnes d'ordre composite, d'un tres-beau marbre de Sicile, dont les proportions sont regulieres. Tous les ornemens, les chapiteaux des colonnes, les vases, les festons, les modillons & d'autres choses pareilles, ont été modelez par *François* An-guier, habile sculpteur. On doit regarder ce petit ouvrage avec attention, & l'on peut ajouter qu'une grande fabrique sur cette idée pourroit contenter les plus difficiles en architecture.

Dans une chapelle à main gauche à côté du grand Autel, on voit le tombeau en marbre du Cardinal de *Berrulle*, où il est représenté à genoux de grandeur naturelle, en habit de fonction. On estime particulierement la draperie de cette figure jettée & recherchée d'une maniere admirable. Ce bel ouvrage qui demanderoit un emplacement plus convenable & plus avantageux, est du même *François* Anguier dont on vient de parler.

Par la lecture de l'épitaphe que l'on a gravée sur le devant de ce monument, on apprend que le Cardinal de *Berrulle*,

qui

qui avoit passé toute sa vie dans des exercices de piété & dans des occupations pleines de charité & de zele pour la religion, mourut en célébrant la Messe; ce qui donna occasion à un Poëte de faire ces vers à sa louange.

Cœpta sub extremis, nequeo dum Sacra Sacerdos
  Perficere, at saltem victima perficiam.

Ce grand homme a procuré tant d'avantages à l'Eglise & à l'Etat, par l'établissement de la Congregation des Prêtres de l'Oratoire en France, & particulierement en cette Ville, que l'on a trouvé à propos de rapporter son épitaphe, parce que les points principaux de sa vie y sont marquez.

PETRUS S. R. E. CARDINALIS DE BERRULLE, *Congregationis Oratorii D.* JESU *Institutor & Fundator; vir electus ab utero, sanctus à puero; in arce gentilitia apud Campanos natus; Parisiis tinctus & renatus Christo; generis utriusque nobilitatem, virtutibus* evexit, dum in meliorem, quæ Christi servitus est, transtulit; tota vita omnibus exemplo, plerisque prope miraculo fuit; septennis se totum JESU CHRISTO votiva consecratione mancipavit; vixdum egressus ex ephebis profunda mysticæ Theologiæ verbo & scripto arcana penetravit; frequenter cum hæreticorum primiceriis conflixit, nunquam sine victoria, raro sine præda. Assumptus ad Sacerdotium prævio quadraginta dierum pio secessu; nulla deinceps die ab altari, nisi semel & iterum, maris & febris æstu jactatus, abstinuit; calumniis per decennium impetitus, tandem librum sublimem de majestate JESU opposuit; Sanctimoniales Carmelitas ex Iberia traduxit in Gallias; Superior & Visitator perpetuus à summo Pontifice datus, spiritu fovit, & ad præcelsæ vocationis apicem promovit: zelo instaurandæ pietatis in clero, & primævæ in JESUM Deum hominem

Religionis, Congregationem Presbyterorum Oratorii D. Jesu instituit; Verbo incarnato addixit; & paucis adscitis sibi Presbyteris inchoavit, an. 1611. Institutor & præpositus generalis dictus à Summo Pontifice, ad triginta domicilia per Galliam & extra disseminatam vidit; & annis octodecim sanctissimè rexit; exinde suggestus, libri, scholæ, JESUM CHRISTUM ejusque vitam θεανδρικὴν status, & mysteria crebriùs & clariùs intonuerunt; ac deinceps institutis ad imitationem piis clericorum sodalitiis, Dei afflante Spiritu, Ecclesiæ cultus mirificè propagatus est. Dissidium Regem inter, & augustam Matrem Mariam Medicæam, acceptus utrique pacis internuntius composuit; & bis imminentem toti Galliæ tempestatem avertit; Summum Pontificem regius legatus adiit, ineundi matrimonii causa Henricæ Mariæ Henrici Magni filiæ cum Carolo

DESCRIPTION

Magnæ Britanniæ Rege, qua apud Sedem Apostolicam, apud Principes purpuratos, odoris JESU CHRISTI *fragrantia ipsius ore Pontificis Angelus vocitatus, novæ Reginæ datus comes, & conscientiæ arbiter, allectis duodecim Compresbyteris cum illa migravit, & in avita fide firmavit; in spem reducendæ ad eamdem Angliæ, si stetissent Proceres conventis. Redux, in augustius Consilium cooptatus, curam gessit agendi cum legatis exteriorum Principum sicut fœderis ineundo cum hæreticis, sic movendo adversus Catholicos bello perpetuus intercessor, uti expeditionis Bearnicæ, & obsidionis Rupellæ auctor præcipuus, ut unde Religio exulaverat, postliminio reversa triumpharet; ad tanti operis pondus divino, ut creditur, instinctu in sacrum Cardinalium Collegium inscius, & renitens allegitur; & vitam in promovenda Religione, paceque firmanda, jam laboribus exhaustam tandem ad ipsas aras, ut optaverat, Deo factus victima consummavit 5. nonas Octob. an. sal. 1629. ætatis 55. cujus sanctitas tam viventis humilitate latuit, quàm functi signis non obscuris inclaruit.*

La chapelle qui appartient à la famille de *Tubeuf*, est la quatriéme à gauche, elle a été peinte par *Philippe* de CHAMPAGNE en 1643, & est une des mieux decorées de cette Eglise.

Il faut aller voir la Bibliotheque dans l'interieur de la maison, on la trouvera une des plus curieuses & des mieux assorties de tout Paris. On y compte jusqu'à vingt-deux mille volumes imprimez & manuscrits, entre lesquels il y en a de fort rares, Hebreux, Grecs, & plusieurs autres en langues Orientales, qui ont été donnez par *Achiles de Harlay* Marquis de *Sancy*, Ambassadeur de France à la Porte, lequel pendant le tems de son ambassade fit une exacte recherche de tout ce qu'il put trouver à Constantinople échapé à l'ignorance des Grecs modernes & à la barbarie des Turcs. Entre les manuscrits, on estime fort un exemplaire Hebreu Samaritain du pentateuque que *Pietro della valle*, Seigneur Romain, célebre par ses grands voiages, avoit acheté à Damas en 1616, des Juifs qui y sont établis en grand nombre, & qui y ont des Synagogues fameuses, que le Marquis de *Sancy* eut de lui, & qu'il donna à son retour à cette bibliotheque. On l'a imprimé depuis dans la grande bible de le Jay, & les Anglois n'ont pas manqué de l'inserer dans leur *Polyglotte*, comme une piece de consequence.

Cette bibliotheque ne peut être en de meilleures mains, puisque la plûpart des Prêtres de l'Oratoire se font un devoir particulier de s'appliquer à l'étude des choses saintes; ce qui fait que parmi eux, il y en a grand nombre d'une tres profonde doctrine.

On pourroit à cette occasion nommer ici les illustres qui ont vêcu depuis quelques années, dont un des plus renommez a été le P. *Charles le Cointe*, né à Troye, auteur des Annales Ecclesiastiques, mort âgé de soixante & dix ans, le 18 de Fevrier 1681, après avoir passé cinquante-deux ans dans la Congrégation de l'Oratoire.

Le P. *Jean* MORIN, illustre par sa

vertu, & par sa science, est mort âgé de soixante & huit ans, le 28 de Fevrier 1659; il étoit en grande reputation pour sa profonde science sur bien des matieres, particulierement pour les langues Orientales. Il étoit dans une si haute estime parmi le Clergé de France, que les Prélats assemblez prenoient souvent ses avis sur les affaires les plus difficiles.

Le P. AMELOTTE a traduit le nouveau Testament par l'ordre de l'assemblée du Clergé tenue en 1655, qui n'a paru qu'en 1666, & a été tres-souvent réimprimé depuis.

Le P. Jean-François SENAULT né à Paris, fameux Prédicateur, a été General de sa Congrégation pendant dix ans & dans une haute consideration, à cause de ses mœurs édifiantes & exemplaires. On a de lui des ouvrages de piété & de morale chrétienne très estimez. Comme une paraphrase sur le Livre de Job, l'usage des passions, l'homme chrétien, l'homme criminel, les panegyriques des Saints, & quelques autres qui répondent à la grande estime qu'il s'étoit aquise aussi bien que par ses prédications excellentes. Il est mort le 3 d'Aoust 1672.

Le P. Jerôme VIGNIER, tres-versé dans les langues Orientales, dans les ge-

K iiij

nealogies des maisons souveraines, & fort estimé des savans. Il a publié deux volumes des œuvres de S. Augustin, qui n'avoient pas encore paru. Il est mort le 14 de Decembre 1661, âgé de cinquante-six ans. *Dom Luc d'Achery* dans son *Spicilegium*, parle de ce savant auteur, avec de tres-grands éloges.

Le P. *Gerard du* Bois a travaillé à l'histoire Ecclesiastique de Paris, sur laquelle il a donné deux volumes *in fol.* le second n'a été imprimé qu'en 1710, où il paroit une grande lecture & des recherches tres-curieuses.

Le P. *Louis* Thomassin, mort dans le Séminaire de Saint Magloire, au Faubourg Saint-Jacques, le jour de Noel de l'année 1695, âgé de soixante & dix-sept ans, a mis au jour un nombre d'ouvrages considerables, entre lesquels on distingue *l'ancienne & moderne discipline de l'Eglise* en 3 vol. *in fol.* traduite par lui même en latin, pour le secours des Etrangers. Cet ouvrage est rempli de recherches infinies touchant les anciens usages, qui marquent un travail prodigieux.

Le P. *Bernard* Lami a publié plusieurs excellens volumes. Il est mort à Rouen le 23 de Janvier 1715. Le dernier est la description du Temple de Jerusalem *in fol.* rempli de quantité de recherches savantes & d'estampes curieuses qui marquent son profond savoir.

Le P. *Nicolas* de MALBRANCHE, né à Paris, est mort le 13 d'Octobre, de la même année, âgé de soixante & dix-huit ans. Il étoit auteur de plusieurs savans traitez, entre autres de *la recherche de la Verité* ; contre lequel on a tant écrit sans aucun succès, ce savant ouvrage s'étant toujours trouvé au dessus de toutes les critiques, que l'on a osé en faire.

Le P. *Jacques* le LONG, né à Paris, ci-devant Bibliothécaire de la maison, est mort en l'année 1721. Entre quantité d'excellens ouvrages qu'il a mis au jour, les savans lui sont tres-redevables du Catalogue *in fol.* de tous les Historiens François, auquel il a travaillé plusieurs années avec une extrême assiduité, dans lequel ils trouvent des secours infinis.

On pourroit de plus ajouter à la louange de cette célebre Congrégation, que depuis son établissement elle a fourni un grand nombre de tres habiles & de tres-éloquens Prédicateurs ; entre lesquels on doit compter le P. *Guillaume le* BOUX, mort Evêque de Perigueux ; le P.

Jule MASCARON, Evêque d'Agen, décedé le 16 de Decembre 1703. Le P. SOUANNEN Evêque de Senez, le P. de BEAUJEU Evêque de Castres, le P. DE LA TOUR, à present General de la Congregation ; le P. HUBERT, le P. MASSILLON, Evêque de Clermont ; le P. MAURE, le P. DU GUAY, le P. SURIAN, le P. TERRASSON, & d'autres encore qui prêchent dans la Ville & dans les Provinces, avec un zele exemplaire & une éloquence universellement applaudie de tout le monde.

On sera peutêtre bien aise de trouver ici le nom de tous les Generaux qui ont gouverné la congrégation de l'Oratoire, depuis son établissement en France, jusqu'à present.

Le *Cardinal Pierre* de BERRULLE.

Le P. *Charles de* GONDREN, mort le 7 de Janvier 1641.

Le P. *François* BOURGOING, né à Paris, est mort le 26 de Septembre 1662.

Le P. *Jean-François* SENAULT.

Le P. *Louis-Abel* de SAINTE MARTHE.

Le P. *Pierre-François* DE LA TOUR.

La Congrégation des Prêtres de l'Oratoire occupe soixante & quinze maisons dans le Roiaume, en y comprenant les Colleges & les Seminaires, où l'on remarque beaucoup de sagesse & une tres grande édification.

Un peu plus avant, & de l'autre côté de la rue on peut entrer dans l'Eglise de SAINT-HONORE', qui communique son nom à tout ce grand quartier, un des plus considerables de la Ville. Cette Eglise est fort ancienne & peu remarquable pour les curieux, parce que le bâtiment en est tres-grossier. Cependant depuis quelques années l'on a reblanchi le dedans de cette Eglise, & le Chapitre à qui elle appartient, un des plus riches de cette Ville, y a fait faire quelques reparations, & a fait embellir les orgues d'une assez jolie menuiserie.

Sur l'autel principal qui est orné d'un morceau d'architecture Corinthienne, il y a un assez bon tableau peint par CHAMPAGNE en 1648, qui fait voir Nôtre Seigneur au temple.

Proche du Sanctuaire est enterré *Guillaume Cardinal du* BOIS, Prêtre, Archevêque Duc de Cambray, Prince du saint Empire, Comte du Cambresis, Abbé de Saint-Just de Nogent sous Coussy, de Bourgueille, d'Airvaux, de Cercamps, de Bergue-Saint-Winox, &

de faint Bertin de Saint-Omer. Principal & premier Miniftre d'Etat, Miniftre & Secretaire, aiant le département des affaires étrangeres; Grand-Maître & Surintendant General des couriers, poftes & relais de France, l'un des quarante de l'Academie Françoife, Honoraire de l'Academie roiale des Sciences & de celle des belles Lettres. Elû par les Prélats & autres Députez à l'Affemblée generale du Clergé de France, pour en être premier Préfident; & ci-devant Précepteur de Monfieur le Duc d'Orleans défunt. Il eft mort à Verfailles le 10 d'Aouft 1723, à cinq heures du foir. Ce Prélat a fait beaucoup parler de lui, quoiqu'il n'ait pas longtems joui de toutes ces grandes dignitez & de tous ces riches bénéfices.

Les Chanoines qui deffervent cette Eglife, ont des revenus confiderables qui leur viennent de plufieurs maifons bâties autour de leur cloître, particulierement du côté de la rue faint Honoré. La grande porte qui donne fur la même rue, eft accompagnée de deux colonnes Doriques, avec un entablement, qui ne font pas tout-à-fait hors des regles ordinaires.

Le Chapitre de cette Eglife eft composé de onze Chanoines, qui ont à leur tête un Chantre pris de leur corps. Ces canonicats qui produisent au moins quatre mille livres de revenu chacun, sont donnez alternativement par l'Archevêque de Paris, & par le chapitre de saint Germain l'Auxerrois.

Il y avoit autrefois un College qui occupoit une partie du Cloître de Saint-Honoré, dont la chapelle est encore restée sur pié, que l'on nommoit le COLLEGE DES BONS ENFANS, fondé par *Jacques Ceur*, Tresorier ou General des finances sous le regne de *Charles* VII. La chapelle fut dediée sous le titre de saint Clair ; & son fils Geoffroy Ceur maître d'hôtel du roi *Louis* XI. y fut inhumé en 1487. La rue des *bons enfans* qui est fort proche, a encore retenu le nom de ce college détruit depuis plusieurs années.

Les historiens du regne de *Charles* VII. disent tant de choses surprenantes des prodigieuses richesses de *Jacques Ceur* né à Bourges, que bien des gens ont prétendu qu'il avoit trouvé le secret de la pierre philosophale. Malgré sa probité universellement reconnue, on l'accusa injustement de concussion, mais il fit voir son innocence avec tant d'évidence, que ses ennemis qui avoient envie de ses richesses, ne purent le faire condamner qu'à un bannissement hors du roiaume & à la confiscation de ses biens, ce qu'ils souhaitoient plus que tout le reste. Il se retira dans l'Isle de Chipre, où par le secours de ses commis touchez de sa misere, qui lui donnerent quelques sommes d'argent, il fit une nouvelle fortune par son industrie, bien plus grande que la premiere, laquelle il emploia à faire la guerre aux infideles & à des œuvres de pieté; ce qui engagea le Pape à lui donner le titre de défenseur de la religion, qui lui fut accordé par des bules autentiques, dont ses ennemis furent tres mortifiez. Il est mort dans l'Isle de Chipre le 15 de Novembre 1456.

Plus avant & du même côté, en suivant toujours le même chemin, on découvre

LE PALAIS ROIAL.

Jean-Armand Duplessis, Cardinal Duc de RICHELIEU, un des plus habiles & des plus éclairez Ministres que la France ait jamais eu, a fait bâtir ce palais de fond en comble. Il le fit commencer en 1629; cependant l'ouvrage ne

Tom. I. Pag. 230.

LE PALAIS ROYAL.

fût terminé entierement qu'en l'année 1636. On le nomma d'abord l'hôtel de RICHELIEU, & ensuite le palais CARDINAL, comme on le voit encore à présent par le marbre resté sur la principale entrée.

Comme il avoit besoin d'un grand emplacement, il s'empara de plusieurs terrains qui se trouvoient à sa bienséance, où l'on cultivoit des légumes & où l'on alloit jetter les immondices de la Ville,; il prit autant d'espace qu'il en voulut avoir, autour duquel on éleva quantité de maisons qui furent vendues à qui en voulut avoir, qui formerent la rue de Richelieu, une partie de la rue des petits Champs, & de celle des Bons-Enfans.

Pour conduire l'édifice du Palais roiale, comme on le voit à présent, le Cardinal de Richelieu se servit de *Jacques* le MERCIER, presque le seul architecte qui eut alors de la réputation en France, & qui fut emploié aux ouvrages de conséquence de ce tems-là. Il est vrai que cet architecte avoit de l'habileté, comme on le remarque par quelques uns de ses ouvrages; mais cependant on peut trouver fort à redire qu'il n'ait pas assez donné d'exhaussement à ce Palais, tout y paroissant extrémement bas & écrasé. On dit pour l'excuser, que ce fut par l'ordre exprès du Cardinal, que les choses s'executerent de cette sorte, pour ne pas donner de la jalousie aux grands du roiaume qui n'avoient pas raison de l'aimer, à cause de la hauteur extrême avec laquelle il agissoit avec eux, & pour marquer de la moderation, même dans la disposition de son palais, à cause des puissans envieux qu'il avoit de sa grandeur & de son credit prodigieux. Le même architecte fut emploié aux grands édifices du château de Richelieu que S. E. fit construire de fond en comble, & où il fit des dépenses roiales dans un lieu cependant desagréable & fort mal sain.

Le Palais roial consiste à present dans un grand nombre de logemens separez par des cours, dont les deux principales se trouvent au milieu. La premiere qui est la plus petite, est entourée de bâtimens, ornez de bossages, avec des corps d'architecture rustique aux principales entrées. La seconde plus grande que celle-ci, n'a des bâtimens que sur trois lignes seulement. Elle est separée du jardin qui est dans le fond, par une continuité d'arcades, de simetrie avec tout le reste, qui soutiennent une galerie découverte, en terrasse, pour la communication des deux ailes; & comme ces arcades ne sont fermées qu'avec des grilles de fer, on jouit dans cette cour de la vûe du jardin. Le bâtiment de ce côté-là est un peu plus orné que celui de la premiere cour. L'ordre Dorique en pilastres y est observé au second étage, soutenu d'un premier à rez de chaussée, formé d'arcades, comme l'on vient de le dire, entre les bandeaux desquelles on a mis des scupltures assez mal executées, qui font connoitre que le Cardinal de Richelieu étoit Amiral. En effet, il occupoit cette grande charge, sous le titre de *Grand Maitre, Chef & Surintendant general de la navigation, & commerce de France.*

Les faces exterieures de tout ce Palais, sont d'une invention simple & tres-mediocre; & l'architecte, s'il avoit pû employer son art, auroit imaginé sans doute quelque chose qui devoit mieux répondre à la dépense que pouvoit faire tres-aisément celui pour qui il le construisoit.

Les appartemens sont grands & vastes, toute la Cour y a logé pendant quelques années de la regence d'*Anne d'Autriche.* Cette Reine prit possession de ce

Palais dans le mois d'Octobre 1643 ; ce qui a été cause que depuis ce tems-là, il a été nommé le PALAIS ROIAL. On doit cependant distinguer les anciens appartemens de ceux qui ont été embellis depuis, entre lesquels on remarquera bien de la différence, pour la grandeur & pour la beauté.

On estime pourtant encore l'ancienne galerie qui regne à main gauche dans la seconde cour, peinte par *Simon* VOUET, où il a représenté les hommes illustres de France, depuis *Suger* abbé de saint Denis, jusqu'au *Vicomte de Turenne*, c'est-à-dire, selon l'histoire, depuis le regne de Louis le jeune, jusqu'à celui de Louis XIV. Ce sont des figures de grandeur naturelle, avec quantité de devises & de symboles qui conviennent aux sujets principaux qui y sont representez. *Philippe* de *Champagne*, fut d'abord nommé pour les embellissemens de cette galerie; mais ne faisant pas sa cour assidûment, il fut negligé malgré sa savante maniere de peindre; & *Simon* VOUET lui fut preferé, qui ne fit rien d'extraordinaire, comme on le remarque encore à present, tout ce qui paroît dans cette galerie étant d'un dessein tres-commun, pour l'invention & pour le coloris.

Philippe de France Duc d'Orleans, frere unique du Roi Louis XIV. mort à Saint-Cloud en mil sept cent un, a occupé pendant plusieurs années ce palais, que Sa Majesté lui avoit donné, pour en jouir sa vie durant, avec la propriété pour *Philippe* Duc d'Orleans son fils, Regent du roiaume, mort à Versailles fort subitement, Jeudi deux de Décembre 1723, à huit heures du soir, en faveur du mariage que ce Prince avoit contracté le 18 de Février 1692, avec *Françoise-Marie de Bourbon*, legitimée de France.

Ce Prince avoit été déclaré Regent du roiaume, Lundi deux de Septembre 1715, le lendemain de la mort du roi Louis XIV. arrivée à Versailles Dimanche premier du même mois, à huit heures & un quart du matin.

Le Roi *Louis* XIII. avoit eu ce Palais du Cardinal de Richelieu, par une donation entre vifs, avec huit tentures de tapisseries, cinq cens mille écus d'argent comptant, un buffet d'argent cizelé pesant trois mille marcs, un grand diamant taillé en cœur, & sa chapelle enrichie de diamans, composée d'une grande croix, de deux chandeliers, d'un calice & de deux burettes,

Toutes ces pieces étoient d'or & garnies de pierreries ; un ciboire aussi d'or avec des rubis, de même qu'un reliquaire de saint Louis. Cette donation fut acceptée au nom de Sa Majesté par *Claude Bouthillier*, alors Surintendant des Finances, sur un pouvoir qui lui en fut expedié, dont voici la copie.

SA MAJESTE' *ayant tres-agréable la tres-humble supplication qui lui a été faite par Monsieur le Cardinal de Richelieu, d'accepter la donation de la proprieté de l'hôtel de Richelieu, au profit de* SA MAJESTE', *& de ses successeurs rois de France, sans pouvoir être aliené de la Couronne, pour quelque cause & occasion que ce soit ; ensemble sa chapelle de diamans, son grand buffet d'argent cizelé, & son grand diamant, à la reserve de l'usufruit de ces choses, la vie durant du sieur Cardinal, & à la reserve de la capitainerie & conciergerie dudit hôtel, pour ses successeurs Ducs de Richelieu ; même de la proprieté des rentes de bail d'heritages, constituées sur les places & maisons qui seront construites au dehors & autour du jardin dudit hôtel :* SA-DITE MAJESTE' *a commandé au sieur* BOUTHILLIER, *Conseiller en son Conseil d'Etat, & Surintendant de ses finan-*

ces, d'accepter au nom de SADITE MAJESTE' la donation ausdites clauses & conditions, d'en passer tous actes necessaires, même de faire insinuer, si besoin est, ladite donation. Promet SADITE MAJESTE' d'avoir pour agréable tout ce que par ledit sieur BOUTHILLIER sera fait en conséquence de la presente instruction. Fait à Fontainebleau le premier jour de Juin 1639. Signé, LOUIS. Et plus bas, SUBLET.

Pour rendre encore cette donation plus forte & plus autentique, le Cardinal de RICHELIEU la réitera dans son testament, qu'il fit à Narbonne, au mois de May de l'année 1642.

Mais les nouveaux appartemens, que l'on a ajoutez au Palais roial, dans l'endroit où les Academies d'architecture & de peinture étoient logées autrefois, sont incomparablement plus beaux & plus logeables que les anciens; & la décoration du bâtiment pour les dehors en est bien plus correcte & plus reguliere. Ces appartemens consistent dans un grand corps d'édifice, qui termine à la rue de Richelieu, que le même Cardinal avoit fait construire autrefois pour mettre sa bibliotheque, qui est à present dans la maison de Sorbonne. Le

Roi a fait reparer ce logement en l'année 1692, pour le donner à *Philippe petit-fils de France*, Duc d'ORLEANS ; comme on l'a dit un peu plus haut.

La face de cet édifice est ornée de deux ordres d'architecture, de l'Ionique & du Corinthien à colonnes engagées d'un tiers dans le vif de la maçonnerie, où le *Mercier* a donné des preuves de sa capacité ; aussi peut-on dire que rien n'est plus correct, ni mieux entendu, que les parties exterieures de cet édifice ; ce que l'on a reconnu, en conservant exactement les mesures & les symetries ausquelles on n'a rien changé ; on s'est seulement contenté de ragréer l'ouvrage, & d'achever quelques parties qui y manquoient. Une nouvelle galerie a été ajoutée en retour, dont l'exterieur ne répond pas à la verité au premier ouvrage ; mais qui fait cependant un effet passable, parce que la décoration en est gracieuse, quoique d'ailleurs les fenêtres cintrées ne plaisent pas à tout le monde.

L'architecture de cette galerie est toute entiere de *Jule Ardouin* MANSART surintendant des bâtimens pour la façade, ainsi que pour la disposition de l'interieur des nouveaux appartemens, au travers desquels on doit passer pour y arriver,

Elle se trouve en retour à l'extremité à main droite.

Pour voir cet appartement avec exactitude, il faut traverser la sale des gardes qui se presente d'abord, où il n'y a rien du tout d'extraordinaire, ni qui puisse attirer les regards. On trouve l'antichambre de suite, dont le plafond est de *Noel* COYPEL, que le tems a fort obscurci, & qui meriteroit d'être nétoié. L'ancienne galerie dont on a déja parlé, a son entrée principale dans cette antichambre, & de-là on arrive aux grands appartemens ; mais il est à présumer que cette entrée sera changée, & que l'on la rendra plus avantageuse & plus commode.

On découvre de cette entrée une enfilade de plusieurs grandes pieces d'une excellente proportion, tres-richement meublées selon les saisons, & remplies de choses precieuses qui occupent agréablement les connoisseurs les plus entendus & les plus délicats. On y a placé quantité de pieces choisies des maîtres du premier rang ; comme *Raphael, Jule* Romain, *Pietro de Cortone, le Guide, Titien, Paul Veronese, Tintoret, Correge, Albane,* les *Carraches, Joseph Pin, Paul Rubens, Vandeick, Reimbrans,*

Pouſſin, & pluſieurs autres. Il y a auſſi des ouvrages de le *Brun*; le maſſacre des Innocens, qui eſt conſideré comme le chef d'œuvre de cet excellent Peintre, y occupe une place de diſtinction. On remarquera entre autres, un grand tableau de *Vandeick*, peint d'après nature, qui repreſente la famille de Charles I. roi d'Angleterre, qui eut la tête tranchée à Londres, événement execrable & ſans exemples, & quantité d'autres pieces de tres-grande conſéquence.

Dans les années 1720 & 1721, on a conſtruit un magnifique Salon pour ſervir d'entrée à la nouvelle galerie, ſur les deſſeins de *Gilles Marie* OPPENORD, premier Architecte de S. A. R. On ne peut rien deſirer de plus beau & de plus ingénieuſement décoré; & cette piece dans tout ce que l'on y remarque, fait voir de la grandeur & de la magnificence.

Mais ce qui n'occupe pas moins la curioſité dans un autre genre, c'eſt l'abondance & la diverſité infinie des autres choſes qui ſe voient diſtribuées dans tout ce vaſte appartement; comme des bronzes de la premiere perfection, copiez la plûpart ſur les plus belles antiques, placez avantageuſement en differents

rents endroits; & sur des tables de Lapis, enrichies de moulures dorées d'or moulu, qui viennent de la reine Anne d'Autriche, aïeule de S. A. R. des cabinets portatifs, garnis de miniatures excellentes, ou de pierres de rapport, des porcelaines anciennes, d'une forme extraordinaire, & de la premiere beauté, des lustres de cristal de roche d'un rare travail, entre lesquels l'on en remarquera un, par la beauté des morceaux dont il est formé (c'est un present du roi de Sardaigne); des girandoles, aussi de cristal de roche sur de grands gueridons dorez; & une infinité d'autres choses tres-dignes d'admiration, qui rendent cet appartement d'une grande magnificence.

La nouvelle galerie à l'extrêmité de cet appartement, est revêtue d'un lambris decoré d'une magnifique architecture, en pilastres composites, rudentez, qui portent une corniche, dont la frise est ornée de consoles couplées, entre lesquelles sont des trophées d'une tres-belle invention. Ce qui embellit infiniment toute cette decoration, c'est la riche dorure qui brille par-tout avec une abondance extrême. L'entrée de cette galerie est accompagnée de deux colonnes

Tome I. L

du même ordre qui y regne par tout, pour la distinguer du reste.

Ce qui satisfait infiniment les amateurs de la peinture, & ceux qui s'y entendent, sont les cinq grands tableaux dans les entrepilastres, qui occupent toute la longueur de la galerie, dans lesquels le Peintre habile a representé ce que Virgile a imaginé de plus ingenieux & de plus singulier des avantures d'Enée; en quoi il a bien fait connoître, non seulement à quel degré de perfection il possedoit son art, mais encore la grande connoissance qu'il avoit dans la belle litterature, ce qu'il avoit déja montré en d'autres occasions, même par des pieces en prose & en vers de sa composition, qui ont été goutées.

Le plafond en arc surbaissé répond parfaitement à tout le reste. Il est orné d'un grand ouvrage de peinture rempli de divers sujets, qui répondent ingenieusement à ceux qui sont traitez dans les cinq grands tableaux qui occupent la longueur de la galerie. Tous les dieux y paroissent occupez diversement, distinguez par les attributs qui leur sont propres, & semblent tous agir selon les idées que le Poëte en donne dans son Enéide. Rien n'est executé avec plus d'art & de perfection. L'invention avec la distribution des sujets, la correction de toutes les parties, la perspective avec la force du coloris, donnent également de l'admiration. *Antoine* COYPEL, premier peintre du Roi & de S. A. R. né à Paris, a executé ce grand & magnifique ouvrage, & l'on peut assurer que cet habile maître a fort augmenté sa réputation par ces travaux, quoiqu'il eût déja fait quantité d'excellentes choses, particulierement dans l'Eglise des Invalides, dans le plafond de la chapelle de Versailles, & en plusieurs endroits de cette Ville.

La cheminée augmente encore beaucoup toute la décoration de cette magnifique galerie. Elle est avantageusement placée à l'extrémité, dans un enfoncement sur un plan *éliptyque*, ou ovale; & pour accompagnemens, on a disposé de chaque côté des piramides en relief, élevées sur des piédestaux; elles sont couvertes de divers ornemens de relief en pente, entierement dorez, qui font un grand effet. Le plus beau marbre a été emploié pour le manteau & pour les jambages en consoles qui la soutiennent: mais ce qui fait remarquer cette cheminée, c'est que toutes les parties sont d'un profil nouveau, & fort ingénieufement inventé ; ainfi que toutes les moulures de bronze doré qui la décorent. Sur les extremitez de la tablette, il y a deux groupes d'enfans autour d'un faifceau de palmes, d'où fortent des candelabres à plufieurs branches pour éclairer toute cette partie, le tout de bronze doré.

Les glaces qui occupent le tableau de cette magnifique cheminée, jufqu'à la grande corniche qui regne dans le pourtour de la galerie, font d'une grandeur extraordinaire. Elles font arrêtées par une bordure cintrée, enrichie de divers ornemens inventez avec beaucoup d'art; ces glaces placées avantageufement font un heureux effet, en repetant toutes les beautez de ce lieu, & une partie du Salon qui y fert d'entrée. Enfin on peut dire fans exagerer & fans trop faire valoir les chofes, qu'il ne fe trouve point ailleurs une plus grande diverfité, & une convenance mieux entendue, que tout ce qui fe préfente dans cet appartement & dans la galerie dont on vient de parler.

Cependant ce n'eft pas encore tout ce que l'on peut voir dans le Palais roial. Le petit appartement de plain-pié, avec le grand qui y communique, eft tout rempli de tableaux de prix des maîtres renommez dont on a déja parlé. Le S. Jean dans le defert, du fameux *Raphael*, est la piece la plus eftimée, & avec raifon, puifque ce tableau eft confideré, comme le plus parfait dans toutes fes parties, que ce prince des Peintres ait jamais fait. Il eft fur bois, & peut avoir environ quatre à cinq piés de hauteur fur un peu moins de largeur. Il a longtems appartenu au premier Préfident de Harlay, qui l'a confervé pendant qu'il a vêcu, comme le trefor de fa famille.

Voilà en abregé tout ce qui fe trouve de plus remarquable dans les appartemens du Palais roial. La defcription entiere de tant de belles chofes differentes & de toutes celles que l'on y ajoute tous les jours, pourroit demander plus d'étendue & de détail ; mais on n'a pas ofé l'entreprendre, de peur de paffer les bornes que l'on s'eft prefcrit dans cette defcription.

Le grand jardin du Palais roial eft du deffein du fameux *André* le Nostre, dont on a parlé au fujet des Tuilleries, qui dans l'efpace de celui-ci a fait tout ce que l'on pouvoit défirer. On a placé autour du parterre, des termes & des ftatues, entre lefquelles il y en a qui font d'une assez bonne main, & qui ne sont point à mépriser.

L'OPERA.

LE *Cardinal* de RICHELIEU, qui ne dedaignoit pas de descendre de tems en tems à des choses moins relevées, malgré l'application assidue qu'il donnoit aux grandes & importantes affaires de l'Etat, fit bâtir dans son propre Palais, la sale où l'on represente aujourd'hui l'Opera; ce fut exprès pour des tragedies, qu'il aimoit passionnément, à la composition desquelles il s'appliquoit quelquefois pour se délasser l'esprit. On dit même qu'il fit construire ce théatre particulierement pour une piece dramatique, intitulée *Mirame*, qui cependant parut sous le nom de *Jean des* MARETS *de Saint Sorlin*, grand visionnaire & poëte médiocre; quoiqu'elle fût presque toute entiere de la composition de ce fameux ministre. Cet auteur s'avisa encore d'écrire sur des matieres de religion, ce qui ne servit pas à augmenter sa reputation.

Dans la suite ce théatre fut donné au celebre *Moliere*, pour y representer ses pieces inimitables: ce qu'il fit pendant plusieurs années, avec un succès qui répondoit à leur beauté & à leur agrément; mais après sa mort arrivée en 1673, ce théatre a servi pour les Operas, dont les representations n'ont reçu aucune interruption depuis leur commencement.

Voici de quelle maniere ce changement se fit, avec des particularitez qu'il ne sera pas inutile de savoir.

L'*Abbé Pierre* PERRIN, qui avoit été Introducteur des Ambassadeurs auprès de *Jean* GASTON Duc d'ORLEANS, fut le premier qui en l'année 1669 obtint le privilege de faire un Opera à l'imitation de ceux de Venise, sous le titre d'*Academie des Operas en musique, établie par le Roi*. Les dépenses excessives que demandoit un tel établissement, obligerent cet Abbé d'associer à son privilege un homme de qualité, d'un genie singulier pour les machines de théatre, & le nommé *Champeron*, qui pouvoit aisément fournir à tous les frais qu'il falloit faire en cette occasion. Par cet accord fait en 1672, ces trois associez firent venir de Languedoc les plus renommez musiciens, qu'ils tirerent des Eglises Cathedrales, où il y a des musiques fondées, dont les principaux furent *Clediere, Beaumaviel, & Miracle.*

CAMBERT, Organiste de saint Honoré, dont la capacité étoit connue de tout Paris, fut choisi pour la composition de l'Opera; & aiant ramassé les meilleures voix qu'il put trouver pour joindre aux Musiciens de Languedoc, il commença ses repetitions dans la grande sale de l'hôtel de Nevers, où étoit auparavant la bibliotheque du Cardinal Mazarin. Enfin, après tous ces preparatifs, le théatre qu'ils avoient fait dresser dans un jeu de paume dans la rue Mazarine, vis-à-vis de la rue de Guenegaud, étant en état, on representa au mois de Mars 1672 POMONE, dont les vers étoient de la composition de l'Abbé PERRIN, & la musique de CAMBERT. Les representations furent si goutées, qu'elles durerent sans discontinuation avec un fort grand concours, un tems tres considerable. Cependant malgré de si beaux commencemens, il arriva de la division entre les associez, au sujet du partage du gain, qui fit naître un procès, dont la conclusion fut, que l'Abbé PERRIN cederoit son privilege à *Jean-Baptiste* LULLY, Florentin d'origine, surintendant de la musique de la chambre du Roi, moiennant une somme.

Cette cession rompit tout ce qui avoit été fait par les deux autres; & LULLY, bien loin de s'accommoder de leur théatre, pour n'avoir rien à démêler avec eux, en fit construire un nouveau dans le jeu de paume qui se trouvoit à l'extremité de la rue de Vaugirard, assez près du palais d'Orleans, ou de Luxembourg; par les soins de VIGARANI, machiniste du Roi, qu'il associa pour dix ans à un tiers de profit, suivant un traité qu'il fit avec lui, daté le 11. de Novembre 1672.

Les premieres representations commencerent dans le même lieu, le 15 de Novembre, de la même année, par plusieurs fragmens de musique, que LULLY avoit composez pour le Roi, à l'occasion de differentes fêtes, dont le principal sujet étoit le combat de l'Amour & de Bacchus; ce qui dura jusqu'au mois de Juillet 1673.

Enfin, la troupe des Comediens du Roi établie dans la sale du Palais roial, aiant perdu *Moliere*, son illustre chef, le 13 de Fevrier de la même année, il plut à Sa Majesté de faire un changement aux théatres établis dans Paris. LULLY eut le don de la sale du Palais roial, dont les Comediens jouissoient

L v

depuis l'année 1661 ; & ceux-ci après avoir fait supprimer les Comediens du Marais, s'accommoderent du théatre de l'Opera, dans la rue Mazarine, au mois de Juillet 1673. Les uns & les autres y ont continué leurs representations avec tout le succès possible, l'Opera au Palais roial, où il est encore à present ; mais la troupe des Comediens François a changé depuis ce tems-là. Elle est venue s'établir dans la rue des Fossez saint-Germain en 1688, où elle a fait élever un assez beau théatre, comme on le dira dans la suite.

Les Acteurs de l'Opera ont des privileges tres avantageux, dont le plus considerable est, qu'un gentilhomme, sans déroger au titre de noblesse, peut y être reçu. Cette faveur n'avoit point encore été accordée à ceux qui servent aux spectacles publics, & qui donnent du divertissement pour de l'argent, parce que dans la plus grande partie des siecles du Christianisme, on les avoit regardez comme des excommuniez & comme des infâmes, à cause de la corruption qu'ils causoient dans les mœurs, par leurs représentations alors trop licentieuses ; ce que l'on ne craint peutêtre plus à présent.

La place qui se trouve devant le Palais roial étoit autrefois occupée par l'hôtel de Sillery, qui fut renversé en 1643 pour faire des Corps de gardes, lorsque toute la Cour de *Louis* XIV. alors en minorité y vint loger.

La face de cette place entre la rue de saint Thomas du Louvre & la rue Frementeau, opposée à celle du Palais roial, a été abbatue dans le mois d'Avril 1719, pour y placer une fontaine qui fait une belle & grande decoration : elle est du dessein de *Robert* de COTTE, premier Architecte du Roi, tres-habile & tres-renommé par quantité d'excellens desseins qu'il a donnez, que l'on remarque dans les édifices élevez sous sa conduite.

Il se trouve une fort jolie maison dans la rue neuve des bons enfans, à côté du Palais roial, construite en 1704, dont les appartemens jouissent d'une agréable vûe sur le grand jardin de ce Palais. Les dedans sont ingenieusement distribuez & decorez avec beaucoup d'art. Elle est du dessein & de la conduite de *Germain* de BOFFRAND, Architecte de l'Academie, tres-habile & tres-emploié dans sa profession.

Cette maison, ci-devant occupée par

la *Comtesse* d'*Argenton*, l'est à présent par la *Comtesse* de *Montauban*.

En suivant la rue saint Honoré, on trouvera vis-à vis de la rue de Richelieu, L'HÔPITAL DES QUINZE-VINGTS, dont le terrain est fort spacieux. Le roi saint Louis le fit bâtir en 1254, pour trois cens gentilshommes qu'il avoit ramenez de la terre-sainte, & que les Sarazins avoient privez de la vûe. Les titres que ce Roi pieux donna en faveur de cette belle fondation, font connoître son zele charitable pour ceux qui avoient tant souffert à son service.

Sur la porte de l'Eglise de cet Hôpital, il y a une statue de ce saint fondateur, assez mal executée à la verité, mais cependant tres-ressemblante, si l'on en croit les antiquaires. Le grand Aumônier de France a la direction particuliere de cet Hôpital, & veille à tout ce qui s'y passe.

Plusieurs degrez qu'il faut descendre pour entrer dans l'Eglise, marquent que le terrain des rues de Paris est fort rehaussé depuis quelques siecles.

SAINT-ROCH.

CEtte Eglise, la Paroisse de tout le quartier, n'étoit autrefois qu'une petite chapelle, dediée sous le titre de *sainte Susanne* & de *saint-Roch*, bâtie vers l'année 1577, dont les revenus ont été donnés aux Minimes de Nigeon, vulgairement appellez les *Bons-hommes*. Elle servoit alors de secours à l'ancienne paroisse de saint Germain l'Auxerrois qui s'étendoit bien avant dans les lieux circonvoisins, comme on l'a remarqué ailleurs; mais la Ville aiant reçu depuis ce tems-là de tres-grands accroissemens, on fut obligé pour la commodité du public, de construire plusieurs nouvelles Paroisses dans les endroits qui en avoient besoin; entre autres, Saint-Roch, qui ne fut érigée en Paroisse indépendante qu'en l'année 1630.

Le bâtiment de cette Eglise que l'on voit à present, a été commencé en 1655. sur les desseins de *Jacques* le MERCIER dont on a déja parlé en quelques occasions, mais il étoit demeuré imparfait. Ce qui paroît cependant, est d'un ordre Dorique assez regulierement executé; & si cet édifice avoit été terminé, avec ses accompagnemens, dans la même intention qu'il a été proposé, ce seroit un ouvrage, qui ne seroit pas à méprifer. La voute de la nef a été commencée en l'année 1722, & l'on y a travaillé avec bien de l'attention, ce qui rendra cette Eglife plus commode & beaucoup plus belle qu'elle n'étoit autrefois.

En l'année 1709, on a travaillé avec empreſſement à la conſtruction de la chapelle de la Vierge derriere le Chœur, par le ſecours d'une lotterie faite exprès, qui a produit une ſomme conſiderable ; mais ſi l'on en croit les fins connoiſſeurs, le deſſein de cette nouvelle chapelle n'eſt pas d'une heureuſe invention, & les Architectes habiles y trouvent bien des choſes à redire. La diſpoſition du tout enſemble eſt extraordinaire, & l'exceſſif volume du comble en forme de Dôme d'un trait bizarre ne plaît à perſonne. On pourroit encore ajouter que la diſtribution des grands arcs qui le ſoutiennent & des ouvertures, eſt tout-à-fait irreguliere, particulierement des vitraux, dont les proportions choquent la vûe avec leurs ceintres bombez groſſierement & leurs bandeaux d'un profil imaginé au hazard. Les dedans de cet édifice ne démentent en rien l'exterieur. Les pilaſtres Corinthiens mal eſpacez qui ſont élevez sur des massifs, paroissent d'une hauteur extrême, sans parler de l'entablement qu'ils portent, dont les membres principaux & les moulures particulieres sont trop foibles. Le second ordre en Attique, a des chapiteaux d'une composition extraordinaire. Cet édifice est cependant du dessein d'un Architecte le plus employé de son tems, à qui on a confié des entreprises extraordinaires, dont la dépense immense n'a point eu d'exemple dans ces derniers siecles, & pourroit être comparée à ce que les anciens ont fait de plus hardi & de plus extraordinaire pour laisser à la posterité une magnifique idée de leurs siecles heureux, & de leur discernement pour les beaux arts.

En l'année 1710, vers le mois de Septembre, on a placé dans la tour de la coupe, les quatre Evangelistes, de trois Peintres differens de l'Académie, qui ont de la réputation ; à savoir, saint-Mathieu, de *Silvestre* ; saint-Marc, de *Verdot* ; saint-Luc & saint-Jean, de *des Ormeaux*.

Aux deux côtez de l'Autel on remarquera la figure de N. S. tenant sa Croix, & celle de S Roch, l'une & l'autre de grandeur naturelle, de l'ouvrage d'*An-*

guier l'aîné. Presque en même-tems on a construit une autre chapelle derriere celle dont on vient de parler, destinée pour la Communion, avec des passages, ou coridors voutez, dont la construction paroît assez correcte, & le dessein assez bien conçu.

Dans une chapelle à côté du Chœur, on peut voir un tableau qui represente saint Louis au lit de la mort, le roi Philippe le Hardy son fils, proche de lui, qui écoute attentivement les sages & utiles conseils de ce grand Roi, & diverses personnes touchées de douleur: ce morceau est d'*Antoine* COYPEL, & a de tres grandes beautés. Ce qu'il y a de remarquable dans cette Eglise est l'excellent point de vûe qui se découvre de l'entrée qui fait un tres-heureux effet.

Plusieurs personnes d'une tres-grande reputation, dont voici les noms, sont inhumées dans cette Eglise.

François & *Michel* ANGUIER, freres, nez à la ville d'Eu en Normandie; tous deux tres-excellens Sculpteurs, dont les ouvrages ont beaucoup de correction & de beauté, comme on le voit par les excellentes sculptures du Val-de-grace, qui sont de leur invention, & de leur main. Le premier est mort le huitiéme d'Août 1669 ; & le second, le onziéme de Juillet 1686.

L'Epitaphe qui suit est gravée sur une tombe de marbre blanc placée dans la nef, qui couvre le lieu où ils sont inhumez.

Dans sa concavité, ce modeste tombeau
Tient les os renfermez de l'un & l'autre
frere.
Il leur étoit aisé d'en avoir un plus beau,
Si de leurs propres mains ils l'eussent
voulu faire.
Mais il importe peu de loger noblement,
Ce qu'après le trépas un corps laisse de
reste,
Pourvû que de ce corps quittant le loge-
ment,
L'ame trouve le sien dans le séjour celeste.

Pierre CORNEILLE, de l'Academie Françoise, le plus célebre Poëte de ces derniers siecles, lequel par ses admirables pieces de théatre peut être comparé aux plus illustres de l'antiquité qui ont excellé dans ce beau genre de poësie. L'éloge de ce grand homme se trouve en plusieurs endroits, mais particulierement dans le Dictionnaire géographique de Thomas Corneille son frere puiſné, imprimé une année avant ſa mort, arrivée en 1709 ; où l'on peut voir en abregé la vie & l'hiſtoire des principaux ouvrages de cet illuſtre Poëte, qui a fait tant d'honneur à ſa Patrie, en donnant un luſtre & une majeſté au théatre François, qu'il n'avoit point encore avant lui. Ses principales Tragedies ont paru ſi excellentes dans les payis étrangers, qu'elles ont été traduites en diverſes langues, & ont été repreſentées avec ſuccès en Allemagne, en Angleterre, en Hollande, & même en Italie. Il a auſſi fait une excellente traduction en vers François de l'*Imitation de* JESUS, une autre des *Sept-Pſeaumes* de la *Penitence* & de toutes les *hymnes* du Breviaire Romain, les *Veſpres* & les *Complies* des Dimanches, l'*Office de la Vierge* en proſe & en vers.

Jean RACINE, comme Directeur de l'Académie Françoiſe, dans le diſcours qu'il prononça le 2 de Fevrier 1685, fit ſon éloge, quoique ſon rival, après avoir repreſenté l'état pitoïable du théatre François, ſans goût, ſans bienſeance, & ſans aucune honnêteté: *Corneille* regla, dit-il, la Scéne Françoiſe, & y fit voir toute la pompe & toute la bienſeance dont notre langue est capable. Cet illustre Poëte est mort le premier d'Octobre 1684, âgé de soixante & dix huit ans.

Antoinette de la Garde, née à Paris, si connue dans le monde sous le nom de *Madame* des HOULIERES, a laissé deux volumes de pieces en vers sur differens sujets, d'une beauté presque sans pareille. Son talent pour la poésie étoit merveilleux, & peu de personnes l'ont porté plus loin qu'elle, sur tout pour l'idile. Son stile étoit pur & élevé, & ses expressions aussi nobles que ses idées; & l'on peut encore ajouter qu'elle a fait beaucoup d'honneur à son sexe & à sa patrie. Elle est morte le 17 de Fevrier 1694, dans la cinquante sixiéme année de son âge.

Pierre MIGNARD, né à Troyes en Champagne premier Peintre du Roi, mort le 30 de Mai 1695, âgé de quatre-vingt cinq ans, étoit habile & fort renommé dans sa profession. Son pinceau avoit beaucoup de correction & de graces. Les principaux ouvrages que l'on a de lui, sont les peintures à fresque du Dôme de Val de grace, qui lui ont aquis bien de la gloire, ainsi que le salon & la galerie de Saint-Clou, & quantité de plafonds & de morceaux particuliers, que les curieux conservent dans leurs appartemens & dans leurs cabinets, sur lesquels on a gravé de tres-belles estampes. Le Roi pour le recompenser du succès avec lequel il travailloit, lui avoit accordé des lettres de noblesse.

André le Nostre, né à Paris, a laissé un tres-grand nom, par la maniere ingenieuse & toute nouvelle qu'il a introduite de disposer & de décorer les jardins, peu connue de son tems. Il a donné les desseins des Jardins de Versailles, Trianon, Marly, Clagny, des Tuilleries, du Palais roial, de Chantilly, & presque de tous les autres jardins renommez de Paris & des environs, où l'on en voit à present quantité, qui surpassent infiniment ceux que l'on vante avec tant d'ostentation en Italie & dans le reste de l'Europe, lesquels ne font rien voir de comparable à ceux de France. Sa maniere a été si goutée, que plusieurs grands Princes l'ont voulu suivre pour décorer leurs jardins & leurs Palais, entre lesquels on pourroit nommer le Duc de Savoye, à present roi de

Sardaigne, & le grand Duc de Toscane, qui ont fait venir exprès de ses éleves pour executer ses desseins avec plus de précision & d'exactitude. On a gravé cette épitaphe sur son tombeau, qui est dans la chapelle de saint-André son patron, dont le tableau est un des plus beaux ouvrages de *Jouvenet*. Le buste de marbre qui le represente, est de *Coysevox*.

A LA GLOIRE DE DIEU.

*Icy repose le corps d'*ANDRE' LE NOSTRE, *Chevalier de l'ordre de saint Michel, Conseiller du Roi, Controlleur general des bâtimens de Sa Majesté, Arts & Manufactures de France, & préposé à l'embellissement des jardins de Versailles & autres Maisons Roiales. La force & l'étendue de son genie le rendirent si singulier dans l'art de jardinage, qu'on peut le regarder comme en aiant inventé les beautez principales, & porté toutes les autres à leur derniere perfection. Il répondit en quelque sorte, par l'excellence de ses ouvrages, à* la grandeur & à la magnificence du Monarque qu'il a servi, & dont il a été comblé de bienfaits. La France n'a pas seule profité de son industrie, tous les Princes de l'Europe ont voulu avoir de ses éleves, & il n'a point eu de concurrent qui lui fut comparable. Il nàquit en l'année 1625, & mourut dans le mois de Septembre de l'année 1700.

LE COUVENT DES JACOBINS REFORMEZ.

LE *Cardinal Pierre de Gondy*, Evêque de Paris, fonda ce Monastere en 1614, & donna une somme considerable pour son établissement. Du *Tillet* Greffier en chef du Parlement, & quelques autres personnes de distinction, contribuerent aussi à cette fondation. La même année l'Eglise fut benite, quoiqu'elle ne fut pas encore achevée, mais la dedicace ne s'en fit qu'en 1625, sous l'invocation de l'Annonciation de Notre-Dame, par *Jean François de Gondy*, alors Archevêque de Paris. Les curieux n'y trouvent pas beaucoup de choses pour se satisfaire. Le tableau du grand Autel, qui represente une Annonciation, est de *François* PORBUS, de même que le saint François, qui est dans une chapelle de la nef, assez proche de la chaire du Prédicateur.

La chapelle de saint-Hyacinte a été bâtie des liberalitez de la reine *Marie de Medicis* pendant sa regence, & la reine *Anne d'Autriche* obtint du Roi & de la république de Pologne, une portion des reliques de ce Saint, qu'elle fit enfermer dans un reliquaire d'argent qui le represente, qu'elle donna à cette chapelle, où il est exposé pendant les principales fêtes. Le tableau de la même chapelle, qui marque un des miracles du Saint, sous le titre duquel elle est dediée, est de COLOMBEL, Peintre estimé.

A main gauche à côté du grand Autel, *Catherine de Rougé du Plessis Bellierre*, veuve de *François* de CREQUI Maréchal de France, a fait bâtir une grande Chapelle, dans laquelle par un genereux motif de zele pour la mémoire de son époux, elle a fait élever un tombeau, dont *Charles* le BRUN a donné les desseins. Cet illustre Maréchal y est representé à genoux, de l'ouvrage de COYSEVOX. Les accompagnemens & les deux vertus pleurantes sont d'un autre Sculpteur, qui auroit mieux réussi, si les craions qu'on lui a donnez avoient été autrement imaginez. L'Autel est orné d'une architecture de marbre formée par deux colonnes Ioniques, qui soutiennent un entablement, avec un fronton; & le tableau placé au milieu, est une copie de la descente de Croix de le BRUN, faite par *Houass*

DE LA VILLE DE PARIS. 265

Houasse, Peintre de l'Académie, dont l'original est conservé avec soin dans le cabinet des tableaux du Roi, comme une piece d'une rare & excellente beauté, avec d'autres morceaux des plus grands maîtres.

On lit cette Epitaphe sur le devant du tombeau.

FRANÇOIS SIRE DE CREQUI,

MARECHAL DE FRANCE, GENERAL DES ARME'ES DU ROI, GOUVERNEUR DE LORRAINE, DECEDE' LE 4 DE FEVRIER 1687.

Dame CATHERINE *de* ROUGE', *son épouse, decedée le* 5 *d'Avril* 1713.

Orbis cui domitus non ultima metæ fuisset,
Hic metam agnovit. Quid vos sperabitis ultra,

Tome I.   M

*Victores? Lacrymas. Hunc Rex,
hunc Gallia flevit,
Sed flet, & æternum conjux pro
conjuge flebit,
Donec, quod posuit tumulata se-
pulchro,
Tam charo cineri, sese cinis ipsa
maritet.*

André FELIBIEN, Ecuier sieur des Avaux & de Javercy, historiographe du Roi, de l'Academie roiale des belles Lettres; mort le 11 de Juin 1695, âgé de soixante & dix-sept ans, est enterré dans cette Eglise. Il est auteur de plusieurs ouvrages qui ont été reçus du public avec applaudissement, dont voici les principaux. *Les Conferences de l'Academie de peinture, les Principes de l'architecture, de la sculpture & de la peinture, & des autres arts qui en dépendent, avec un Dictionnaire propre à chacun de ces arts; Entretiens sur la vie & sur les ouvrages des Peintres; Recueil de descriptions & d'autres ouvrages faits pour le Roi.*

Nicolas-André FELIBIEN, Prieur de Saint-Vincent de Virasel son fils aîné, fut enterré proche de son pere, le 16 Septembre 1711. Il avoit été grand Vicaire de Bourges & Doien de l'Eglise cathedrale de la même Ville. Sa pieté & la grande connoissance qu'il avoit de ce qui concerne la jurisdiction Ecclesiastique, l'ont fait estimer de plusieurs Prélats. Il a laissé sur les matieres de droit canon, de quoi former au moins deux volumes *in quarto*.

On sera encore bien-aise d'être informé de quelques illustres Savans qui ont paru dans cette maison.

Le P. *Sebastien* MICHAELIS, du Couvent de Marseille, étoit un fameux Prédicateur qui fit quantité de conversions en Languedoc par ses sermons. Il vint exprès à Paris en 1611, pour la fondation de cette maison, & prêcha dans les premieres Chaires de cette Ville avec un tres-grand concours. On a imprimé ses controverses, contre *Jean Gigord* fameux ministre de Montpellier. Une histoire Ecclesiastique touchant la genealogie de la Ste Vierge, qui fut fort estimée du Cardinal Baronius, & une relation de plusieurs possedez, qu'il avoit conjurez en Provence sa patrie. Il est mort en l'année 1618.

Le P. *Antoine* QUIEU, ordinairement nommé *Cuvens*, né à Paris, où il est mort le 7 d'Octobre 1676, a fait paroître un grand zele pour la conversion des heretiques; tous les ans il faisoit des missions aux environs de Géneve, où il étoit en grande veneration, même chez ceux du parti contraire.

Le P. *Jacques* GOARD, aussi né à Paris, étoit grand Théologien & des plus habiles de son siecle dans la langue Grecque & dans l'Histoire Ecclesiastique. Après avoir demeuré dix ans entiers en Orient pour se perfectionner dans les langues savantes, & pour connoître à fond le Rit Grec, il revint dans sa maison, & donna au public plusieurs volumes estimez; comme *l'Eucologe*, ou le Rituel des Grecs imprimé à Paris en 1647, ouvrage d'une grande érudition & devenu fort rare; *Codin Curopolate*, revu sur les M S. *Georges Cedrene* & *Jean Scylitzez*, *Georges Syncelle* & *Theophanes* qu'il ne put achever. Il avoit encore entrepris plusieurs autres ouvrages de consequence, qui sont demeurez imparfaits, à cause de sa mort arrivée le 22 de Septembre 1653.

Le P. *François* COMBEFIS, né à Marmande en Guienne, succeda aux travaux du pere *Goard*. Il acheva *Theophanes* & *Leon Grammairien* avec des notes. On a aussi de lui *l'histoire des Monothelites*, des *additions à la Bibliotheque des Peres Grecs*, en 4 *vol. in fol.* des *origines de Constantinople*, & quantité d'autres ouvrages, dans lesquels il paroit un tres-profond savoir & un travail prodigieux. Il est mort le 23 de Juin 1679, âgé de soixante & quatorze ans, après cinquante cinq ans de profession qu'il a emploiez à l'étude & dans des exercices d'une piété édifiante.

Le P. *Michel* le QUIEN continue avec succès les ouvrages commencez par le pere *Combefis*. Il est tres-savant dans les langues orientales. On a de lui deux petits volumes pour la défense du texte Hebreu & de la Vulgate, contre l'auteur de l'anquitité des tems. En 1712, il a donné en 2 *vol. in fol.* les œuvres de *saint Jean Damascene* en Grec, avec le latin de sa version, & des notes excellentes.

Le P. *François* PENON, né à Paris, étoit grand Theologien, & écrivoit parfaitement bien en latin. Il est mort en 1698, âgé de soixante & quinze ans,

Il a laissé une espece de *Rationarium temporum*, ou bien une *Chronologie universelle de toutes les nations*, infiniment utile aux savans, si elle avoit été imprimée ; mais la dépense, à cause de la quantité de chiffres, en a empêché jusques ici l'édition. Tout le monde a entre les mains son *Hymnus angelicus*, qui est la somme de saint Thomas réduite en abregé.

Le P. *Jacques* BARELIER Licentié dans la Faculté de médecine de Paris, a été assistant des generaux de son ordre pendant l'espace de vingt-cinq ans. Il a composé un grand traité à qui il a donné pour titre *Orbis botanicus*, dans lequel il parle de toutes les plantes du monde ; il en avoit déja fait graver plus de 700 planches qui contiennent près de 1400 plantes differentes & beaucoup d'autres qu'il a dessinées exactement, qui n'ont pû être gravées à cause de sa mort arrivée le 25 de Juillet 1673. Comme ce travail est fort desiré de tous ceux qui aiment la botanique, A. de *Jussieu* Médecin, Professeur au jardin roial des plantes, a entrepris de le donner au public.

Le P. *Jacques* QUETIF, né à Paris, est decedé le 2 de Mars 1698, âgé de soixante & dix huit ans, & de soixante de profession. Il avoit une profonde connoissance des livres, & étoit tres-versé dans l'histoire & dans la belle litterature. Il a mis plusieurs ouvrages en lumiere ; le *Medices in D. Thomam* en 4 *vol. in fol.* & l'histoire du célebre *jerôme de Savonarole* en trois *vol. in* 12. avec des notes tres-curieuses, qui a été tres-bien reçue des savans, même de la cour de Rome. Il avoit entrepris de donner une bibliotheque des écrivains de l'ordre de saint Dominique, ouvrage immense qu'il n'a pû achever : ses memoires ont passé entre les mains du pere *Echard*, à present bibliothecaire, qui vient de la publier avec plus de correction qu'elle n'a paru jusqu'ici.

Le P. LABAT a donné en 6 *vol. in* 12. la relation de son voiage en Amerique qu'il avoit entrepris pour des missions, dans laquelle il marque des choses curieuses & interessantes, décrites avec beaucoup d'art & de netteté.

La bibliotheque de ces Peres est composée de plus de vingt mille volumes d'un excellent choix. En 1699, elle fut augmentée de celle de *Piques*, Docteur de la maison & societé de Sorbonne, qui contenoit un bon nombre de MS.

Arabes, tres estimez des connoisseurs.

Cette bibliotheque fut dediée au Roi *Louis* XIV. le jour de sa naissance, & fut appellée pour cette raison la *Bibliotheque de Monseigneur le Dauphin*; ce qui fit que l'on mit cette inscription sur la porte.

HÆC PRINCIPI DELPHINO BIBLIOTHECA
DICATA FUIT,
DIE NATALI EJUS
5 SEPTEMBRIS 1638.

En avançant encore quelques pas, on passera devant une belle maison dont l'entrée est décorée d'un excellent morceau d'architecture, formé de deux colonnes Ioniques, avec un Attique & un couronnement au-dessus. Les dedans de cette maison ont aussi de la beauté & de l'agrément. Les augmentations que l'on a fait dans cet hôtel en 1715, sont tres-considerables. On a élevé dans le fond de la cour un corps de logis d'une bonne architecture, soutenu d'arcades à jour, décorées de colonnes & de divers ornemens tres-bien entendus, dont l'effet est agréable. Du côté du jardin, la face de l'édifice est aussi fort ornée, & produit un bel effet, sans parler de la distribution des appartemens, qui est commode & assez bien imaginée. Cet hôtel appartient à présent à *Adrien Maurice* Duc de Noailles, Pair de France, Chevalier des ordres du Roi, & de la Toison d'or, Capitaine de la premiere compagnie des gardes du Corps, & Gouverneur du château de Saint-Germain en Laye. Il a eu cet hôtel de *Pierre-Vincent Bertin*, Receveur general des revenus casuels, mort dans le mois de Novembre 1711, après l'avoir acheté en 1697. de Henri Pussors mort Doien des Conseillers d'Etat dans la même année.

On remarquera, que depuis que le Duc de *Noailles* est en possession de cet hôtel, il a été entierement changé : tout y paroît à présent d'une beauté distinguée, soit pour la décoration exterieure, soit pour la commodité des appartemens ou pour les meubles; tout s'y remarque d'une entente sage & ingénieuse. On y verra aussi une bibliotheque nombreuse, assortie de tout ce qui peut convenir à un Seigneur éclairé, amateur des sciences & des belleslettres, & qui se connoît parfaitement dans le choix des bons livres qui conviennent à une personne de distinction.

LE COUVENT DES FEUILLANS.

CE monastere doit son établissement au roi *Henri* III. qui fit venir *Jean de la Barriere*, auteur de la reforme de l'ordre de Citeaux, sous le nom de *saint Bernard* de la *Pénitence*, ou de *Feuillans*, parce qu'elle avoit commencé en 1586 dans une abbéie ainsi nommée, située à six lieues de Toulouse. Soixante de ces Religieux, & deux qui furent reçus en chemin faisant, avec l'instituteur de la nouvelle reforme qui les conduisoit lui-même en forme de procession, étoient partis de l'abbéie de Feuillans le 16 de Juin 1587, & arriverent à Vincennes le 9 de Juillet suivant; mais comme les édifices que l'on leur préparoit ne se trouvoient pas tout à fait en état de recevoir ces bons Religieux, on les mit en attendant au bois de Vincennes, dans le même Couvent où sont à présent les Minimes, qui avoit été occupé auparavant l'espace de quatre cens ans par des Religieux de l'ordre de Grandmont. Le 7 de Septembre de la même année, cette nombreuse & édifiante Communauté vint prendre possession, & habiter le monastere où elle est à present, que le roi *Henri* III. avoit fait bâtir & préparer avec une extrême diligence & une magnificence toute roiale, proche du jardin des Tuilleries.

La regle de ces Peres est tres-rigoureuse selon la premiere institution ; ils ne doivent point manger de viande, s'ils ne sont indisposez : autrefois ils alloient nuds piés, sans aucune chaussure ; ils prirent ensuite des galoches ou des sandales, comme on les a vû il n'y a pas encore longtems : mais cela ne se pratique plus à present, & ils ont pris des bas & des souliers, pour marcher plus commodement par la Ville.

L'Eglise de ce monastere n'a été achevée qu'en l'année 1601, par le moien des grandes aumônes que ces Religieux reçurent à l'occasion du Jubilé universel du commencement du dernier siecle. *François de Gondy*, alors Evêque de Paris, par la recommandation du roi *Henri* IV. leur accorda une Station, qui leur fut si favorable, qu'ils recueillirent de l'argent au-delà de ce qu'ils en avoient besoin pour la dépense de leur bâtiment, qui fut achevé huit ans après. Ce grand Roi leur donna encore d'autres marques de son affection, voulant que cette maison jouît de toutes les graces & de tous les privileges des fondations roiales.

Le Roi Louis XIII. qui n'avoit pas moins de consideration pour eux, fit bâtir en 1624 le portail de l'Eglise, dont *François* Mansart donna le dessein. C'étoit son coup d'essay. Ce qui est cause que cet édifice a des irregularitez assez choquantes, que les délicats en architecture excusent d'autant plus facilement, que *Mansart* n'avoit presque rien fait jusqu'alors, & qu'il s'est bien donné de garde de retomber dans ces fautes, comme on le remarque aux édifices qu'il a élevez depuis.

Ce portail consiste en deux ordres d'architecture, l'Ionique & le Corinthien, dont les colonnes sont couplées & espacées d'une maniere assez singuliere : elles sont cannelées, & tout l'ouvrage est surmonté d'un Attique qui forme un troisiéme corps, de chaque côté duquel il y a des piramides d'une forme pitoiable. Les sculptures de tout cet édifice sont tres grossieres, selon la maniere de ce tems-là ; les bons ouvriers étant alors devenus si rares en France, qu'il étoit bien difficile d'en trouver qui fussent capables d'executer ce qu'on leur pouvoit proposer.

Dans l'interieur de cette Eglise, il y a des choses remarquables.

Le grand autel est d'une menuiserie entierement dorée, mais d'une invention seche & desagréable, quoiqu'il soit orné de colonnes torses & de quantité de figures. Ce qu'il y a de meilleur, est le tableau qui represente l'assomption de la Vierge, peint par *Jacob* BUNEL, originaire de Blois, qui passoit alors pour un grand peintre. La figure de la sainte Vierge dans la gloire, est de la FOSSE; ce que l'on distingue aisément dans le même tableau. Comme *Bunel* étoit de la R. P. R. il ne voulut point par caprice, achever cette partie de son ouvrage, il fallut emploier un autre peintre, qui s'en aquitta le mieux qui lui fut possible. Le chœur où chantent les Religieux derriere l'autel, est garni de grands tableaux, où la vie de Notre Seigneur est representée; ce sont de fort mauvaises copies d'après *Rubens*; mais les chapelles, entre lesquelles il y en a quelques-unes assez bien decorées, fournissent un peu davantage de quoi occuper la curiosité.

La plus ornée cependant est celle de

ROSTAING, dans laquelle il y a plusieurs tombeaux des personnes de cette maison. On y distinguera entre autres choses, deux belles colonnes de *port-or*, & trois d'ordre composé, fort estimées des curieux, parce qu'elles sont d'un marbre antique noir & blanc par grands arrachemens, que l'on connoît ordinairement sous le nom de breche antique, dont les carrieres sont perdues, ou du moins entierement inconnues à present ; ce qui rend encore cette sorte de marbre plus précieux, c'est que l'on en trouve rarement des morceaux assez grands dans les anciennes ruines, pour pouvoir être taillez en colonnes. En quoi on ne sauroit assez admirer la magnificence des anciens, qui envoioient dans les pays les plus reculez chercher les marbres rares, faisant des dépenses immenses, pour les conduire par des deserts, jusqu'aux lieux où ils vouloient les emploier ; afin d'embellir leurs temples, leurs palais, ou leurs tombeaux ; ce que l'on ne fait plus à present par avarice, ou par negligence.

A côté du grand autel dans une chapelle à main droite, est le tombeau de la Princesse de *Guimené*, qui est de marbre blanc avec une urne au-dessus dans la maniere antique.

La seconde chapelle à main gauche en entrant, a été peinte & embellie par *Simon* Vouet, qui y a fait voir toute sa capacité. On estime fort le saint Michel du plafond, qui chasse les démons & qui les précipite dans les abîmes. Ce tableau est regardé comme le plus beau de ce maître, pour le dessein & pour le coloris, en quoi il ne réussissoit pas ordinairement.

Dans la chapelle qui suit, réparée depuis peu d'années, est enterré *Louis* de Marillac, *Maréchal de France*, qui eut la tête tranchée dans la place de Greve le 10 de Mai 1632. Le journal du ministere du Cardinal de Richelieu & les memoires de *Pontis*, racontent au long cette tragique histoire, & marquent avec quelle constance & quelle tranquilité d'esprit, ce Maréchal reconnu & estimé comme un des plus sages hommes qu'il y eut alors, reçut la mort par la main infame du boureau.

Voici l'épitaphe que ses illustres heritiers, qui remplissent à present des charges tres-considerables dans la robe, ont fait graver sur son tombeau, en faisant reparer cette chapelle pour conserver à la posterité, la memoire de cette illustre victime de la jalousie d'un ministre puissant & vindicatif.

HIC JACET

LUDOVICUS de MARILLAC, *Franciæ*
Marescallus, & regiorum ordinum eques
ordinatus,
Splendore generis, fortitudine gestorum
& virtutis necquicquam integræ,
SORTE FUNESTA CLARUS,
Obiit anno R. S. M. D. C. XXXII.
Ætatis LIX.

Jacet unà cum conjuge
CATHARINA de MEDICI, *ejus uxor,*
Quæ miserè ab illo divulsa
Et unicè pro illo sollicita,
Paucis ante viri supremum diem
Mensibus vivere desiit.

VIATOR
Forti miro & piæ fœminæ
Facilem apprecare summum
Judicem Deum.

La mémoire de ce Maréchal fut ensuite rétablie, par un arrest du Parlement, après la mort du Cardinal de Richelieu, parce qu'il parut avec trop d'évidence, que la haine de ce ministre soutenue de son credit prodigieux avoit fait commettre cette grande injustice, par des Commissaires qu'il avoit nommez de son autorité particuliere.

Sur le jambage entre deux chapelles, vis-à-vis de la chaire du Prédicateur, on a placé le *cenotaphe*, ou tombeau vuide de *Henri de Lorraine*, Comte d'HARCOUR, & d'*Alphonse*, *Louis* de Lorraine, dit le *Chevalier* d'HARCOUR, son fils, dont les portraits sont dans des médaillons portez par des genies, autour d'une figure de l'immortalité, qui a le tems à ses piés, couché au pié d'un grand obelisque. Ce groupe de figures est placé sur une forme de tombeau de marbre noir, soutenu par un piédestal fort exhaussé, d'un dessein particulier, avec un bas-relief de bronze doré d'or moulu sur le devant; de même que des festons, & un grand aigle les ailes éploiées sur un globe à l'extrémité de l'obelisque. Toutes ces choses ensemble ont de la beauté, dans l'invention & dans l'execution. *Nicolas* RENARD, originaire de Nancy, a executé cet ouvrage, & l'a posé en 1693. Il faut savoir cependant, que ce monument ne renferme pas les corps des personnes qui y sont représentées, lesquelles sont enterrées dans l'Eglise de l'abbéie de Royaumont, à sept lieues de Paris; mais à l'exemple des anciens, sur tout des Egyptiens & des Grecs, il a été érigé pour conserver le souvenir du *Comte d'Harcour* & de son fils, dont l'histoire n'est pas inconnue dans le monde.

On lit cette épitaphe, que l'on a gravée au bas.

D. O. M.

Et æternæ memoriæ Serenissimorum Principum: HENRICI à LOTHARINGIA *Comitis* HARCURIANI, *Franciæ Paris & summi Armigeri:* ET ALPHONSI LUDOVICI, *hujus filii, Equitis & Melitensium Triremium Prætoris, Nancæi Primatis. Ob vindictam à Patre regni gloriam, represso ad insulas Lerinenses Hispano fastu, liberato Casali. Taurino expugnato, fusis terrâ marique hostibus. Et assertam à filio religionem, victâ apud Rhodum Turcarum Classe, fractis ad Cycladas navibus Bizantinis, fugatis Algeriæ Bizertæque prædonibus. Hic Gentilitiæ in Deum pietatis, in hostes fortitudinis, in singulos humanitatis hæres clarissimus, pater-*

næ memoriæ monumentum hoc vivens poni mandaverat, sed præcipiti morte præreptus, præstantissimo parenti non indignus accessit honoris socius, qui dignissimus exstiterat virtutum æmulus. Obiit Pater Anno M. D. C. LVI. 13. *Kalend. Aug. ætatis* LVI. *Filius verò anno* M. D. C. LXXXIX. VI. *Idus Jun. ætatis* XLIV.

J. B. du BIGNON, *Principi à Mathematicis olim, dehinc à Secretis, mærori justissimo obsequens opus absolvendum curavit* 1695.

Ces Peres ont des ornemens magnifiques & quantité de pieces d'orfevrerie de consequence, dont plusieurs personnes de piété leur ont fait present. La Reine *Anne d'Autriche* leur a donné des ornemens en broderie extrémement riches. Ils en ont à petits points sur un fond d'agent chargé de fleurs d'après nature d'une excellente execution. C'est l'ouvrage d'un frere de la maison, qui à l'âge de quatre vingt ans y travailloit encore assidument.

Ils ont une bibliotheque propre & bien choisie, composée de tous les volumes qui peuvent convenir à une communauté aussi nombreuse que la leur. On a mis sur les armoires les portraits de tous les generaux de l'ordre, depuis le reformateur mort à Rome en 1600, en odeur de sainteté, qui reçut pendant sa vie de grandes marques d'affection du roi *Henri* III.

Le cloître de ce monastere est chargé de quantité de peintures, qui representent la vie de saint Bernard, instituteur de ces Peres, dont la plus grande partie a été faite par *Aubin Vouet*, frere & eleve de *Simon Vouet*, dont on a déja parlé; mais ces peintures sont des plus médiocres, & l'on pouvoit bien s'abstenir d'y representer des choses fort apocriphes touchant la vie ce Pere, qui ne sont point du tout autorisées dans son histoire. Les vitres peintes en apprêt dans le même cloître qui font voir dans les quarreaux du milieu les particularitez de cette reforme, & de quelle maniere le roi *Henri* III. reçut *Jean de la Barriere*, & tous les moines qu'il amena de Languedoc avec lui.

Il y a eu des Prédicateurs renommez parmi ces Religieux, comme le P. *Dom*

Come Roger, depuis Evêque de Lombez; le P. *Dom* Jerôme, né à Paris, mort en 1721, & quelques autres.

La premiere porte qui donne sur la rue saint-Honoré, fait face à la grande place, dont on parlera bientot. Cette porte a été élevée en 1676; elle est ornée de quatre grandes colonnes Corinthiennes isolées, avec un entablement & un fronton, le tout fait un morceau d'architecture, dont l'ordonnance a quelque beauté.

La porte particuliere du couvent au fond de la cour, qui répond à celle-ci est en voussure avec des refands, & d'autres ornemens assez bien imaginez.

Lorsque les Nonces arrivent à Paris, ils viennent ordinairement descendre dans le couvent des Feuillans, où il y a un appartement qui leur est destiné, qu'ils occupent pendant quelques jours.

LES CAPUCINS.

LE Cardinal *Charles* de Lorraine, qui se distingua avec tant d'éclat au concile de Trente, & qui fut toujours à la tête des affaires de son tems, a été le premier qui a établi les Capucins en

France. Il fonda & fit bâtir pour ces Peres le beau Couvent de Meudon, dans une situation charmante, & leur donna quarante arpens de son parc pour leur cloture.

Le roi *Henri* III. fort curieux & grand Protecteur des nouvelles Institutions monastiques, fit venir quelques Capucins à Paris, qu'il logea d'abord à l'extremité du faubourg saint Antoine où sont à present les Piquepuces; mais peu après il leur fit bâtir le Couvent qu'ils occupent à present proche des Feuillans, dont il avoit été pareillement le fondateur, comme on vient de le dire. L'Eglise des Capucins ne fut cependant achevée qu'en l'année 1610, elle est fort simple, ainsi que le reste de la maison; & l'on peut dire pourtant que cette Communauté, une des plus nombreuses de cette Ville, y trouve toutes les commodités necessaires.

Cette maison est une des plus considerables que ces Peres aient dans le Roiaume, où l'on compte au moins à present quatre cens soixante & dix Couvens de cet ordre, qui nourrissent près de dix mille religieux, dont la subsistance vient seulement des quêtes que les freres vont faire par les

DE LA VILLE DE PARIS. 287
& des aumônes qui leur sont apportées chez eux.

Le fameux Comte de *Bouchage* est enterré vis-à-vis du grand autel, où l'on peut lire son épitaphe. Il se nommoit *Henri* de *Joyeuse*. Il étoit Duc & Pair & Maréchal de France, Chevalier des ordres du Roi, Grand-maître de sa Garderobe, Gouverneur & Lieutenant general du payis d'Anjou, Touraine, Maine, Perche, & depuis de Languedoc. Il se fit Capucin en 1587, sous le nom du *P. Ange*, vingt-six jours après la mort de la Comtesse sa femme: mais il quitta l'habit quelques années après, sous prétexte des services qu'il pouvoit rendre à la religion pendant les troubles de la ligue; & s'étant mis à la teste des troupes de ce parti en Languedoc, il y fut un des plus passionnez ligueurs; il fit enfin son accommodement avec *Henri* IV. dont la principale condition fut la dignité de Maréchal de France qu'il reçut en 1596: trois ans après il rentra chez les Capucins le second Lundi de Carême de l'année 1599. Comme il revenoit de Rome, où il étoit allé pour des affaires de consequence, & passant les Alpes, nuds piés, la fievre le surprit à Rivol, en Piémont, où le Duc de Savoye lui envoia son médecin ; mais la fievre se trouva si violente qu'il expira au bout de huit jours, le 27 de Septembre 1608, âgé de 46 ans, & fut apporté à Paris dans son monastere. Son histoire a été composée par *François de Calliere*, dans laquelle on lit avec bien de l'édification, le mépris qu'il fit des grandeurs du monde & le zele ardent qu'il montra pour la vie pénitente & solitaire.

Le P. Joseph le *Clerc* du *Tremblay*, aussi Capucin, a été enterré dans la même Eglise. Il étoit fort renommé, & le Cardinal de Richelieu se servoit utilement de lui dans ses plus délicates intrigues. Les memoires de ce Ministre parlent tres souvent de ce Religieux, & le font connoître comme un homme de beaucoup de pénétration & d'une grande activité. Il étoit fils de *Jean le Clerc du Tremblay*, Président des Enquêtes au Parlement. Il a paru deux histoires de la vie de ce Pere, dont la premiere est de l'abbé *Richard*, imprimée à Paris en 1702 ; l'autre anonyme, quelques années après, sous le titre d'*histoire Anecdote du Pere Joseph Capucin*, &c. quoique du même auteur.

L'épitaphe

L'épitaphe que l'on raporte ici, est gravée sur son tombeau; elle marque quelques particularitez remarquables de son histoire, & lui donne de grands éloges, comme on le va voir: cependant quantité de bons auteurs parlent bien autrement de ce Religieux.

D. O. M.

ÆTERNÆ MEMORIÆ

R. P. JOSEPHI *Parisini le* CLERC *Capucini.*

Hic jacet cujus virtus nunquam jacebit,
Qui ut jugum Domini ab adolescentiâ
  portaret,
    Nobilis prosapiæ titulos & opes,
      Invitis parentibus reliquit.
In pauperrimo Ordine pauperrimus semper extitit,
Ecclesiam scriptis & Concionibus illustravit.
    Provincialis officio in Ordine
Tam sanctè quàm prudenter functus,
Ad publica negotia, sic ita disponente
  Deo,
A Christianissimo LUDOVICO *vere justa*
  vocatur:

Quo munere Deo, Regi & Patriæ
Fideliter inserviens,
Summi ingenii prudentiam & curam
Cum Seraphica devotione, & mira spiritus
Tranquillitate composuit,
Integram promissa Regulæ Observantiam
A tribus licet summis Pontificibus
Pro totius Ecclesia bono legitimè dispensatus
Ad ultimum vitæ retinuit.
Hæresim consiliis & missionibus in Galliâ
Et Angliâ oppugnavit ;
Orientis Christianos erexit.
Inter Curiæ delicias & opes austerus &
pauper
Vixit & mortuus est,
Cardinalis designatus.
XIV. Kal. Jan.
Anno Dom. M. DC. XXXVIII.

Proche de la porte des Capucins, on a construit une fontaine d'un dessein fort simple en 1718, qui se trouvoit de l'autre côté de la rue, sur laquelle on lit ces vers de *Santeuil*.

TOT LOCA SACRA INTER, PURA EST
QUÆ LABITUR UNDA.
HANC NON IMPURO QUISQUIS
ES ORE BIBAS.

Il ne faut pas oublier de dire que ces bons Peres depuis 1722, ont fait construire dans l'Interieur de leur Couvent de grands & solides bâtiments, par le secours des personnes dévotes, qui ont fourni pieusement des sommes tres-considerables pour leur construction ; ce qui fait voir que tous les mandians tirent de grandes resources de la providence sur laquelle ils bâtissent ordinairement.

LES FILLES DE L'ASSOMPTION.

CEs Religieuses demeuroient autrefois dans la rue de la Mortellerie proche de la Greve, où elles étoient hospitalieres sous le nom d'*Haudriettes*. On les appelloit ainsi, à cause que le nommé *Estienne Haudri*, Ecuier du Roi saint Louis, qui avoit suivi ce Prince dans ses voiages d'outre-mer, les avoit fondées en ce lieu, pour *servir* & pour *heberger* les pauvres malades, comme disent les memoires de ce tems-là, qui racontent encore quantité de particularitez de cette fondation fort aprochantes de la fable, que l'on a négligé de rapporter pour cette raison. Par la suite des années cette Communauté étant devenue nombreuse, & ainsi trop resserrée dans le lieu où elle étoit, borné de tous côtez par la riviere & par des rues tres-passantes, vint en 1622 s'établir à cet endroit, proche des Capucins, où il se trouvoit alors une grande place vuide, laquelle s'étendoit jusqu'aux fossez de la Ville. Le Cardinal *François de la Rochefoucault*, tres-zelé pour la reforme des ordres reguliers, travailla avec beaucoup d'application à l'établissement de cette maison; & peu d'années après, on jetta les fondations des grands ouvrages qui paroissent aujourd'hui. Ce fut le même Cardinal qui introduisit chez ces Religieuses la regle de saint Augustin, qu'elles suivent à present.

Le bâtiment de l'Eglise a été plusieurs années imparfait; mais en 1676, il fut entierement terminé & conduit à l'état où il est aujourd'hui, sur les desseins de *Charles* ERRARD, qui avoit été pendant plusieurs années directeur de l'Academie de peinture, que le Roi entretient à Rome, où il est mort en 1689. Cet édifice est un dôme de soixante & deux piés de diametre dans œuvre, sans aucuns accompagne-mens, dont le comble est d'une grandeur demesurée, par rapport à tout le reste. Ce comble est terminé par un lanternin soutenu de consoles sans nombre, qui ne font pas un fort heureux effet, non plus que tout le reste; ce qui a donné occasion à *François Blondel* dans son grand cours d'architecture, *pag.* 403, de condamner toutes les proportions & toute l'ordonnance de cet édifice.

Le portique sous lequel on passe pour entrer dans l'interieur de l'Eglise, est soutenu de huit colonnes Corinthiennes, d'un profil assez correct, élevées sur huit degrez, pour leur donner plus de majesté. On trouve cependant fort à redire que l'entablement & le fronton de ce portique, ne répondent nullement aux modules des colonnes qui le soutiennent; & l'on remarque que la corniche n'a pas toute la saillie qu'elle devroit avoir. L'architecte avoit ignoré, sans doute, que les corniches des dehors en ont bien plus besoin que celles des dedans, qui ne sont pas exposées aux injures de l'air, & que tout au plus elles ne servent que d'ornement; celles des dehors étant pour couvrir, ou du moins pour garantir le bâtiment de la pluie. Cet usage est confirmé par tous les bons maîtres, & par les exemples des plus belles antiques qui restent encore sur pié.

L'interieur de cette Eglise est de figure spherique, orné de quatre arcs, entre lesquels on a posé des pilastres Corinthiens couplez, lesquels soûtiennent la grande corniche, qui regne dans tout le pourtour ; mais on ne sauroit souffrir que les modillons de cette grande corniche ne se trouvent pas à plomb sur les roses des chapiteaux des pilastres, ni sur les clefs des arcs. Ce qui choque encore plus les délicats en architecture, c'est que les massifs entre les fenêtres du second étage ne répondent nullement aux pilastres, ni aux solides montans sur lesquels ils sont soutenus. La voute de cette coupe est ornée d'un grand morceau de peinture de *Charles* de laFosse, qui represente l'Assomption de la Vierge, d'un dessein fort hardi, accompagné de grandes roses de couleur d'or, en maniere de têtes de clou, enfermées dans des octogones enrichis d'oues, comme on en voit des exemples au temple de la paix, & au pantheon à Rome.

Le principal autel est d'un dessein assez passable, orné de deux colonnes Corinthiennes avec un couronnement. Tout cet ouvrage est de menuiserie feinte de marbre de diverses couleurs fort bien contrefait d'un nommé *Bailli*, qui réussissoit parfaitement à imiter les diverses couleurs, & le poli du marbre. Deux grands anges sont placés aux côtez. Le tableau qui est au milieu, représente une Nativité, peinte par Houasse, ci-devant Directeur de l'Académie, que le Roi entretient à Rome.

Les autres peintures remarquables de cette Eglise, sont le grand crucifix, vis-à-vis de la porte, de l'ouvrage de *Noel* Coypel; & un morceau à fresque au-dessus de la même porte, qui est d'*Antoine* Coypel son fils mort, premier peintre du Roi. Le saint Pierre dans la prison consolé par l'ange, est de la Fosse, placé dans une des quatre petites chapelles, ménagées entre les pilastres. On a déja mis des tableaux entre les fenêtres du dôme, qui marquent quelques points de la vie de la Ste Vierge; mais comme il reste encore des places vuides, qui seront sans doute remplies avec le tems, on n'en dira rien que le tout ne soit achevé.

Le chœur des Religieuses est grand & spatieux, avec un plafond orné de peintures.

Parmi ces Religieuses il y en a quelques-unes qui ont la voix tres-belle, ce qui attire un grand concours, principalement aux ténebres ; le profit des chaises qu'on loue tres-cher ces jours-là, est fort considerable & produit beaucoup.

LE FAUBOURG SAINT HONORÉ, qui se trouve hors de la porte contient à present des choses remarquables. Il est d'une longueur assez étendue, & les maisons particulieres qui le composent n'ont aucune beauté ; celles qui sont à l'extrémité du côté de la campagne, portent le nom du ROULE, à cause d'un fief qui s'y trouve, qui s'appelle ainsi. Il y a une paroisse sous le titre de la Madelene, & un Couvent de Religieuses nommées LES FILLES DE LA VILLE L'EVESQUE, de l'ordre de saint Benoist, établies il y a déja quelques années.

En 1714 & en 1715, on a édifié quelques maisons dans ce faubourg, qui ne contribuent pas peu à y donner de l'agrément.

N.... BLOUIN, Gouverneur de Versailles, a fait élever une fort jolie maison à l'entrée du faubourg en 1718, où il paroît du dessein & de la propreté.

François le GENDRE, & *Philbert Antoine* CHEVALIER, Receveur general des Finances à Mets, tous deux Fermiers generaux, ont fait construire trois grandes & magnifiques maisons en même-tems, dont les vûes donnent sur le cours de la Reine. Il paroît que l'on n'a rien épargné dans ces édifices, & que l'on y a apporté toute l'attention imaginable, pour leur procurer tout ce qui contribue à la commodité & à la beauté. Ces trois maisons ont été élevées dans des espaces autrefois fort negligez; & comme il reste encore beaucoup de terrain vague dans ce faubourg, il est à presumer qu'avec le tems on y élevera des édifices, qui contribueront à l'embellir, dequoi il avoit grand besoin, puisque de tous les faubourgs de la Ville, celui-ci étoit le plus negligé & le plus mal propre.

Dans les mêmes années *Germain* de BOSFRAND, architecte tres renommé, a bâti une maison pour lui & sur ses desseins, en maniere de gros pavillon, dont le dedans est distribué en plusieurs appartemens tres commodes, & décorez avec intelligence; les vûes en sont fort avantageuses sur plusieurs jardins qui se trouvent autour.

Vers la fin de l'année 1718, le *Comte* d'Evreux a fait élever un grand & magnifique hôtel dans une situation tres-agréable, dont les jardins vont terminer proche des allées des champs Elisées. Ce grand édifice construit sur les desseins & de la conduite de *Molet* architecte habile, est un des plus considerables qui se voient à present à Paris; non seulement par les belles décorations des dehors, mais encore par la distribution des dedans, où il paroît de la grandeur & de la commodité. La beauté des meubles répond avantageusement à tout le reste. L'on peut ajouter que cet hôtel avec tout ce qui en dépend, fait aisément connoître à quel dégré de perfection nos architectes modernes ont porté l'art de bâtir, plus loin en France qu'en aucun autre endroit de l'Europe, particulierement à Paris, où depuis quelques années on a élevé des édifices d'une rare & singuliere perfection surtout pour la commodité & pour l'arrangement des appartemens grands & petits.

A l'extrémité du faubourg saint Honoré à l'entrée de la campagne, *Pomponne* MIREY, Receveur des Consignations, a fait construire depuis peu d'années, une fort jolie maison, de fond en comble avec tous les accompagnemens qui y étoient necessaires, qui jouit d'une vûe plate à la verité, mais terminée fort agréablement. Ce qui fait le principal agrément de cette maison, c'est le vaste jardin qui l'accompagne, planté regulierement d'arbres fruitiers de toutes les especes, en buissons, en espaliers & en plein vent ; on la nomme la maison des *Termes*, & merite bien que l'on se donne la peine de l'aller voir.

Assez proche de la porte saint Honoré, se trouve l'entrée du Cours, qui regne le long des fossez, à la faveur duquel on peut aller à present, sans aucune interruption, jusqu'à la porte saint Antoine ; la moitié de la Ville étant enfermée de côté là, par une promenade agréable, formée de quatre rangées d'Ormes. L'Hôtel de Ville a fait des dépenses tres-considerables pour ces grands travaux, à cause de quantité de terres qu'il a fallu remuer, pour remplir des creux & applanir des hauteurs qui se trouvoient dans le plan. Ces travaux ont été commencez vers l'année 1672, & peu de tems après poussez à l'état où ils se voient à present.

Après cette course, on rentrera dans la Ville par la même porte saint HONORÉ, qui sera, sans doute, abatue comme plusieurs autres anciennes, que l'on a renversées, parce qu'elles nuisoient beaucoup aux desseins qu'on avoit entrepris, pour les embellissemens de cette Ville. Celle-ci n'est pas moins incommode, parce qu'elle interrompt l'allignement, & empêche que la vûe ne s'étende aussi loin qu'elle pourroit aller du côté de la Ville, & du côté du faubourg.

En suivant toujours la rue saint Honoré, on distinguera

L'HÔTEL DU LUXEMBOURG, qui appartenoit à l'illustre Maréchal de ce nom, mort à Versailles, le 4 de Janvier 1695. Cet hôtel a été vendu dans le mois d'Avril 1719, à des entrepreneurs de bâtimens, pour y prendre une nouvelle rue qui communique de la rue S. Honoré, au Boulevart, dans laquelle ils ont élevé des maisons commodes pour plusieurs particuliers, desquelles ils tireront de bons loiers.

LES FILLES DE LA CONCEPTION, du tiers ordre de saint François, établies à Paris en 1634, sont à côté, chez lesquelles il n'y a rien du tout de remarquable.

On distinguera assez proche deux jolies maisons qui ont appartenu à LA LANDE, Tailleur d'habits, fameux dans sa profession, lequel n'a rien épargné pour leur procurer de la propreté, en les ornant de plusieurs choses qui en rendent la demeure agréable. Elles sont situées sur le même terrain que les Capucines occupoient autrefois ; & quoiqu'elles n'aient pas beaucoup d'étendue, l'architecte en a si bien ménagé l'espace, qu'il y a trouvé tout ce qui étoit nécessaire pour des appartemens commodes & agréables.

Dans la même suite de chaque côté de l'ouverture qui sert de principale entrée à la grande place dont on va parler, on a construit en 1709 & en 1710, plusieurs jolies maisons dans des espaces qui restoient encore vuides, elles sont decorées par dehors de balcons & de divers ornemens, qui leur donnent une grande apparence pour l'exterieur,

LA PLACE DE LOUIS LE GRAND.

L'Hôtel de Vendôme, bâti par les soins du roi *Henri* IV. pour *César* de Vendôme, legitimé de France, occupoit autrefois un espace de dix-huit arpens. Le Roi *Louis* XIV. acheta cet hôtel avec tout ce qui en dépendoit, la somme de six cens soixante mille livres, & fit renverser au mois d'Avril 1687, les bâtimens spacieux qui s'y trouvoient alors. On éleva ensuite des façades pour former la place que l'on a vûe jusqu'en l'année 1699, dont la disposition a été entierement changée, laquelle eût été la plus grande & la plus magnifique de l'Europe, si on eût bien voulu la laisser dans la premiere disposition.

Pour rendre cette place plus reguliere & plus étendue, on avoit détruit le Couvent des Capucines, qui se trouvoit situé de telle maniere, que l'espace que l'on avoit destiné en eût été fort embarrassé; c'est pour cette raison qu'il a été transporté plus loin, comme on le dira dans la suite.

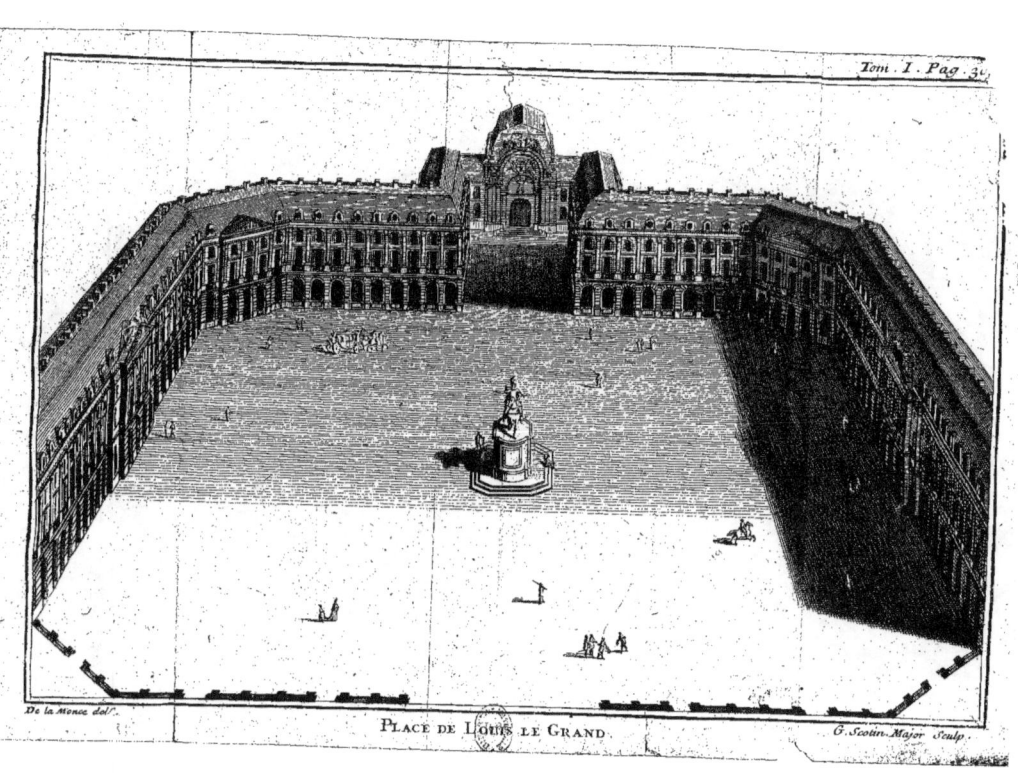

Place de Louis le Grand.

Cette premiere place étoit de 78 toises de largeur, sur 86 de profondeur, en trois lignes de bâtimens seulement, parce qu'elle devoit être toute ouverte du côté de la rue saint Honoré; ce qui avoit été fait ainsi, pour y donner plus d'air & plus d'étendue. L'architecture des faces des édifices qui l'environnoient, étoit d'une apparence magnifique. C'étoit une longue ordonnance d'arcades ornées de refans, qui servoit de *stylobate* ou de piédestal continu à un grand ordre Ionique en pilastres, qui regnoit également par tout, lequel portoit une corniche où il paroissoit quelques membres extraordinaires, afin qu'elle répondît mieux à la grandeur de tout le reste. Les croisées qui se trouvoient entre ces pilastres, étoient decorées de bandeaux & couronnées de frontons angulaires & spheriques alternativement, imitées du Louvre, lesquelles sont admirables, si l'on en croit quelques architectes, qui les ont fort estimées, comme on le voit dans leurs traitez. Le fond de cette magnifique place étoit ouvert par un grand arc orné de deux corps en saillie, formé chacun de deux colonnes, hors d'œuvre du même ordre que le reste, entre lesquelles on avoit creusé des niches dans les massifs pour poser des statues. Toutes ces choses ensemble produisoient une belle & noble décoration, laquelle donnoit beaucoup de plaisir à la vûe, & satisfaisoit infiniment. Un large coridor en portique vouté regnoit par tout à rez-de-chaussée, à la faveur duquel on auroit pû aller à couvert tout autour de la place, dans lequel toutes les maisons avoient leurs entrées principales.

Il faut savoir de plus, que la ligne entiere des bâtimens de cette place, en entrant à main gauche, par la rue saint Honoré, étoit destinée pour la bibliotheque du Roi, qui eut été de quatrevingt toises de longueur ; on avoit formé le dessein de la decorer de tous les ornemens qui pouvoient y convenir, & d'y procurer les commoditez necessaires à ceux qui y viennent travailler. Cette disposition auroit fait voir la richesse & la magnificence de cette bibliotheque, & l'auroit exposée toute entiere aux points de vûe, pris de chaque extremité.

On avoit déja commencé un grand hôtel pour le bibliothequaire, qui eut été commodement logé & à portée de veiller à la garde de la bibliotheque, & à tout ce qui s'y pouvoit passer, en

quoi l'on ne peut assez louer l'utile &
noble projet du *Marquis* de Louvois,
dans le desir qu'il avoit de loger superbement cette bibliotheque, en la tirant
de l'obscurité où elle avoit été depuis tant
d'années, quoiqu'elle fût déja sans contredit, la plus riche & la plus complete
de toute l'Europe.

 Ce Ministre avoit aussi formé le dessein d'établir dans la même place, toutes les Academies roiales, lesquelles auroient eu des appartemens vastes &
commodes, pour travailler selon leurs
occupations ordinaires; & l'on y devoit construire en même tems un grand
hôtel pour les Ambassadeurs extraordinaires, & un autre pour la monoie; en
quoi la posterité auroit remarqué la
sagesse & le goût exquis de ce siecle
pour les bonnes choses.

 Mais ces grands & magnifiques projets si utiles au public, ont été entierement renversez, au grand étonnement
de tout le monde. Le terrain de cette
superbe place, & toutes les façades des
maisons déja élevées jusqu'aux combles,
avec la statue équestre du Roi, ont été
donnés à l'Hôtel-de-Ville en 1699,
à condition qu'on feroit construire à
ses frais, un hôtel pour la seconde com-

pagnie des Mousquetaires, dans le fauxbourg saint Antoine, dont la dépense a passé huit cens mille francs, ce qui a été ponctuellement executé en 1701. La Ville pour se dédommager des frais excessifs qu'elle a été obligée de faire dans cette occasion, a vendu les places de l'hôtel de Vendôme à plusieurs riches particuliers, à qui la fortune dans ces dernieres années de confusion a procuré les facultez de se loger en grands Seigneurs, & en gens d'importance.

La nouvelle place a beaucoup moins d'étendue que celle qui avoit été arrêtée dans le premier plan, parce que dans celle ci les faces des édifices ont été ravancées de dix toises en tous sens vers le centre : & les angles du quarré qu'elle devoit former, ont été coupés ; ce qui fait que cette place a à present la figure d'un octogone imparfait, quatre faces étant plus petites que les autres.

Cette place en l'état qu'elle est à present peut contenir dix mille hommes en armes, comme on l'a remarqué dans des revues qui y ont été faites en diverses occasions.

L'architecture qui regne par tout, est d'ordre Corinthien, en pilastres avec des corps avancez revêtus de colonnes.

un au milieu de chaque face, qui portent des frontons, dans les tympans desquels on a placé les armes de France, avec leurs accompagnemens, & des figures assises sur les entablemens. Pour donner plus de saillie aux corps avancez des deux grandes faces, on a ajouté des quarts de colonnes dans les recoins, mais si engagez dans les massifs du bâtiment, que l'on n'en voit qu'une quatriéme partie tout au plus; ce qui produit une fort grande difformité, & marque bien l'ignorance de l'architecte. Il regne par tout sous ce grand ordre un *stilobate*, ou piédestal continu, orné de refans, dans lequel on a ouvert les portes des maisons qui sont en plein ceintre, dont les clefs sont couvertes de fort beaux mascarons.

Jule Hardouin MANSART, Surintendant des bâtimens, dont on a déja parlé en d'autres occasions, a donné les desseins exterieurs des édifices de cette place.

Les chapiteaux & tous les ornemens de sculpture, qui décorent ce grand ouvrage, sont d'une agréable execution, de même que les bandeaux des fenêtres, qui font assez bien dans la proportion qu'on leur a donnée. POULTIER, Sculpteur de l'Académie, a conduit tous ces ornemens, où il n'a pas mal réuſſi.

Mais quoiqu'il ne ſoit pas permis de trouver rien à redire à ces façades, ni aux autres édifices modernes, ſouvent pleins de fautes groſſieres, que les maçons emploiez à preſent ſous le nom d'architectes, commettent tous les jours, on ne peut s'empêcher cependant de déclarer que les bons connoiſſeurs auroient bien mieux aimé une baluſtrade ſur les combles, avec des ſtatues, ou des vaſes, comme aux nouvelles procuraties de la place de ſaint Marc à Veniſe, qui ſont du fameux SANSOUIN, ou à Verſailles, du côté du jardin; ce qui auroit formé ſans doute, une décoration plus noble & plus parfaite que des lucarnes ou des *yeux de bœuf*, qui répondent fort groſſierement à la majeſté de tout le reſte.

Quelques maiſons de cette place ont été occupées dès l'année 1702.

Celle de *Antoine* CROSAT l'aîné, receveur des Finances de la Generalité de Bordeaux, a été la premiere achevée; les appartemens ſont nombreux & fourniſſent de quoi loger un tres grand domeſtique. L'entrée du côté de la cour eſt ornée d'un morceau d'architecture Dorique aſſez joli; mais le paſſage de cette porte est vilainement estropié par une soupente ou entre-sol que l'on a voulu conserver sur la baye, qui ôte une bonne partie de la hauteur qu'elle devoit avoir. La cour est serrée & fort triste, à cause des bâtimens trop élevez qui sont de chaque côté, dont d'ailleurs les façades n'ont rien d'extraordinaire. Les remises avec des entresols audessus qui regnent sous les appartemens, ne font pas un trop bel effet; cependant cette maison est considerable par la quantité des chambres grandes & petites, entre lesquelles il y en a de fort richement meublées. La galerie a été peinte en 1703, par un Napolitain nommé *Paul Matheï*, qui travailloit avec plus de vitesse & d'activité, que de correction. Il a aussi peint un plafond dans l'escalier, mais d'une maniere seche & contrainte. Le choix de ce Peintre Italien a fait évidemment connoitre que le mauvais gout & la prévention regnent encore en quelques endroits à Paris, malgré la justice que l'on devroit rendre à nos habiles Peintres, lesquels auroient, sans doute, bien mieux fait que cet étranger fort prévenu de sa capacité.

BULET, habile Architecte, a donné les desseins de cette maison, lequel a réussi dans les édifices qu'il a conduits.

En l'année 1707, on a élevé à côté un grand hôtel que le *Comte* d'*Evreux* a occupé pendant quelques années, dont BULET a aussi eu la conduite, où l'on trouvera plusieurs parties qui sont d'un grand maître. La cour de cet hôtel est noblement decorée dans toutes ses faces. Un portique soutenu de colonnes Doriques, conduit au principal escalier, qui termine à un grand palier sur lequel les appartemens ont leurs entrées, lesquelles sont decorées & enrichies de bas reliefs & de fort beaux ornemens de sculpture. Ces appartemens ont tous les embellissemens que l'on a pu imaginer, & la magnificence des meubles répond à tout le reste.

Ce bel hôtel a été occupé pendant plusieurs années par le *Marechal* d'*Estre'es*, *Chevalier des ordres du Roi*, *Grand* d'*Espagne* & *Vice-Amiral de France*, où l'on pouvoit voir une bibliotheque nombreuse, composée au moins de vingt-cinq à trente mille volumes, avec des tableaux rares, des suites de médailles très-étendues en tous metaux, des pierres gravées antiques & modernes, des bronzes, des estampes & des porcelaines, en un mot tout ce qui peut remplir la curiosité la plus vaste & la plus avide.

Fort proche est la maison que *Luillier* Fermier General a fait élever en l'année 1702, située plus avantageusement que toutes les autres, parce qu'elle est au milieu de la place à main gauche en entrant par la rue de saint Honoré. Les dedans sont grands, & l'escalier un des plus commodes & des mieux entendus.

Cette maison qui contient plusieurs appartemens a été achetée en 1706, la somme de deux cens quarante-trois mille livres, par *Paul Poisson Bourvalais*; mais depuis, le roi *Louis* XV. l'aiant prise en paiement pour la taxe que la Chambre de Justice avoit imposée sur tous les biens de ce fameux traittant, de même que la maison voisine appartenante au nommé *Villemarai*, autre traitant; ces deux maisons forment aujourd'hui l'HÔTEL DE LA CHANCELLERIE DE FRANCE, comme il est marqué par l'inscription gravée dans un grand marbre sur la principale entrée.

Les maisons de cette magnifique place qui ont été les premieres occupées, sont celle d'*Ambroise* BENIER, de *Nicolas-Jerôme* HERLAUT, & une autre qui a appartenu à *Claude-François* PAPAREL. Ces maisons, quoique moins magnifiques que les premieres dont on vient de parler, ont cependant toutes les commoditez & tous les ajustemens que l'on demande dans les plus à la mode.

En 1703, on en a élevé une autre dans la petite face de l'Octogone, à main gauche en entrant dans la place, sur un plan fort irregulier, qui a appartenu à *Jule-Hardouin Mansart*. Elle est occupée par *Claude le Bas* de MONTARGIS, ci-devant tresorier de l'extraordinaire des guerres, & garde du tresor roïal ; Seigneur de la terre du Bouchet, à sept lieues de Paris.

BOFFRAND dans la même année a fait élever une maison pour lui-même & sur ses desseins, occupée par N. de CURZAY. Elle a son entrée par la rue neuve des petits Champs, & fait face sur la place ; ce qui a donné lieu d'y faire un appartement au rez de chaussée, dont la vûe donne sur la place. Cette maison est fort proprement ornée & meublée d'une maniere distinguée.

Comme il restoit encore plusieurs places vuides, dont les façades étoient déja élevées, *Jean* LAW, Ecossois d'origine, Controlleur general des finances pendant quelque tems, & directeur de la Banque roïale établie par ses soins, a acheté ces places

places & y a fait bâtir plusieurs belles maisons en l'année 1719, c'est-à-dire lorsque son nom faisoit le plus de bruit dans le monde.

LA STATUE EQUESTRE

DU ROI.

AU milieu de cette grande & magnifique place, on a érigé le statue du Roi Louis XIV. le 13 du mois d'Aoust 1699, avec bien de la pompe & de l'éclat. Le Duc de GESVRES, alors Gouverneur de Paris, escorté de ses gardes, habillez de neuf exprès pour ce jour-là, accompagné du corps de Ville en habit de cérémonie, assista à cette dédicace, qui se fit avec un appareil inconnu jusqu'alors en de semblables occasions.

Le soir du même jour on tira un feu d'artifice au milieu de la riviere, vis-à-vis de la grande galerie du Louvre, dont le succès fut tres-médiocre, où il se trouva cependant sans aucun desordre, un concours surprenant, qui fit voir d'un coup d'œil une partie du peuple innombrable, que Paris contient.

Cette grande figure de bronze a été jettée proche du nouveau Couvent des Capucines, à l'extremité de la rue neuve des petits-champs. Dans ces bas siecles on n'avoit point encore tenté un ouvrage de fonte de cette excessive grandeur, puisque la figure du Roi, avec celle du cheval, qui sont d'un seul jet, ont ensemble vingt piés de hauteur, & le reste à proportion. Ce qui parut merveilleux, c'est que rien ne manqua dans l'action violente de la fonte; tout coula si juste, & prit si à propos, même dans les parties les plus saillantes & les plus éloignées, que l'on n'eut autre chose à faire après qu'elle eut été développée, qu'à décrouter & à réparer legerement. Pour fournir à cette grande piece, on avoit mis en fonte plus de quatre vingt milliers de métail dans un fourneau fait exprès d'un dessein fort ingenieux, dont il y en a eu soixante & dix mille emploiez; & il est bon de sçavoir que les frais pour tout ce qui dépendoit de cet ouvrage, ont monté à deux cens cinquante mille écus.

Le Roi est representé dans ce monument, en habit à l'antique, sans selle & sans étriers, tel qu'on dépeint ordinairement les heros de la superbe antiquité,

Pour faire encore comprendre le volume de cette figure colossale, s'il est permis de se servir de cette expression, on a éprouvé plus d'une fois avant que l'ouvrage fût entierement terminé, d'y faire entrer vingt hommes qui ont tenu sans peine dans la capacité du ventre du cheval, rangez des deux côtez d'une table, dont plusieurs personnes dignes de foi ont été témoins oculaires.

François GIRARDON, duquel on a déja plusieurs fois parlé, en a donné les desseins, & a conduit ce beau monument à l'état où il paroît à présent, après plus de sept ans de travaux & de soins assidus.

Cette grande figure fut jettée le premier jour de Decembre de l'année 1692, par *Jean Baltazar* KELLER né à Zurich en Suisse, excellent fondeur, & le premier homme de son tems pour ces sortes d'entreprises hardies, qui eut bien de la joie peu de jours après quand il trouva en la développant, que rien n'avoit manqué, & que tout avoit heureusement réussi; ce que l'on n'osoit se promettre, à cause du volume extraordinaire de cette piece de métal.

On lit autour du piédestal qui est de marbre blanc, élevé sur quelques degrez

DESCRIPTION
de même, cette longue & élegante Inscription, composée par l'Académie roïale des Inscriptions & belles Lettres.

LUDOVICO MAGNO

DECIMO QUARTO

FRANCORUM ET NAVARRÆ

REGI CHRISTIANISSIMO,

Victori perpetuo,
Religionis Vindici,
Justo, Pio, Felici, Patri Patriæ,
Erga Urbem munificentissimo,
Quam Arcubus, Fontibus, Plateis,
Ponte lapideo, Vallo amplissimo
Arboribus consito,
Decoravit,
Innumeris Beneficiis cumulavit;
Quo imperante securi vivimus, neminem timemus.
Statuam hanc Equestrem, quamdiu oblatam recusavit;

Et civium amori,
Omniumque votis indulgens;
Erigi tandem passus est;

Præfectus & Ædiles

Acclamante populo, læti posuere.
1 6 9 9.

✺

Optimum Principem Deus servet.

✺

Christianissimus & Ecclesiæ primo-
genitus,
Religionis antiquæ vindex, eam domi
forisque propagavit,
Edicto Nannetensi, quod olim temporum infelicitas extorserat, sublato. Hæreticorum factionem à Patre afflictam
& exarmatam, honoribus, dignitatibus,
publicis officiis spoliatam sine bello
extinxit.
Templa profanæ novitatis evertit.
Pravi cultus reliquias abolevit.
Ad unitatem Catholicam reversis, ne

fidei morumque doctrina, & ad piè
vivendum subsidia deforent, providit.
Dociles præmiis conciliavit; egentes
sublevavit;
Omnes clementiâ & mansuetudine in
officia continuit.
Trecentas Ecclesias à fundamentis
erexit, ornavit.
In externam Asiam, Episcopos & Sacer-
dotes, qui Christum gentibus annun-
ciarent, misit, & liberalissime fovit.
Christianos toto Oriente ab infidelium
injuriis securos præstitit.
Loca sancta ut Christianis peregrinis
paterent, majestate nominis effecit.
Sepulcrum Domini pretiosissimis
donariis decoravit.
Captivos Christianos, etiam hostes, ex
barbarica servitute liberavit.
Argentoratensi Ecclesiæ
à Clodovæo & Dagoberto fundatæ
Sacra Patria & Episcopum post annos
CLII. reddidit.

Electorem Archiepiscopum Ecclesiæ
Trevirensi suæ,
Erfurdiam Moguntinæ, restitui
procuravit.
Insanos singularium certaminum furores
sanctissimis legibus,
inexorabilique severitate compressit.
Domos alendis & educandis pauperibus
construxit & ditavit.
Amplissimè regnare sibi visus est,
cùm religionem sanctissimam &
castissimam, potestate, legibus, exemplo,
justitiâ, liberalitate, defendit, stabilivit,
firmavit.

ARma semper sumpsit invitus,
posuit volens.
Christiani orbis quater pacator.
Illo regnante & auspice, Scientiis,
Artibus, Commercio floruit Gallia.
Viros doctrinâ insignes ubique
munificentiâ prosecutus,
Scientiarum, Numismatum, Picturæ,

Architectonices Academiam instituit;
Gallicam Academiam adoptavit,
Cunctas contubernales habuit;
Eafque, vel difficillimis temporibus,
liberalitate fovit.
Peritissimos artifices, tam exteros quàm
suos, donis invitavit, excitavit præmiis.
Navalibus copiis, utramque Indiam
Gallis aperuit.
Interno mari Oceanum junxit.
Litigiofas ambages foro summovit.
Regnum emendavit legibus, moribus
ornavit.
Superiorum judicum delectu non semel
in Provincias misso, quod inferiorum
vel errore, vel corruptelâ peccatum
fuerat, correxit, ac tenuiores
à potentiorum injuriis vindicavit.
Extruxit arces aut munivit plus cc.
Hostium terrores, imperii firmamenta.
Novos portus fecit, veteres ampliores
tutioresque reddidit.
Miles senio au vulnere invalidos
non indecoro dedit frui otio,

ac domo excepit Regiæ pari.
Nautas annis aut vulneribus graves
honesta missione dimisit,
certumque stipendium constituit.
Sancyrianas Ædes alendis ac educandis
nobilibus puellis dicavit.
Rerum moderator,
Sibi ipse consiliarius, Quæstor,
Administer
Quietis, quam dat, vix particeps,
Tot tantaque negotia sustinuit solus.
Aditu facilis, comis alloquio, patens
semper precibus,
Sæpè votis occurrens,
Pater Patriæ,
Omnes caritate ac providentia
complexus:
Quantus militiæ, tantus domi,
Unum victoriarum laborumque fructum
quæsivit,
Felicitatem populorum.

A Victoriis regnum puer quinquennis auspicatus est.

Annum XVI. ingressus, exercitibus præfuit,

Fortunam victoriamque comites duxit.

Licentiæ militum fræna injecit,

Disciplinamque militarem restituit.

Hostes terrâ marique tricenis præliis fudit.

CCCL. Urbes munitas cepit.

Bataviam una æstate victoriis peragravit.

Germaniæ, Hispaniæ, Bataviæ, Totiusque fere Europæ conjuratæ,

Pluribus in locis, maximeque diversis conatus repressit;

Validissimas urbes expugnavit, exercitus delevit,

Victis pacem dedit.

Socios & fœderatos defendit, servavit.

Arma Othomanica Germanorum cervicibus imminentia, cæsis ad Arrabonem Turcis, depulit.

Cretam obsessam navium & copiarum
subsidiis diu sustentavit.
Mare à prædonibus pacavit.
Asia, Africa & America sensere quid
marte posset.
Imperii fines longe lateque propagavit,
Naves cxx. triremes xl.
Nautarum præter remiges lx. millia.
Bellum late divisum atque dispersum,
quod conjunxerant reges potentissimi,
& susceperant integræ gentes,
mirâ prudentiâ & felicitate confecit.
Regnum non modò à belli calamitate,
sed etiam à metu calamitatis defendit.
Europa damnis fatigata conditionibus
ab eo latis tandem acquievit,
Et cujus virtutem & consilium armata
timuerat, ejus mansuetudinem &
æquitatem pacata miratur & diligit.

LE COUVENT DES CAPUCINES.

Louise de LORRAINE, veuve du roi *Henri* III. laissa par testament la somme de vingt mille écus, pour la fondation de ce monastere, qui fut d'abord établi à Poitiers, où elle avoit ordonné sa sépulture, mais il fut transferé à Paris en 16 5, par les soins pieux de sa belle sœur, *Marie de Luxembourg*, *Duchesse de Mercœur*, à l'extremité de la rue saint Honoré, d'où on a été obligé de le changer comme on l'a rapporté ailleurs ; & pour dédommager ces bonnes Religieuses d'une maison tres-incommode qu'elles occupoient auparavant, le Roi en a fait bâtir une nouvelle des plus regulieres & des plus amples, dont la dépense a monté à plus de trois cens mille écus. La premiere pierre du nouveau monastere fut posée au mois de Mai de l'année 1686, & l'on peut dire que rien n'a été épargné, pour donner à ces Religieuses toutes les commoditez qu'elles ont pû souhaiter. Les cellules sont toutes boisées, & les Cloîtres vitrez par tout, avec quelques autres choses qui contribuent beaucoup à rendre la vie de ces saintes filles moins penible & moins rude, leur regle étant d'ailleurs une des plus austeres qu'il y ait entre tous les ordres religieux.

Par un acte capitulaire du 19 d'Avril 1688, les Capucines vinrent prendre possession du nouveau Couvent ; ce qui fait connoître que tous les grands édifices de ce monastere, ne furent que deux ans entiers à bâtir & à mettre en état d'être habitez comme ils le sont à present. L'on a remarqué dans toutes les entreprises qui se sont faites sous la surintendance du *Marquis de Louvois*, qu'il demandoit beaucoup de vigilance & de promptitude aux entrepreneurs.

L'Eglise des Capucines n'a rien d'extraordinaire, elle est de mediocre grandeur, & percée de maniere que la lumiere se communique aisément par tout. La porte est ornée d'un corps d'architecture d'ordre composite, formé par deux colonnes qui soutiennent un entablement & un fronton, sous un grand arc, mais d'un dessein dont on ne voit que trop d'exemples en cette Ville ; en quoi les Architectes François font trop voir la sterilité de leur génie en se copiant toujours les uns les autres, même en de mauvaises choses. La structure de ce portail s'est trouvée si défectueuse, que peu d'années après avoir été élevé, l'on fut obligé d'en remanier tout l'ouvrage depuis les premieres assises, ce qui est encore arrivé en 1722. Le frontispice de l'Eglise des Capucines, paroît par une large ouverture qui donne sur la grande place ; ce qui produiroit un tres beau point de vûe, s'il étoit plus magnifique ; mais celui des Feuillans, qui est opposé, n'est gueres d'une plus belle invention, & ne fait pas un effet plus heureux.

François d'ORBAY, Architecte, a eu la conduite de tous les travaux de cette Eglise, & du monastere ; & le *Marquis* de *Louvois*, alors Surintendant des bâtimens, lui en donna la direction entiere, dont il s'est acquitté avec applaudissement.

Cette petite inscription gravée sur la frise, marque la dédicace de cette Eglise.

C. H. O. SALVATORI SUB INVOCA-
TIONE SANCTI LUDOVICI.

Le tableau du grand Autel, qui represente une descente de croix, est de

Jouvenet. On estime fort cette piece, & les connoisseurs en font grand cas. Il a été posé dans le mois d'Août de l'année 1697, & a été gravé depuis par un bon maitre, à cause de sa beauté.

Quelques personnes de consideration sont inhumées dans l'Eglise des Capucines ; entre autres, *Louise de Lorraine*, reine de France, femme de Henri III. fondatrice de ce monastere, morte dans le château de Moulins, âgée de quarante-sept ans. Cette Princesse passa toute sa vie dans des exercices d'une piété solide: sa charité envers les pauvres, & ses soins envers les malheureux, lui acquirent une grande veneration ; son tombeau est dans le chœur des Religieuses, couvert d'un simple marbre noir, sur lequel on lit cette épitaphe bien simple pour une Reine de France, d'une vertu si recommandable.

CI GIST

Louise de LORRAINE, *Reine de France & de Pologne, qui déceda à Moulins, mil six cens un, & laissa vingt mille écus pour la construction de ce Couvent, que* MARIE de LUXEMBOURG,

Duchesse de Mercœur, sa belle-sœur a fait bâtir, l'an mil six cens cinq.

PRIEZ DIEU POUR ELLE.

L'on doit remarquer que les historiens de son tems ont gardé un silence trop profond sur son article, trop occupez peutêtre, à parler des événemens extraordinaires du regne de Henri III. son époux.

Deux chapelles vis-à-vis l'une de l'autre, occupent ceux qui aiment les ouvrages de distinction.

La premiere à main gauche, est celle de *Charles*, Duc de CREQUI, Pair de France, premier gentilhomme de la Chambre du Roi, & Gouverneur de Paris, emploié à des ambassades considerables, sur tout à celle de Rome, où il arriva à son sujet un événement en 1664, dont la suite n'a pas peu contribué à la réputation de la France.

Armande de Saint-Gelais-Lusignan, sa veuve, a fait décorer cette chapelle, de tout ce qu'on a pu imaginer de beau & de magnifique. Elle est incrustée par tout de marbres de diverses couleurs. L'Autel est orné d'un corps d'architec-

TOMBEAU DE Mʳ DE CREQUI

ture d'ordre Corinthien de marbre de Barbançon, dans le milieu duquel il y a un tableau qui représente saint Ovide martyr, dont ces Religieuses ont le corps, que le même Duc de *Crequi* apporta de Rome. Ce saint corps avoit été tiré des Catacombes, dont le S. P. avoit fait présent à cet Ambassadeur, comme il en fait d'ordinaire à tous ceux qui ont la dévotion d'avoir de ces saintes reliques. Le tableau de l'Autel est de *Jean* Jouvenet né à Rouen, un des plus habiles Peintres qui fut alors en France, le même dont on a déja parlé plusieurs fois. Vis-à-vis de l'Autel, le Duc de *Crequi* est représenté à demi couché sur une forme de tombeau de marbre noir, avec l'Espérance qui lui soutient la tête, & un génie pleurant à ses piés. Des deux côtez du grand soubassement, il y a deux vertus de marbre de même que les autres figures. Toutes ces choses se trouvent placées sous une espece d'arc ou de ceintré, enrichi de rosons de bronze doré & d'autres ornemens très-bien imaginez. On y voit de la même matiere les armes du Duc & de la Duchesse son épouse, des lampes sepulcrales, des têtes de mort, avec des ailes de chauvesouris, des pentes & des faisceaux de plantes funebres, des clepsydres & d'autres choses simboliques, qui ne contribuent pas peu aux embellissemens de ce monument, où le marbre n'a pas été épargné, & où il paroît que l'on a apporté beaucoup de soin. MAZELINE & HURTRELLE, Sculpteurs en reputation, ont conduit cet ouvrage, dont ils ont donné & executé tous les desseins avec succès.

On lit cette épitaphe sur la baze de ce monument.

A LA GLOIRE DE DIEU

ET POUR PERPETUELLE MEMOIRE A LA POSTERITE'.

Cy gist

CHARLES *Duc de* CREQUI, *Pair de France, Chevalier des Ordres du Roi, premier Gentilhomme de sa Chambre, & Gouverneur de Paris.*

Il commença à porter les armes dès l'âge de dix-sept ans sous le re-

gne de LOUIS XIII. & après avoir passé toutes les charges de la guerre, il fut fait Lieutenant General des armées par LOUIS LE GRAND, pour lequel il a toûjours eu un attachement & une fidelité inviolable durant tout le cours de sa vie.

Il a été regardé de toute la Cour comme un de ses principaux ornemens, & dans les grands emplois du dehors, en Angleterre, à Rome & en Baviere.

Il a soutenu par tout avec dignité, la gloire de son maître & l'honneur de sa nation.

Mais de quoi sert à l'homme de se distinguer sur la terre, si Dieu ne le choisit pour le ciel ?

La providence qui l'y destinoit, le prépara à une mort chrétienne, par une maladie de quinze mois, pendant laquelle il donna de continuelles marques d'une resignation entiere.

Enfin le 13 de Fevrier 1687. muni de tous les Sacremens de l'Eglise & plein de confiance en la miséricorde divine, il rendit son ame à Dieu, dans la 64ᵉ année de son âge.

ARMANDE DE LUSIGNAN, Duchesse de CREQUI, Dame d'honneur de la reine MARIE-THERESE D'AUTRICHE, a fait ériger ce monument à la mémoire de son mari, avec lequel elle a voulu être enterrée, afin d'être rejointe avec lui dans le tombeau, en attendant qu'il plaise à Dieu de les rejoindre ensemble dans le ciel.

Elle a passé de cette vie en l'autre le 11 d'Aoust 1709, âgée de 72 ans 4 mois.

L'autre chapelle qui se trouve directement vis-à-vis, de l'autre côté de la nef, est celle de *François-Michel le Tellier*, MARQUIS DE LOUVOIS, Ministre & Secrétaire d'Etat, Surintendant des bâtimens, &c. Ce Ministre qui eut une si grande autorité dans les af-

LE TOMBEAU DE M. DE LOUVOIS

faires de la guerre, qu'il entendoit mieux que personne de son tems, mourut subitement à Versailles, sans avoir donné aucun signe de maladie. Son corps fut d'abord porté dans l'Eglise des Invalides, où il a été en dépôt pendant quelque mois, mais depuis il a été transporté dans cette chapelle, où est son tombeau & celui de toute sa famille. *Anne* de *Souvré* de *Courtenvaux*, sa veuve, n'a rien épargné pour enrichir cette chapelle de tout ce que l'art a de plus exquis & de plus délicat; & l'on s'est servi des plus excellens maîtres, pour en donner les desseins & pour les executer. GIRARDON fut choisi comme un des plus capables, & l'on peut dire que ce choix a réussi de maniere qu'il n'y a pas à Paris une chapelle plus richement décorée que celle-ci. Les marbres les plus rares y ont été emploiez par tout. Un grand bas relief de bronze doré d'or moulu est posé sur l'Autel, qui represente Notre Seigneur porté dans le tombeau, dont la seule dorure revint à cinq cens écus. On a mis au-dessus, un tableau peint par *Antoine* COYPEL, mort premier Peintre du Roi.

Dans le fond de cette chapelle, vis-à-vis de l'Autel, le *Marquis de Louvois* est représenté en marbre de la main de *Girardon*, en habit d'officier de l'ordre du Saint-Esprit, dont il étoit Chancelier; il est appuyé sur le bras droit & couché sur un grand *sarcophage*, ou forme de tombeau de marbre verd d'Egypte antique. *La Marquise* de *Louvois* son épouse morte en 1715, y est aussi représentée, mais dans une attitude differente, & fort bien imaginée. *Martin* des JARDINS Sculpteur, avoit modelé cette derniere figure; mais la mort l'ayant prévenu, on l'a donné à achever au nommé VANCLEVE, qui s'en est aquité avec toute la perfection que l'on pouvoit souhaiter. Les accompagnemens de ce tombeau sont riches & parfaitement bien entendus. On a placé deux vertus de bronze de grandeur naturelle de chaque côté du grand socle qui le soutient; à savoir, la Prudence figurée par une Minerve, le casque en tête, avec son égide, par *Girardon*; & la Vigilance une grue à ses piés, par *des Jardins*. Enfin tout ce que l'art des maîtres qui ont été emploiez a pû produire de beau, se voit dans cette riche chapelle; & les ornemens qui sont par tout distribuez & placez avec sagesse, marquent l'habileté de celui qui a conduit tout cet ouvrage.

On lit cette épitaphe sur le devant de ce monument, gravée en lettres d'or dans un marbre noir.

Ici repose haut & puissant Seigneur Messire François-Michel le Tellier, Chevalier Marquis de Louvois et de Courtenvaux, *Conseiller du Roi en tous ses Conseils, Commandeur & Chancelier de ses ordres, Ministre & Secretaire d'Etat, General des postes & relais de France, Surintendant & Ordonnateur general des bâtimens & jardins de Sa Majesté, arts & manufactures de France, &c.*

Avant sa vingtiéme année, Louis le Grand *lui donna la survivance de la charge de Secretaire d'Etat, avec le département de la guerre, dont pour lors le Chancelier le* Tellier *son pere étoit pourvû. L'exemple & les instructions de ce grand homme le rendirent bientôt capable d'exercer cette importante* charge au gré du Roi, avec un genie également étendu, prudent & solide; il embrassa en peu de tems tout ce qui renferme la science difficile de la guerre & le vaste détail des Troupes. A peine avoit-il atteint la trente & uniéme année de son âge, que devenu capable des plus grandes affaires, il fut appellé par Sa Majesté dans ses conseils les plus secrets, & honoré de sa confiance. Appliqué, vigilant, infatigable, prêt en toutes les saisons à executer les ordres du Roi, dans les entreprises les plus difficiles de Sa Majesté. Juste & heureux dans ses mesures; il servit son maître avec une ardeur toujours nouvelle jusqu'à la fin de sa vie, qui fut terminée par une mort subite à Versailles le 16e jour du mois de Juillet mil six cens quatre-vingt onze.

IL A VECU CINQUANTE ANS SIX MOIS ET SEIZE JOURS.

Le Marquis de BARBEZIEUX son fils aîné, qui a occupé en survivance la charge de Secretaire d'Etat de la guerre, a été deposé dans le même tombeau, ainsi que l'*Abbé* de *Louvois* son frere, mort le 5 de Novembre 1718, âgé de quarante quatre ans, dans la charge de Garde de la bibliotheque du Roi, qu'il a longtems occupée avec exactitude & à la satisfaction des personnes studieuses. Il étoit Docteur de Sorbonne, de l'Academie Françoise & des autres Academies.

Après avoir vû les choses qui se trouvent dans les endroits dont on vient de parler, il faut aller visiter le quartier de la butte saint-Roch, qui est le plus proche. Il est ainsi nommé à cause d'une butte de terre voisine de l'Eglise de même nom, que l'on a applanie depuis quelques années, pour élever plusieurs maisons grandes & spacieuses, lesquelles forment plus de vingt rues, & un des plus magnifiques quartiers de tout Paris, occupé par des personnes, la plûpart favorisées de la fortune dans ces dernieres années.

Cette butte avoit été formée de quantité de décombres & de terres rapportées, ainsi que plusieurs autres que l'on voit élevées aux extremitez de la Ville

Tome I. P

338 **Description**
pendant la prifon du roi François I. à Madrit, après la fameufe défaite de Pavie, arrivée le 24 de Fevrier 1525, pour y placer de l'artillerie, en cas que les ennemis approchaffent pour furprendre la premiere & la plus importante place du roiaume, dans ces tems de trouble & de confternation generale ; ce qui n'arriva pas par bonheur.

LE QUARTIER DE LA BUTTE DE SAINT ROCH.

Pour voir ce quartier de suite, on peut commencer par LA RUE DE RICHELIEU ; mais depuis la grande place dont on vient de parler, en suivant toujours la rue Saint-Honoré, on ne distinguera rien de singulier, que les choses dont on a déja fait mention.

LA RUE DE RICHELIEU vient terminer vis-à-vis de l'Eglise des Quinze-Vingts, dont on a dit quelque chose. Le commencement de cette rue n'a rien de remarquable. On y verra seulement à l'entrée l'exterieur des nouveaux appartemens du Palais roial, où les Académies de peinture & d'architecture étoient logées autrefois, avant qu'elles fussent établies au Louvre où elles sont à present, comme on l'a dit ailleurs.

En continuant la même rue, on observera, que pour sa longueur & pour la beauté des maisons, qui sont toutes bâties sur la même ligne, elle est une des plus regulieres de la Ville. Elle porte le nom du Cardinal de *Richelieu*, qui la fit augmenter considerablement sous son ministere. Il fit en même tems bâtir la porte à l'extrémité, qui menoit à la campagne, du côté de Montmartre, abatue en 1701, pour donner plus de longueur à cette rue, suivant les plans des nouveaux embellissemens, ausquels on travaille encore quelquefois.

On lit sur une fontaine ces vers de SANTEUL, Chanoine regulier de saint Victor, qui avoit une grande facilité pour la poësie latine.

QUI QUONDAM MAGNUM TENUIT
MODERAMEN AQUARUM,
RICHELIUS, FONTI PLAUDERET
IPSE NOVO. 1674.

Plus avant au-delà de la rue des petits-champs, qui coupe la rue de Richelieu, on trouve l'HÔTEL DE JARS, qui a porté pendant plusieurs années, le nom d'un Commandeur de Malthe, qui l'avoit fait bâtir après en avoir acheté la place de l'Abbé de saint Victor, à qui elle appartenoit. C'est un des ouvrages du vieux *Mansart*, où il paroît plus d'art. La porte a quelque chose de grand

& l'escalier est fort éclairé, ce qui le rend agréable. Les appartemens sont élevez; mais à dire le vrai, ils n'ont pas toutes les commoditez que l'on pourroit desirer. Du côté du jardin il y a deux cabinets, portez sur des colonnes avec assez d'industrie, qui sont cependant trop petits pour la grosseur des colonnes qui les soutiennent. Cet hôtel a été autrefois occupé par le Cardinal de COISLIN, grand Aumônier de France, Abbé de Saint-Victor, mort en 1706, un des plus sages Prélats de son tems, dont la memoire sera toujours respectée dans son Diocese d'Orleans, où il a fait de tres-grands biens. Le *Duc* de COISLIN Evêque de Mets & premier Aumônier de Sa Majesté, en a été en possession, depuis la mort du Cardinal son oncle, jusqu'en l'année 1714. que cet Hôtel a été acheté par OLIVIER, *Comte de Senosan*, ci-devant banquier à Lion, & depuis commis de l'extraordinaire des guerres; ce nouveau maître peu content de la disposition des appartemens, a tout fait détruire, & ne s'est servi que des murs de faces. Le grand escalier qui étoit solidement construit, a été renversé comme tout le reste; & en l'année 1715, on a travaillé avec bien du soin, aux riches décorations de cet hôtel, pour lesquelles l'on n'a rien du tout épargné.

Charles du Cambouft, *Duc* de Coislin, Evêque de Mets, premier Aumonier du Roi, occupe de nouveau cet hôtel à present.

Presque vis-à-vis on distinguera l'Hôtel de Nevers, qui a été fort reparé en l'année 1709, sous la conduite de Dulin. La porte principale qui donne sur la rue de Richelieu a de l'apparence. L'escalier est spacieux & d'une disposition agréable ; & les plafonds de quelques chambres peints du tems du Cardinal Mazarin par des peintres Italiens qu'il avoit fait venir exprès, quoique d'une mediocre beauté, ont été conservés : Cet hôtel qui ne faisoit autrefois qu'une partie du palais Mazarin, dans laquelle cette Eminence avoit placé sa bibliotheque que l'on voit au College des Quatre Nations, & ses longues écuries, fournit à present des appartemens où il paroît de vastes & nombreux logemens. Le Duc de Neurs a longtems occupé cet hôtel, comme neveu du Cardinal Mazarin, qui lui avoit laissé par testament avec d'autres biens très-considerables.

Dans les années 1719 & 1720, on a presque tout changé dans cet hôtel, & l'on y a fait des augmentations extraordinaires, parceque l'on l'avoit destiné pour y établir la Banque roiale & tous les bureaux qui en dépendent, sous la conduite de *Jean* Law Ecossois d'origine, dont la fortune sans exemple & le credit extraordinaire ont été de si peu de durée.

Il fit son abjuration dans l'Eglise des Recolets de la ville de Melun, du diocese de Sens, dans le mois de Decembre 1719, entre les mains de l'*Abbé* Tancin. Il fut fait Controlleur general au mois de Janvier suivant, mais après avoir quitté cette charge dès le mois de Juin, il sortit de Paris assez brusquement, vers le 13 Decembre de la même année 1720 ; & après avoir parcouru differentes Cours de l'Europe, il est enfin retourné en Angleterre.

LA BIBLIOTHEQUE ROIALE.

ON a pris la resolution en l'année 1722, de mettre la bibliotheque du Roi, dans l'hôtel de Nevers, ou plutôt dans les appartemens qui avoient servi à la Banque pendant quelque tems, auſquels on en a ajouté d'autres où l'on travaille encore, qui ont été pris ſur des jardins negligez qui ſe trouvoient aſſez proches ; de maniere que le public aura la ſatisfaction de la voir bien plus avantageuſement qu'autrefois qu'elle étoit diſtribuée dans diverſes chambres, d'une aſſez vilaine maiſon de la rue Vivien.

Depuis le regne de Henri IV. elle avoit été gardée avec beaucoup de negligence, dans une maiſon particuliere de la rue de la Harpe. En 1666, elle fut tranſportée dans une autre de la rue Vivien, par les ordres de *Jean-Baptiſte* COLBERT Miniſtre & Secretaire d'Etat, & Surintendant des bâtimens. Ce Miniſtre voiant que le Roi faiſoit alors travailler avec beaucoup d'application aux édifices du Louvre, où Sa Majeſté deſtinoit un lieu magnifique pour y placer ſa bibliotheque, voulut la faire approcher de ſon hôtel pour être plus à portée de la rendre la plus riche & la plus complette qui eût jamais été, & digne enfin du Prince à qui elle appartenoit. Elle étoit alors compoſée ſeulement d'anciens manuſcrits, qui avoient été aſſemblez par les rois Charles V. Louis XII. François I.

Henri II. Catherine de Medicis, Henri IV. & Louis XIII. Ces manuscrits, quoique rares & curieux pour la plûpart, n'excedoient pas le nombre de quatre mille volumes, ou environ. Les livres imprimez étoient aussi en petite quantité, & l'on n'y voyoit presque que des volumes d'anciennes impressions, la plûpart avant l'année 1500. Outre ceux qui avoient été laissez par Pierre & Jacques Dupuy, qui en avoient eu successivement la garde, & qui ont rendu leur nom celebre par cette disposition, aussi-bien que par les beaux ouvrages dont ils ont enrichi l'histoire de France; mais depuis que le Roi eut pris connoissance de l'état de sa bibliotheque, elle s'accrut considerablement par l'aquisition de plusieurs autres qui y furent incorporées, & par les manuscrits & les autres livres rares dont Sa Majesté fit faire la recherche avec beaucoup de soin & de dépense, dans tous les Etats de l'Europe, même en Afrique, en Asie, dans les Indes, & jusques dans la Chine. Ceux qu'on employa à cette recherche furent entre autres, P. Vansleben Dominicain Alleman, envoyé exprès en Egypte & dans le Levant: Jean Vaillant, Medecin & antiquaire du

Roi; & le célebre D. Jean Mabillon, Benedictin, si connu dans la republique des lettres. Tous ces livres composent aujourd'hui la plus riche & la plus nombreuse bibliotheque qui ait encore paru, puisqu'on y compte environ soixante & seize mille volumes imprimez, & plus de quinze mille manuscrits en differentes langues; savoir, en langue Hebraïque, Syriaque, Cophte, Arabe, Turque, Persienne, Grecque, Latine, & dans les langues vulgaires. Parmi les manuscrits grecs, on y voit les Epîtres de saint Paul, écrites en lettres *unciales*, qui marquent l'antiquité du manuscrit, que l'on croit être de mille à douze cens ans, les homelies de saint Gregoire de Nazianze, écrites vers le neuviéme siecle, accompagnées de peintures tres-remarquables pour ce tems-là; un Dioscoride d'une tres-grande antiquité; un Oppien, enrichi de figures d'animaux, peints avec beaucoup de délicatesse. Parmi les manuscrits latins, on y voit une grande Bible, écrite magnifiquement sur du vellin, avec des lettres d'or. Laquelle on prétend avoir été à l'usage de l'empereur Charles le Chauve; un manuscrit de Tertullien, qui a appartenu à Agobard, Archevêque de Lyon, qui vivoit dans le neuviéme siecle. Entre les manuscrits françois, on y voit un grand nombre de volumes, qui contiennent des memoires, des lettres & des négociations, presque toutes en original, depuis le tems de Louis XI. jusqu'au regne present, lesquelles ont été recueillies & données au Roi, vers l'année 1655, par Philippe Comte de Bethune, Chevalier des ordres de Sa Majesté, qui avoit été lui-même employé en diverses ambassades. On y voit le grand recueil des memoires d'état, fait par les soins de Henri Auguste de Lomenie, Comte de Brienne, Secretaire d'Etat. Avec toutes ces choses, on conserve les belles estampes, qui ont été autrefois amassées par *Michel de Marolles*, Abbé de *Villeloin*, lesquelles composent une suite de plus de trois cens volumes. Enfin on y trouve tout ce qui peut satisfaire le goût & la curiosité, & tout ce qui doit contribuer à l'étude des sciences, de l'histoire, & des belles lettres.

Le Cabinet des Médailles antiques & modernes faisoit autrefois un des principaux ornemens de cette riche bibliotheque. Il étoit composé d'un grand recueil de médailles donné au Roi par

P vj

Gaston de France Duc d'Orleans, & de plusieurs autres recueils qui y avoient été joints. Dans la suite ce cabinet de médailles fut rendu si parfait par les recherches & la dépense que l'on fit pour cet effet, que le Roi le jugea digne d'occuper une place dans son Château de Versailles, où Sa Majesté le fit transporter depuis, & où elle prenoit plaisir à se délasser quelquefois par la vûe de ces riches monumens de l'antiquité. Cependant Sa Majesté voulut bien laisser dans sa bibliotheque, un autre monument tres considerable pour l'histoire de la monarchie de France. C'est ce qu'on appelle le tombeau de CHILDERIC, qui contient les restes de ce Roi, qui mourut en 481, pere du grand Clovis, premier Roi Chrétien. Voici comme ce trésor fut découvert.

En l'année 1653, lorsque Tournay étoit encore à l'Espagne, des ouvriers en creusant les fondations d'une maison proche l'Eglise de saint Brice, au-delà de l'Escaut, appercurent plusieurs pieces d'or, répandues dans la terre; & en fouillant plus avant, ils trouverent des abeilles d'or, une petite tête de bœuf, avec des medailles aussi d'or, & plusieurs autres ornemens précieux, qui marquoient que ce lieu avoit été la sépulture de quelque grand Prince. Il auroit été difficile de le deviner, si un anneau d'or avec une tête gravée en creux, d'une maniere un peu Gothique, & l'inscription CHILDERICI REGIS, n'eussent appris que c'étoit la sepulture de *Childeric* I. quatriéme Roi de France, lequel, suivant les historiens, mourut en cet endroit, au retour d'une incursion qu'il avoit faite vers la riviere de Loire. Ce monument fut presenté à l'archiduc Leopold Guillaume d'Autriche, alors gouverneur des Payis-Bas, lequel pour marquer combien il estimoit cette découverte, en fit faire une description exacte par Jean-Jacques Chifflet, son premier Médecin, accompagnée de figures, qui en représentent toutes les pieces, laquelle fut imprimée à Anvers en un volume *in quarto*, la même année 1653. Lorsque l'archiduc Leopold quitta le gouvernement des Payis-Bas, en 1660, pour retourner à Vienne, il vit en passant à Mayence, Jean Philippe de Schonborn Electeur, & lui montra ce trésor, qu'il regardoit comme la chose la plus précieuse, qu'il emportoit avec lui. L'Electeur fort affectionné à la France, auroit bien souhaité de faire paſſer dès ce tems-là entre les mains du Roi ces reſtes précieux d'un de ſes plus anciens prédeceſſeurs; mais l'Archiduc témoigna qu'il ſeroit auſſi-bien gardé à Vienne. Après ſa mort, arrivée vers 1663, le même Electeur, ſenſible à de nouvelles obligations qu'il avoit au Roi, fit demander ce monument à l'Empereur, qui le lui accorda de fort bonne grace, & S. A. E. chargea N. du Freſne, ſon agent, de le préſenter de ſa part à Sa Majeſté, vers l'année 1664.

Pour revenir à la Bibliotheque roiale, elle est à preſent ſous la direction de l'*Abbé* BIGNON, Conſeiller d'Etat ordinaire, ſous le titre de Garde de la Bibliotheque du Roi, qui lui a été conferé en 1720, après la mort de l'*Abbé* de *Louvois*.

La garde particuliere de la bibliotheque a été confiée à l'*Abbé* de TARGNI, Docteur de Sorbonne, tres habile dans la vaſte ſcience de la bibliographie; & N. BOIVIN de VILLENEUVE, Profeſſeur roial en langue greque, de l'Academie des inſcriptions & des belles Lettres, en tres haute eſtime chez tous les gens de Lettres, à qui il rend continuellement de tres-grands ſervices.

L'Hôtel de Louvois, qui est de l'autre côté de la rue de Richelieu, occupe un terrain confiderable. Il a été élevé fous la conduite de Chamois, qui a bâti *Chavile*, les Benedictines de la Ville-Levêque, le Couvent des Filles de la Vifitation du faubourg faint Germain, & les nouvelles Catholiques proche de l'endroit où étoit autrefois la porte de Gaillon. Il y a des chofes à confiderer dans cette riche maifon, mais furtout l'efcalier & la falle d'audience.

Plus avant & dans la même fuite, mais quelques pas au-delà de l'endroit où étoit la porte de Richelieu, abatue, comme on l'a dit ailleurs, on trouve encore quelques belles maifons, entre autres, celle de Mailly du Breuil, Receveur general des Finances à Tours, laquelle en moins de deux ans a été élevée avec une dépenfe extrême.

Sonning, Receveur des Finances de la generalité de Paris, occupe une maifon prefque vis-à-vis, qui paroît d'une bonne diftribution & d'une propreté toute particuliere; & quoique l'efpace qu'elle occupe foit affez borné, cependant toutes les commoditez s'y trouvent difpofées avec beaucoup d'induftrie & de jugement.

Assez proche, on distinguera une grande porte, ornée d'un ordre Dorique en pilastres, dont le fronton est d'un dessein particulier.

Vers le commencement de l'année 1704, N.... CROSAT, frere de celui dont on a parlé, logé dans la place de Louis le Grand, à qui la fortune n'a pas été moins favorable qu'à son aîné, a fait construire une fort jolie maison de fond en comble dans une grande place voisine qui termine au cours. Elle est de figure quarée en maniere de gros pavillon isolé, d'un étage seulement, avec un Attique au-dessus. La structure en est simple & d'une grande propreté, de maniere qu'il semble que cette partie ait été preferée à d'autres qui ne sont pas moins essentielles pour la beauté des édifices. CARTAULT, qui a eu la conduite du portail des Barnabites devant le Palais, est l'architecte de ce bâtiment, auquel on a travaillé avec application, & pour lequel on n'a rien du tout épargné.

Cette maison dont la situation gâte fort les vûes de toutes celles des environs, devoit avoir une entrée qui lui convînt mieux. Les appartemens sont enrichis de tableaux excellens & de curiofitez choisies de toute espece. Comme le maître se pique de connoître les belles choses, il a amassé à grands frais un nombre de desseins rares & curieux des maîtres les plus renommez, dont il conserve plusieurs portes-feuilles d'un choix exquis. La galerie qui regne dans la principale face, a été peinte par la FOSSE, né à Paris, qui y a mis la derniere main en 1707; & l'on peut dire que ce peintre excellent n'a rien oublié pour y faire faire des choses d'une singuliere perfection. Le jardin regne sur trois faces de la maison & le long du nouveau cours, par le moien d'une terrasse construite tres solidement, avec une dépense extraordinaire, dans lequel tout ce que l'on a pu imaginer de plus agréable se trouve distribué avec beaucoup d'entente & de discernement.

Dans LA RUE SAINT-MARC, fort peu éloignée, laquelle termine à la rue de Richelieu, on a élevé une tres-grande maison en l'année 1704, pour *Thomas* RIVIE', Secretaire du Roi, sur les desseins de L'ASSURANCE, de l'Academie d'architecture. Cette maison est située avantageusement, parce qu'elle jouit d'une vûe sur la campagne & sur le cours, qui entoure la Ville de ce côté là. Le terrain qu'elle occupe avec le jardin, a de l'étendue. Les décorations exterieures n'ont pas à la verité cette correction que l'on pourroit desirer pour un ouvrage comme celui-ci, où rien n'a été épargné. Les trumaux du côté du jardin sont tous inégaux & de differentes mesures. L'ordre Ionique le seul en vogue à present pour des raisons qu'on a dites ailleurs, qui est observé au milieu de la même face, porte un Attique d'une demesurée grandeur ; & ce qui acheve de tout défigurer, c'est une grande ouverture au milieu en maniere de croisée, sans nulle proportion de sa hauteur avec sa largeur, qui va se perdre en terminant en coquille dans le milieu du fronton, qu'elle estropie tres-vilainement. La face qui regne sur la cour, est à peu près ordonnée de la même maniere ; tout y paroît lourd & embarrassé. La grande porte sur la rue a deux colonnes de chaque côté, pour former un ordre d'architecture, aussi négligemment traité que s'il étoit le premier qui eut jamais paru en France. Cependant les dedans de cette maison sont assez commodes & distribuez avec intelligence, & elle

DE LA VILLE DE PARIS. 359
peut être à quelques égards, regardée comme une des plus confiderables, que l'on ait élevée dans Paris depuis plusieurs années. *Nicolas* des MARETZ, Controlleur general des Finances, l'a occupée en 1711, & y a fait faire des augmentations & des embellissemens extraordinaires, particulierement dans le jardin. Elle appartient à present au *Duc* de *Luxembourg*.

LA RUE NEUVE SAINT AUGUSTIN, est la premiere qu'il faut parcourir, parce qu'elle est la plus proche, & qu'elle fournira bien des choses dignes d'être remarquées. Elle prend son nom des Augustins réformez, qui sont des Hermites de l'ordre de saint Augustin, dont le Couvent, situé à l'extrémité, occupe une partie.

La premiere maison qui s'y trouve, est celle qui a été bâtie pour *Pierre* DOULLY, Receveur general des Finances à Poitiers, lequel a emploié cent mille écus au moins, pour la mettre en l'état où elle est à present, aussi peut-on dire, qu'il n'y manque qu'un peu d'étendue, pour la rendre plus agréable, mais elle est fort serrée par le Couvent des Augustins reformez, & par la rue

Vivien. Au reste tout en est passable. L'escalier est avantageusement éclairé, & la porte taillée en voussure ornée de refans est assez correcte. Cette maison a été occupée pendant plusieurs années, par *Louis Phelypeaux* de PONTCHARTRAIN, nommé à la dignité de Chancelier de France, dans le mois de Septembre de l'année 1699.

LE COUVENT DES FILLES DE SAINT THOMAS, est presque vis-à-vis ; ces Religieuses ont fait achever leur Eglise en 1715. Le petit frontispice, orné de colonnes Ioniques en portique, est d'une forme agréable & traité regulierement ; mais le portail exterieur, qui termine la rue Vivien, est d'un dessein fort sec. Les sommes que ces Religieuses ont reçu de la lotterie, qu'elles ont obtenu, pouvoient aisément suffire pour en faire un autre, qui auroit produit un fort bel effet à la vûe, & auroit décoré ce quartier par l'emplacement heureux où il se trouve.

Ce monastere a été établi par *Marguerite* DE SENAUX, Religieuse de l'ordre de saint Dominique, connue sous le nom de la *mere Marguerite de Jesus*. Elle fonda cette maison & celle des filles de la Croix dans la rue de Charonne au faubourg faint Antoine. Elle avoit été mariée à *Remond de Garibal*, Conseiller au Parlement de Toulouse, & vêcurent ensemble quelques années ; mais se voiant sans posterité, le mari se fit Chartreux, & mourut Prieur de la Chartreuse de Villefranche en Rouergue après douze ans de profession. Marguerite de Senaux sa femme, âgée de vingt-huit ans, prit le voile dans le Couvent de sainte Catherine de Sienne à Toulouse, d'où elle fut appellée à Paris par la Comtesse de Saint-Paul, pour y établir le monastere des filles de saint Thomas, qui fut instalé d'abord dans le faubourg saint Marceau le 6 de Mars 1627, ensuite transferé au Marais du Temple, & depuis à l'extrémité de la rue Vivien, où il est à present. *La mere Marguerite de Jesus*, dont on vient de parler, poussée du zele ardent de propagation, comme sont tous les instituteurs des nouveaux ordres, sortit de son monastere en 1632, qui étoit encore dans le Marais du temple pour fonder celui de la Croix, qui fut d'abord commencé proche de l'Eglise saint Eustache, ensuite transferé auprès du Louvre ; & delà enfin dans la rue de Charonne, au faubourg saint Antoine, comme on le dira dans son lieu. Cette digne Superieure fut fort considerée de la reine *Anne d'Autriche*, & des personnes distinguées de la cour, dont elle avoit gagné l'estime & la confiance. Elle est morte le septieme de Janvier 1657, âgée de soiante & huit ans, dans le Convent des filles de la Croix de la rue de Charonne, au faubourg saint Antoine.

L'HÔTEL DE GRANDMONT, qui est sur la même ligne, passoit autrefois pour une des plus belles maisons de tout Paris, lorsqu'elle appartenoit à *Monerot*, qui faisoit fort parler de lui en son tems, & qui n'avoit rien épargné pour la rendre superbe & somptueuse en meubles les plus magnifiques. Cette maison a encore de la beauté, & les meubles que l'on y voit à present marquent le bon choix du *Duc de Grandmont*, à qui cet hôtel appartient. On y verra quantité d'excellens tableaux & d'autres choses de consequence. Le jardin est rempli d'orangers en esté, qui en rendent la promenade tres agréable.

La maison de *Louis* ROBERT, President à la chambre des Comptes, est meublée richement, & les appartemens d'en haut & d'en bas ont de la propreté & assez d'arangement. *Jean* JOUVENET y a peint trois plafonds en 1679 & en 1680, d'une beauté toute particuliere.

On l'appelle à present l'HÔTEL DES MARETS, depuis que le Comte de ce nom, grand fauconnier de France, a épousé la fille unique du Président Robert.

Dans la même suite, *Charles Renoüard* DE LA TOUANNE, Tresorier de l'extraordinaire des guerres, mort depuis peu d'années, en a occupé une autrefois des mieux decorées de tout ce quartier. Outre les riches plafonds peints & dorez d'une excellente maniere, les meubles en étoient magnifiques. L'on y voyoit aussi des tableaux exquis, des bronzes, des porcelaines rares, des lustres de cristal, des tables, des bureaux, des cabinets portatifs de prix ; enfin des glaces de miroir d'une grandeur extraordinaire, dans des lambris au lieu de tapisseries, principalement dans l'appartement d'en bas ; en sorte que l'on ne pouvoit rien ajoûter à la richesse & à la beauté de cette maison, qui a toujours apartenu à des gens de finance, opulens & curieux. *Cotte-Blanche* partisan qui l'a fait bâtir, avoit beaucoup depensé pour l'embellir; mais depuis on a encore bien travaillé pour y ajouter ce qui pouvoit y manquer & pour mettre à la mode ce que le caprice du tems avoit changé. Le jardin sur tout a été agrandi du côté du nouveau cours, pour lequel on a fait des dépenses considerables *Augustin* FERRIOL, cy-devant Receveur general des Finances de Dauphiné, occupe à present cette belle maison.

L'HÔTEL DE LORGES est à l'extrémité de cette rue. Il a été augmenté depuis peu d'années de plusieurs vastes appartemens; & *Fromont*, Fermier general, auquel il a appartenu autrefois, avoit considerablement dépensé pour lui donner toutes les commoditez d'une grande & spacieuse maison. Le jardin est fort étendu, & termine au grand cours, qui enferme la Ville de ce côté-la. *Michel* CHAMILLART, ci-devant Conseiller ordinaire du Roi en tous ses Conseils & au Conseil roial, Ministre & Secretaire d'Etat, Controlleur general des Finances, l'a occupé avec toute sa nombreuse famille, & l'a augmenté de bien des choses qui le rendent à présent un des plus confidérables de tout ce quartier.

Cet hôtel appartient à présent à la Princesse *Marie-Anne* de BOURBON, legitimée de France, *douairiere de* CONTY, qui l'a acheté vers la fin de l'année 1713.

LA PORTE DE GAILLON, qui se trouvoit assez proche, a été abatue en 1700, pour donner plus d'ouverture & plus de commodité à tout ce grand & riche quartier, & pour procurer un accès plus facile à la promenade du cours, sur le boullevart qui regne derriere l'hôtel dont on vient de parler.

L'HOTEL D'ANTIN.

A Côté & fort proche des Capucines, LA COUR DES CHIENS pendant sa vie, un des plus connus & des plus ardens parmi les gens d'affaires, fit construire en 1707 un spacieux bâtiment qu'on distingue de loin à cause de sa grande apparence, qui n'a rien pourtant d'extraordinaire quand on l'examine de près avec un peu d'exac-

Tome I. Q

titude. La porte est d'une mediocre invention, fort chargée de sculptures; la cour devoit avoir plus d'étendue, & la face du logis qui regne dans le fond, n'est pas d'une decoration, ni d'une proportion fort ingenieuse; l'escalier est assez bien éclairé, & a de la beauté. Les appartemens en plein nord, du côté de la campagne, jouissent d'une vûe assez agréable; & quoique la distribution n'en soit pas mal entendue, on trouve pourtant que la galerie est placée dans un lieu où l'on pouvoit menager de tres-belles chambres. Les cheminées, les corniches chargeés de sculptures qui regnent par tout, ainsi que les lambris de menuiseries, les portes & les placards au-dessus, paroissent presque du même dessein, & n'ont pas assez de varieté. On ne voit point dans cette maison pour laquelle on a fait plus de deux cens mille écus de dépense, rien qui fasse ouvrir les yeux des fins connoisseurs. Les souterrains sont grands, parfaitement bien voutez, & fort éclairez, ce qui les rend commodes; ainsi l'on peut dire que cette maison est remarquable par le nombre des appartemens & par les accompagnemens, comme la basse-cour, dans laquelle il y a encore plusieurs logemens pour les domestiques, & toutes les commoditez necessaires qui pourroient convenir à la suite d'un grand Seigneur. Le jardin est d'une bonne grandeur & assez bien distribué, malgré l'irregularité du terrain. Il est embelli d'un jet d'eau qui vient de la fontaine voisine. Tout cet ouvrage est de *Pierre* LEVE', mort en 1712, qui avoit de la pratique dans la conduite des bâtimens.

Louis-Antoine de Pardailhan de Gondrin, Duc D'ANTIN, Surintendant des bâtimens, est en possession de ce grand hôtel, depuis l'année 1713, & l'a embelli de quantité de tableaux exquis, tirez du cabinet de S. M. entre desquels il y en a d'un tres-grand prix, & tous sont des maîtres les plus illustres. Pour leur procurer encore plus de beauté, on les a mis dans des bordures tres-richement dorées. Avec cela les appartemens de cet hôtel, sont ornez de meubles magnifiques & d'un tres-beau dessein ; ensorte que l'on peut assurer que cet hôtel surpasse tout ce que l'on voit à present dans cette Ville, où il s'en trouve cependant grand nombre dans lesquels il paroît de la richesse & beaucoup de magnificence.

Q ij

Proche de cet hôtel on a élevé en même tems une fontaine qui fait face à la rue de saint Augustin, décorée d'un ordre Dorique, avec un Attique au-dessus chargé de quantité de sculptures, qui n'ont rien de remarquable que la bonne execution. L'emplacement de cette fontaine n'est point approuvé, parce que deux égouts se jettent dessous pour trouver leur écoulement.

On lit ces vers gravez en lettres d'or sur un marbre placé au milieu de l'Attique.

Rex loquitur, cadit e saxo
fons, omen amemus;
Instar aquæ o cives omnia
sponte fluent.

On a tiré en 1718, deux nouvelles rues, de la rue neuve des petits-Champs, qui viennent terminer à l'hôtel d'Antin, dans lesquelles on a construit plusieurs maisons d'un assez bel exterieur & fort logeables ; une partie desquelles est adossée à la cloture du Couvent des Capucines.

Tout ce quartier, ainsi que bien d'autres

de la Ville, autrefois negligez & absolument inhabitez, se remplissent de nos jours d'une quantité extrême de maisons, pour lesquelles on fait des dépenses prodigieuses par le secours des nouvvelles fortunes; si ces entreprises continuent de la sorte, la Ville de Paris, sans bornes comme elle a été jusqu'à present, s'étendra à l'infini & pourra dans la suite des tems tomber dans le triste Inconvenient de ces fameuses & superbes Villes dont l'histoire fait mention, qui se sont détruites par le luxe immoderé & par leur grandeur extrême, telles que Thebes, Memphys, Babilone, Eliopolis, Palmire, Persepolis, Leptis & Rome même, qui n'est plus à present qu'un triste squelete décharné de ce qu'elle étoit dans sa plendeur, sans parler de beaucoup d'autres fameuses dont l'histoire fait mention. Si l'on consulte la bonne politique, on ne doit pas souffrir qu'il se trouve une ville dans un état qui surpasse les autres par sa grandeur, & par consequent par sa puissance & par le nombre de ses habitants.

Presque vis-à-vis de l'hôtel de Lorges, dans la ruë de *Saint Augustin*, on distinguera la maison bâtie par *Joa-*

Q iij

chim Seglier, de BOISFRANC, autrefois Chancelier de *Philippe de France, Duc d'Orleans*; une des plus regulieres qu'on puisse desirer. Elle est de la conduite de LE PAUTRE, excellent architecte, aussi-bien que la belle maison de saint Ouyen, qui appartenoit au même maître. La face est ornée dans le fond de la cour, d'un architecture Ionique en colonnes, avec des vases entourez de festons; ce qui arrête agréablement la vûe en entrant. Autour de la cour il y a des bustes d'Empereurs placez entre les arcs qui soutiennent le bâtiment. L'escalier est grand, avec une balustrade de bois peinte en marbre blanc travaillée avec art. Les bas-reliefs qui sont sur les portes des appartemens, quoiqu'ils ne soient que de plâtre, ne laissent pas de donner beaucoup d'ornement. Cette maison appartient à present au *Duc de* TREMES, premier Gentilhomme de la chambre, & Gouverneur de Paris.

LA RUE VIVIEN se trouve dans ce quartier ; *J. B. Colbert* y fit bâtir sous son ministere plusieurs maisons commodes prises sur le terrain du palais Mazarin, dont il avoit acheté une partie;

lesquelles embelliſſent conſiderablement cette rue.

Mais la principale & la plus grande qui eſt de l'autre coté de la même rue, a été occupée par *J. B. Colbert Marquis de* TORCY, Secretaire d'Etat & du Conſeil de la Regence. Cette maiſon eſt ornée du côté de la cour, d'un ordre Dorique en pilaſtres, qui auroit bien plus de grace, ſi on ne l'avoit pas élevé ſur des piédeſtaux trop exhauſſez & abſolument hors des proportions ordinaires; ce qui chóque la vûe, quoique d'ailleurs le tout enſemble faſſe une aſſez belle décoration. La cour eſt grande & de bonne forme; & l'eſcalier, avec les appartemens, a de la regularité. Cette maiſon a été élevée pour *Jacques Tubeuf*, Surintendant des bâtimens de la reine *Anne d'Autriche*, fort employé dans les affaires de finances ſous le miniſtere du Cardinal Mazarin, qui avoit une grande confiance en lui, à cauſe de l'attachement qu'il témoignoit pour ſes interêts.

Melchior de BLAIR, Fermier general, a aquis une fort jolie maiſon dans cette même rue, laquelle il occupe à preſent; il a augmenté d'une aîle entiere l'ancien bâtiment décoré tres-agréablement, dont toutes les pieces jouiſſent de fort belles vûes ſur les jardins des environs. Ces nouvelles augmentations ont été faites en l'année 1713, ſous la conduite de *Germain* BOFFRAND, excellent architecte & en grande reputation.

LA RUE DES PETITS CHAMPS.

CETTE rue eſt une des plus conſiderables de tout ce grand quartier, parce qu'elle donne de la communication en differens endroits tres-frequentez. Elle commence à la rue ſaint Honoré, & dès ſon entrée on découvre le plus riche & le plus beau monument de la Ville.

LA PLACE DES VICTOIRES.

LA PLACE DES VICTOIRES.

François Vicomte d'Aubusson, de la Feuillade, Duc, Pair & Maréchal de France, Colonel des Gardes Françoises, & Gouverneur de Dauphiné, ayant reçu de la Cour des bienfaits & des honneurs extraordinaires, a voulu laisser à la postérité une marque éclatante de sa reconnoissance. Il fit faire d'abord une statue du Roi en marbre, que l'on a posée depuis dans l'orangerie à Versailles, qu'il avoit résolu de placer dans un des endroits des plus frequentez de la Ville. Mais la chose ne lui ayant pas paru assez considerable, il entreprit un ouvrage incomparablement plus grand. Il fit abattre en 1684 une partie de l'hôtel de la Ferté-Senecterre, qu'il avoit acheté pour la place qui y est à présent: mais comme cet espace ne suffisoit pas encore pour l'étendue qu'on avoit besoin, il engagea l'Hôtel de Ville à acheter plusieurs grandes maisons qui furent renversées, entre autres l'hôtel d'Emery; ce qui l'obligea à faire une dépense de plus de cinq cens mille livres.

Particelli d'Emery, selon les propres termes de *L'arrêt*, étoit un fameux partisan, Italien d'origine & des plus vifs à fouler les peuples, par des avis bursaux qu'il donnoit à son patron le Cardinal Mazarin, qui ne manquoit jamais de le soûtenir de tout son credit, parcequ'il y trouvoit son compte.

Cette place est disposée de maniere, que six rues y viennent terminer; ce qui lui est d'autant plus necessaire, qu'elle est d'une étendue assez médiocre, pour la grandeur & pour la hauteur du monument qui se trouve au milieu, lequel demanderoit d'être consideré de bien plus loin, & dans des distances moins proches; les points de vûes étant fort éloignés de la perfection qu'ils devroient avoir pour ce riche ouvrage.

La place des Victoires est de figure elliptique, ou ovale, de quarante toises de diametre, entourée de bâtimens d'une même symetrie; dont l'exterieur est orné d'une architecture Ionique en pilastres, qui est l'ordre favori des architectes modernes, à cause de la facilité qu'ils ont à l'executer, & que les fautes que l'on y commet, sont bien moins aisées à découvrir, que dans les autres. Cet ordre est soutenu sur des arcades chargées de refans, & les faces de tous les édifices remplissent agréablement la vûe par leur hauteur & par leur décoration, laquelle d'ailleurs est peu de chose pour les délicats en architecture.

Au milieu de cette place, la statue du Roi est élevée sur un grand piédestal de marbre blanc vené, de vingt-deux piés de hauteur, en y comprenant un soubassement de marbre bleuâtre, avec des corps avancez du même profil. Sur ce piédestal, le Roi est representé, dans les habits dont on se sert aux cérémonies de son sacre à Reims, que l'on conserve dans le trésor de saint Denys. Il a un Cerbere à ses piés, & la Victoire derriere lui, montée sur un globe, qui semble d'une main lui mettre une couronne de laurier sur la tête, & de l'autre elle tient un faisceau de palmes & de branches d'olivier dans une attitude noble & hardie. Toutes ces choses ensemble font un groupe de treize piés de hauteur, d'un seul jet, où l'on a employé près de trente milliers de métail. Et ce qui rend encore ce monument d'une apparence tres-magnifique, quoique bien des gens de bon goût n'en soient pas contens, c'est que l'on l'a doré entierement, pour le faire paroître & briller de plus loin.

On lit cette inscription sous les piés de la figure du Roi.

VIRO IMMORTALI.

Les accompagnemens de cette riche statue, meritent d'être soigneusement examinez.

Sur les quatre corps avancez du sou-bassement, qui sert d'empatement au piédestal, on a placé autant d'esclaves qui sont aussi de bronze ; ils sont de douze piés de proportion, diversement habillez & dans des attitudes differentes. Ils paroissent attachez au piédestal avec de grosses chaînes, & autour d'eux on a disposé des armes de diverses especes, & d'autres choses symboliques, qui marquent les avantages que la France a remportez sur plusieurs nations, contre lesquelles elle a entrepris la guerre, & remporté des victoires. Tous ces ouvrages sont de bronze, dessinez tres correctement, & reparez avec un soin extrême, de même que quatre bas-reliefs de quatre piés de haut, sur six de long, qui occupent les faces du piédestal.

Le premier fait voir la préséance de la France sur l'Espagne en 1662.

Le second, le passage du Rhin, en 1672.

Le troisiéme, la prise de la Franche-Comté, en 1668.

Le dernier, la paix de Nimegue, en 1678.

On a encore posé deux autres bas-reliefs sur les faces du grand soubassement dans des cartouches entourez de feuillages & de guirlandes; l'un marque la destruction de l'heresie, & l'autre l'abolition des duels; avec un tres-grand nombre d'Inscriptions que l'on rapportera ci-après. Pour orner encore ce riche monument, on a mis huit consoles de bronze, qui semblent soûtenir la corniche du piédestal. Les armes de France, entourées de palmes & de lauriers, avec la devise du Roi, sont posées aux quatre faces, sur la même corniche aux piés de la statue. L'espace qui est autour du piédestal, jusqu'à neuf piés de distance, est pavé de marbre de diverses couleurs & entouré d'une grille de fer à la hauteur de six piés.

Mais ce qui embellissoit beaucoup la place des Victoires, & ce qui ne se voit plus à présent, c'étoit quatre groupes de trois colonnes de marbre chacun, d'ordre Dorique, disposées en triangle, qui portoient des corniches architravées avec des amortissemens en gorge, sur lesquels il y avoit des fanaux en lanternes, de bronze doré d'or moulu, à paneaux de glaces qui éclairoient la place pendant la nuit. Ces groupes de colonnes avec les fanaux ont été détruits en 1718; & tous les marbres qui y étoient employez, ont été donnez aux Peres Théatins, à condition d'un service funèbre pour le repos de l'ame du Maréchal de la Feuillade.

Martin des JARDINS, Sculpteur habile, né à Breda, a donné tous les desseins de ce monument, & lui-même en a conduit la fonte, avec un succès qui surprit tout le monde, parce qu'avant lui on n'avoit pas encore entrepris en France un ouvrage de métal de cette grandeur, & de cette conséquence.

Voici les inscriptions qui se lisent autour de ce monument, de la composition de *François-Seraphin* RENIER *des Marais*, Secrétaire perpetuel de l'Academie Françoise, connu par quelques ouvrages, dans lesquels il paroît

DE LA VILLE DE PARIS. 375
de la politesse & de la pureté de stile,
avec celles qui étoient ci-devant sur
les quatre groupes de colonnes qui ne
se voient plus, comme on vient de le
dire.

INSCRIPTION LATINE
de la dédicace & du sujet de tout l'ouvrage.

LUDOVICO MAGNO
PATRI EXERCITUUM

ET DUCTORI

SEMPER FELICI.

DOMITIS HOSTIBUS. PROTECTIS SOCIIS. ADJECTIS IMPERIO FORTISSIMIS POPULIS. EXTRUCTIS AD TUTELAM FINIUM FIRMISSIMIS ARCIBUS. OCEANO ET MEDITERRANEO INTER SE JUNCTIS. PRÆDARI VETITIS TOTO MARI PIRATIS. EMENDATIS LEGIBUS. DELETA CALVINIANA IMPIETATE. COMPULSIS AD REVERENTIAM NOMINIS GEN-

LA MESME INSCRIPTION
en François.

A LOUIS LE GRAND

LE PERE ET LE CONDUCTEUR

DES ARMÉES

TOUJOURS HEUREUX,

APRE'S AVOIR VAINCU SES ENNEMIS. PROTEGE' SES ALLIEZ. AJOUTE' DE TRES-PUISSANTS PEUPLES A SON EMPIRE. ASSURE' LES FRONTIERES PAR DES PLACES IMPRENABLES. JOINT L'OCEAN A LA MEDITERRANE'E. CHASSE' LES PIRATES DE TOUTES LES MERS. REFORME' LES LOIX. DETRUIT L'HERESIE. PORTE' PAR LE BRUIT DE SON NOM LES NATIONS LES PLUS BARBARES A LE VENIR REVERER DES EXTREMITEZ DE LA TERRE, ET REGLE' PAR

378 DESCRIPTION-
TIBUS REMOTISSIMIS:
CUNCTISQUE SUMMA PRO-
VIDENTIA ET VIRTUTE DO-
MI FORISQUE COMPOSITIS.

FRANCISCUS VICECOMES
D'AUBUSSON Dux de la FEUIL-
LADE, ex Franciæ Paribus, & Tri-
bunis equitum unus, in Allobrogibus
Prorex, & Prætorianorum Peditum
Præfectus.

AD MEMORIAM
posteritatis sempiternam.
P. D. C. 1686.

FAITEMENT TOUTES CHOSES AU DEDANS ET AU DEHORS PAR LA GRANDEUR DE SON COURAGE ET DE SON GENIE.

FRANÇOIS VICOMTE D'AUBUSSON Duc de la Feuillade, Pair & Maréchal de France, Gouverneur de Dauphiné & Colonel des Gardes Françoises.

POUR PERPETUELLE MEMOIRE
à la posterité.

INSCRIPTION SUR LA STATUE DU ROY.

Tali se ore ferens, Orbi & Sibi,
jura modumque

Dat Lodoix; famamque affectat vincere factis.

Tel est le grand Louis, en son air, en ses traits:
Tel, dans le haut éclat de sa gloire suprême,
Il impose des loix à la terre, à Lui-même;
Et voit sa renommée au dessous de ses faits.

INSCRIPTIONS
des Bas reliefs du piédestal.

LA PRESEANCE
DE LA FRANCE
RECONNUE PAR L'ESPAGNE.
1662.

INdocilis quondam potiori cedere Gallo,
Ponit Iber tumidos fastus, & cedere discit.

EN vain au premier Roi de l'Empire Chrétien,
Tu veux, superbe Espagne, égaler ta couronne :
Louis, jaloux du droit que son sceptre lui donne,
Te force à reconnoître, & son rang, & le tien.

LE PASSAGE DU RHIN.
1672.

Granicum Macedo, Rhenum secat
agmine Gallus:
Quisquis facta voles conferre, & flumina confer.

LE Grec fend le Granique, avec-
que ses drapeaux ;
Et le François armé passe le Rhin à
nage :
Qui voudra comparer l'un & l'autre
passage,
Que d'un fleuve & de l'autre il com-
pare les eaux.

LA DERNIERE CONQUESTE
DE LA FRANCHE-COMTE'.
1674.

Sequanicam Cæsar gemino vix vincere Gentem,
Mense valet ; LODOIX ter quintâ luce
subegit.

ET César & Louis, dans leur ra-
  pide cours,
N'ont rien qui les égale, & rien qui les
  arrête :
Tous deux, ardens à vaincre, ont fait
  même conquête :
Mais César en deux mois, Louis en
  quinze jours.

LA PAIX DE NIMEGUE.
1678.

Augustus, toto jam nullis hostibus
  Orbe,

Pacem agit : armato LODOIX *Pacem*
  imperat Orbi.

Quand l'Univers est las des fureurs
  de la guerre,
Le Temple de Janus par Auguste est
  fermé ;
Il accorde la paix aux besoins de la terre;
Et Louis la commande à l'Univers
  armé.

LES DUELS ABOLIS.

Impia, quæ licuit Regum componere nulli,
Prælia, voce tuâ, LODOIX, composta quiescunt.

Pour bannir les duels, de l'Empire des Lis,
En vain nos plus grands Rois ont tout mis en usage :
Le Ciel au seul LOUIS réservoit cet ouvrage ;
Il parle, & pour jamais on les voit abolis.

L'HERESIE DETRUITE
1685.

Hic laudum cumulus, LODOICO vindice victrix
Relligio, & pulsus male partis sedibus Error.

LA gloire de LOUIS est ici toute sainte :
Les Temples de l'erreur qui tombent à sa voix,
L'Eglise qui triomphe, & l'heresie éteinte,
De son zele chrétien sont les dignes exploits.

INSCRIPTIONS
pour les Bas-reliefs des Colonnes.

PUGNA ROCRENSIS.

Spes datus in quantas, cui Regni, avique sub ipso
Limine, læta quatit celeres Victoria pennas.

LA BATAILLE DE ROCROY.
1643.

QUe d'espoir aux sujets, de crainte aux ennemis,
Donne un Roi qu'au berceau couronne la Victoire !
Mais par combien de faits d'immortelle memoire
L'a-t-on vu surpasser ce qu'il avoit promis ?

DISCIPLINA MILITARIS RESTITUTA.

Devictas refer huc, felix ô Gallia, Gentes,
Militiam tolerare sub hoc assueta Magistro.

LE RETABLISSEMENT de la discipline militaire.

France, si tes guerriers sont vainqueurs en tous lieux,
Rend graces à Louis, au ciel qui l'a fait naître :
C'est à la discipline, aux leçons d'un tel maître,
Que tu dois aujourd'hui ton état glorieux.

SERVATI ARMIS BATAVI.

Rex Batavos armis servat ; sed clade monendi
Quantâ olim, meriti exciderit si gratia tanti !

LES HOLANDOIS SECOURUS
dans la guerre de Munster. 1664.

DEs Bataves Louis se rend le protecteur :
Quel châtiment, un jour, pourroit être assez rude,
S'il arrivoit jamais que leur ingratitude
Pût leur faire oublier un tel liberateur !

PUGNA AD ARRABONEM
IN PANNONIA.

ET *Thraces sensere queat quid Gallica virtus*
Arrabo cæde tumens, & servata Austriæ testis.

LE COMBAT DE S. GOTARD
en Hongrie. 1665.

L'Ottoman qui marchoit fier & victorieux,
N'a-t-il pas du François la valeur éprouvée ?
Le Rab grossi de sang, & l'Autriche sauvée
En seront à jamais des témoins glorieux.

EXPEDITIO PRIMA BELGICA.

Dotales LODOIX *Urbes, reddique negatas,*

Marte palam, & justis ultor sibi vindicat armis.

LA PREMIERE CAMPAGNE
en Flandres. 1667. *

Pour se faire justice, & maintenir
    ses droits,
LOUIS se voit forcé d'avoir recours aux
    armes:
Tout cede, tout fait joug aux premieres
    alarmes;
Et ce n'est que lui seul qui borne ses
    exploits.

* *Tournay, Douay, Lille, Bergues, &c. prises en 1667.*

JURA EMENDATA.

Legibus hunc unum decuit, normam-
　　que modumque
Ponere, qui leges supra, se lege coërcet.

LA REFORMATION
de la Justice. 1667.

Louis dans ses états fait ressentir
　　Themis,
Rend aux Loix leur vigueur & leur pou-
　　voir suprême ;
Et montre en voulant bien s'y soumettre
　　lui-même,
Qu'il mérite de voir à ses loix tout sou-
　　mis.

JUSSA ERIGI ET CONCESSA
TOLLI VINDEX LÆSI
LEGATI MOLES.

Rex memorem infandi casus dat tol-
　　lere molem:
Roma, fovere pium, læsumque timere
　　memento.

LA PIRAMIDE ELEVE'E,
& ensuite abbatue par la permission du Roi. 1664. 1668.

UN même lustre a vû, par même autorité,
La piramide à Rome, érigée & détruite:
Rome, connois LOUIS; & desormais instruite,
Redoute sa colere, & cheris sa bonté.

TRAJECTUM AD MOSAM CAPTUM.

Fulminat ad Mosam LODOIX; & milite frustra,
Defensas denso Trajecti dejicit Arces.

LA PRISE DE MASTRIK. 1673.

SUr la Meuse LOUIS fait entendre sa foudre;
Et tout ce qu'eut Mastrik de nombreux combattans,
Ou reste enseveli, sous ses remparts en poudre,
Ou reduit aux abois, se rend en peu de tems.

PUGNA SENEFENSIS.

IN Gallum juncta arma movent, Germanus, Iberque,
Et Batavus: cedit forti victoria Gallo.

LA BATAILLE DE SENEF.
1674.

Ontre le seul François, Germain,
  Batave, Ibere,
Font marcher fierement leurs bataillons
  serrez ;
Seul il suffit à tous, pour la valeur
  guerriere ;
Et rompt les ennemis contre lui con-
  jurez.

FUSI TRIBUS PLÆLIIS
GERMANI.

TEr Gallo adversis ausus concurrere signis,
Ter victus, patriâ jacuit Germanus arenâ.

LES TROIS COMBATS
gagnez en Allemagne. *

Es François en tous lieux, la valeur se signale ;
Trois fois le fier Germain se mesure contre eux,
Et trois fois on le voit dans sa terre natale,
Sous le fer du vainqueur, mordre le champ poudreux.

* SinZheim 1674. Ensheim. 1674. Altheim. 1675.

PUGNA NAVALIS
AD AUGUSTAM SICILIÆ.

Ispana & Batava concurrit Gallica classis ;
Duxque cadit, fractis in quo spes hostibus una.

LE COMBAT NAVAL
auprès d'Auguste en Sicile.
1676.

LE Batave & l'Ibere uniffent leur pouvoir,
Et fur mer au François difputent la victoire :
Le François eft vainqueur, & pour comble de gloire
Fait tomber, fous fes coups, leur chef & leur efpoir.

PUGNA NAVALIS
IN PANORMI PORTU.

POnto iterum Gallus tonat, urget ;
Iberaque in ignes
Claffis abit, fimul arma, viros, fimul omnia volvens.

LE COMBAT NAVAL
au Port de Palerme. 1676.

Sur le champ spacieux de l'empire
  des Mers,
De nouveau le François, presse, tonne,
  foudroye :
Les vaisseaux ennemis sont aux flammes
  en proye,
Et les éclats fumans en volent dans les
  airs.

VALENTINIANÆ VI CAPTÆ
ET ILLÆSÆ.

TE Duce, te Domino, LODOIX,
  prona omnia Gallo,
Urbes vi capere, & docili quoque parcere
  captis.

VALENCIENNES PRISE
d'assaut, & sauvée du pillage. 1677.

Quels effets surprenans ne doit on point attendre
Du soldat que Louis a pris soin d'enseigner ?
En guerrier intrepide, il fait tout entreprendre ;
En modeste vainqueur, il fait tout épargner.

PUGNA CASSELLENSIS.

Er medias Batavorum acies, Fraterna PHILIPPUS
Arma gerens animosque, ruit Fratre auspice victor.

LA BATAILLE DE CASSEL.
1677.

Plein du feu de Louis, l'impatient PHILIPPE
Marche intrepidement au Batave guerrier ;
L'attaque avec vigueur, l'ébranle, le dissipe,
Et se couvre le front d'un immortel laurier.

CAMERACUM CAPTUM.

Nullâ unquam propius, nec majus
ab Arce periclum :

Victus Iber, victrix domitam vix Gallia
credit.

LA PRISE DE CAMBRAI. 1677.

Quelle place aux François fut jamais
plus fatale ?
Louis pour les venger, la mesure des
yeux,
Et jette en la forçant, une surprise égale
Dans l'esprit des vaincus & des victorieux.

INCENSA IN AMERICA
BATAVORUM CLASSIS.

Orbe alio victor, per aperta peri-
cula mille,

Infert Gallus ovans, inimicis navibus
ignes.

LA FLOTTE DES HOLANDOIS brûlée à Tabago en Amerique. 1676.

Dans un autre Hemisphere à l'abri de ses forts,
La flotte du Batave en vain croit se défendre :
Du François attaquée elle est réduite en cendre ;
Et d'effroi l'Amerique en tremble en tous ses bords.

CAPTUM IN STUDIUM PACIS GANDAVUM.

Hiberno Lodoix, quam reddere destinat, Urbem
Marte rapit : tanta est condenda gloria Pacis !

GAND PRIS, POUR FORCER l'Espagne à faire la paix. 1678.

Pour contraindre l'Espagne à terminer la guerre,
Gand est en plein hyver par Louis emporté :
Tant l'ardeur de donner le repos à la terre,
Fait trouver tout facile à son cœur indomté.

RESTITUTUS IN AGROS GERMANICOS SUECUS.

Reddere Germanos, LODOIX regnata Sueco
Arva jubet Danosque ; Iader stupet, & stupet Albis.

LES SUEDOIS RETABLIS en Allemagne. 1679.

Du vaillant Suedois Louis prend la défense :
Les Germains, les Danois disputent vainement.

Par crainte, ou par respect, tout cede à
    sa puissance :
On voit l'Elbe & l'Oder saisis d'éton-
    nement.

ARGENTORATUM ET CASALE

UNA EADEMQUE DIE PARTA.

ERidam & Rheni geminam Arcem,
    sanguine nullo,
Una eademque dies, LODOICI adjudicat
    armis.

STRASBOURG ET CASAL
soumis en un seul & même jour.

1681.

AU seul nom de LOUIS, Casal
    devient François ;
Strasbourg, à son aspect, cede sans
    resistance ;
Et tel est son pouvoir, que malgré leur
    distance,
Un seul & même jour les range sous ses
    loix.

LUCEMBURGIUM CAPTUM.

Viribus haud ullis quondam expugna-
bile Saxum,

Nunc domitum, Gallos, quâ terruit, Arce
tuetur.

LA PRISE DE LUXEMBOURG.
1684.

Aux armes de Louis, la nature, ni
l'art
Ne peuvent opposer que de foibles barrieres :
Luxembourg tombe enfin ; & des mêmes
frontieres
Dont il fut la terreur, il devient le
rempart.

JUNCTA MARIA.

Misceri tentata prius, semperque ne-
gata

Æquora, perpetuo Lodoix dat fœdera
jungi.

LA JONCTION DES MERS.

Pour joindre les deux mers, on a vu d'âge en âge
Les plus grands potentats faire de vains efforts :
Mais Louis, plus heureux, plus puissant & plus sage,
De l'une & l'autre mer joint pour jamais les bords.

DUX GENUÆ CUM SENATU SUPPLEX.

Vane Ligur, frustraque animis elate superbis,
Justitiam monitus disce, & non temnere Divos.

LES SOUMISSIONS DE GENNES. 1685.

De l'auguste Louis, vain & foible Genois,
Hâte-toi promptement d'implorer la clemence ;
Et pour te dérober à sa juste vengeance,
Vien apprendre à ses piés à respecter nos Rois.

PACATA MARIA.

Mille rates Pompeius agens freta libera præstat ;

Stans celso in solio LODOIX maria omnia pandit.

LES MERS RENDUES LIBRES de Pirates. 1685.

Mille vaisseaux Romains, & Pompée à la tête,
De Pirates jadis ont delivré les mers ;
Et LOUIS, par sa foudre, à tonner toujours prête,
Rend des mers, en tous lieux les passages ouverts.

EX SCITHIA, LIBYA, ET EXTREMA INDIA LEGATI.

Ingentem LODOICUM armis famamque fidemque

Egressum, Scithia & Libye venerantur Et Indi.

LES AMBASSADES
des Nations éloignées. *

Attirez par le bruit du grand nom
  de Louis,
Le Scithe belliqueux, l'Indien, & le
  More,
Abandonnent le Nord, le Couchant, &
  l'Aurore;
Et tous, à son aspect, demeurent éblouis.

* *Les Ambassadeurs de Moscovie, en 1668. 1681. 1685. Ceux de Guinée, en 1670. Ceux de Maroc & de Fez, en 1682. Ceux de Siam en 1684. Ceux d'Alger en 1685.*

L'année dans laquelle ce monument a été érigé, n'est marquée dans aucune des inscriptions, quoiqu'elles soient amples & tres-nombreuses; ce que l'auteur ne devoit pas negliger après y avoir mis des choses bien moins necessaires. Cependant on a trouvé que la dédicace s'en fit le 28 du mois de Mars de l'année 1686, avec beaucoup d'appareil & de cérémonie; & l'on doit ajoûter que le *Maréchal de la Feuillade*, qui y avoit invité les plus grands Seigneurs du roiaume, n'oublia rien pour rendre cette action éclatante & mémorable. Il fit fraper en même-tems des médailles pour diftribuer aux perfonnes diftinguées, fur lefquelles d'un côté le Roi eft reprefenté, avec cette legende, *Ludovicus magnus*; & fur le revers, on voit la reprefentation du monument avec ces paroles, *Patri exercituum & ductori femper felici.* Dans l'exergue on lit, *Unus inter Proceres pofuit in Area publica Lutetiæ.*

Le *Maréchal de la Feuillade* voulant remedier aux accidens que les années ou la négligence caufent ordinairement aux ouvrages publics, fit le 27 de Juin 1687, une donation & une fubftitution de fes principales terres à fon fils, à condition qu'il feroit tenu de fournir à l'entretien des quatre fanaux qui éclairoient la place ; & que tous les 25 ans le groupe, & les figures qui l'accompagnoient, feroient dorez avec le même foin, & la même dépenfe que la premiere fois. Il ordonne encore par les mêmes actes, que de cinq en cinq ans le 5 de Septembre, jour de la naiffance du Roi, il fera fait une vifite par le Prevôt des marchands & par les Echevins, avec un architecte, pour dreffer un procès verbal de l'état où tout fe trouvera, aufquels il veut que l'on donne une médaille d'argent, pareille à celle dont on a parlé; & que celui de ses successeurs qui sera chargé de ces soins & de cet entretien, presentera le lendemain une médaille d'or à S. M. frapée au même coin. Cette donation contient encore beaucoup d'autres particularitez, que l'on peut voir à la fin du traité des statues de *François Lemée*, imprimé en 1688.

Dans la rue des petits-champs, vis à vis de la statue de la place des Victoires, par le moien d'une ouverture menagée à cet endroit, on distingue

L'HOTEL DE TOULOUSE.

CEt Hôtel, un des plus magnifiques de Paris, soit pour les dehors ou pour les dedans, a été acheté en 1713 par *Louis Alexandre de Bourbon*, Comte de Toulouse, legitimé de France; & peu de tems après, il y a fait faire des changemens & des embellissemens extraordinaires, sur les desseins de *Robert* de Cotte, premier Architecte du Roi, tres-habile & fort experimenté dans sa profession.

Cet hôtel a été élevé en 1620, par *Remond* de *Phelypeaux* de la VRIL-LIERE, Secretaire d'Etat. L'architecture est du vieux *Mansart*, & la porte sur tout, passe pour le chef d'œuvre de cet habile maitre, parce qu'il y a sçu conserver la regularité de l'ordre Dorique, malgré l'accouplement des colonnes, qui détruit ordinairement l'arrangement regulier des trygliphes ; ce qui jusqu'alors avoit été consideré par tous les Architectes comme une chose tres-difficile & qui demande une grande précaution. La face du bâtiment du côté de la cour est en pilastres, avec des ornemens d'une distribution correcte, executez par *François* PERRIER, à son retour de Rome, le même qui a fait les grandes figures de Mars & de Minerve, placées sur la grande porte, & qui a gravé les statues & les bas reliefs de Rome, dont on voit un volume estimé; cependant il faut remarquer que les nouvelles sculptures sont de *Dumont* & de *Vassé* Sculpteurs habiles de l'Académie.

L'interieur de cet hôtel a été entierement changé en 1714 & 1715, les appartemens d'en haut & d'en bas, ont à present plus de grandeur qu'ils n'en avoient autrefois. Le nouvel escalier est fort spacieux & éclairé avec avantage. Le Vestibule pour y arriver est soutenu de colonnes; & le grand palier, qui sert d'entrée aux appartemens, est décoré de pilastres qui portent une corniche fort enrichie de sculptures d'une excellente execution.

Les apartemens sont embellis de tout ce que l'on a pû imaginer de plus gracieux & de plus nouveau; car sans parler des meubles qui sont d'une richesse surprenante, on verra encore une tres-grande quantité d'excellens tableaux des plus grands maîtres, des glaces d'une grandeur extraordinaire, placées avec avantage, des tables de marbres rares sur des piés d'un excellent dessein & tres-richement dorez, enfin tout ce que l'on peut souhaiter de plus beau, & dont la description entiere meneroit trop loin.

En l'année 1718, la galerie dont les vûes donnent sur le jardin a été magnifiquement décorée, d'un lambris, d'un nouveau dessein, où il paroît que tout ce que la sculpture & la dorure ont pû imaginer de plus excellent, a été emploié. Le plafond peint autrefois en grisaille par *François* PERRIER, a été colorié par d'habiles maîtres, ce qui en releve infiniment la beauté. La cheminée qui termine cette magnifique galerie, est enrichie de marbres choisis & de glaces d'une grandeur extraordinaire, sans parler de son profil excellent & de quantité d'ornemens de bronze doré, travaillez avec art, qui contribuent infiniment à sa décoration. Elle est dans un emplacement si avantageux, qu'elle termine une enfilade de plusieurs pieces qu'elle repete ; & d'où on la découvre tres-aisément dans toute sa longueur, qui est de vingt toises, sur dix-neuf piés quatre pouces de largeur.

Le jardin quoique d'une étendue assez bornée, a aussi toute la décoration qui lui peut convenir. On y remarquera d'assez bonnes copies en bronze & en marbre, d'après les statues antiques les plus renommées de Rome, comme de l'Apollon Belveder, de Bacchus, d'Antinoüs, du Gladiateur, aussi-bien que quelques bustes, entre lesquels il y en a d'originaux qui ne paroîtront pas indifferens aux connoisseurs.

L'*Hôtel* COLBERT se trouve assez proche dans la rue neuve des petits Champs.

Guillaume de BEAUTRU, Comte de *Seran*, de l'Académie Françoise, fort consideré

consideré du Cardinal de Richelieu, qui lui fit du bien à cause de son bel esprit & de ses manieres enjouées, a fait bâtir cette grande maison, laquelle par la suite des tems est tombée à J. B. COLBERT, *Ministre & Secretaire d'Etat, Controleur General des Finances, & Surintendant des bâtimens*, qui la fit considerablement augmenter. Le *Marquis de Seignelay*, son fils, Secretaire d'Etat en survivance, un des plus magnifiques hommes de son siecle; en fit de même. Pendant la vie de ce dernier, les meubles y étoient d'une magnificence extrême, & l'on ne trouvoit point ailleurs une plus grande quantité de tableaux rares, avec des bronzes des plus excelens ouvriers, des médailles en tres grand nombre; de même que des pierres gravées; & mille autres choses qui marquoient le discernement délicat du maître. Cette maison est regulierement disposée, & les appartemens en sont tres-commodes; mais ce que l'on distingue le plus, c'est la porte du côté de la cour, coupée d'une maniere savante, ornée dans le fond d'un buste du Roi, moulé sur celui que le *Cavalier Bernin* fit, lorsqu'il vint en France. L'ouvrage de cette porte est dans son genre un des plus beaux &

Tome I. S

des mieux entendus que l'on puisse voir. En 1720, le Duc d'Orléans a établi ses écuries dans cet hôtel.

LE PETIT HÔTEL COLBERT est à côté, dans la rue neuve des petits-Champs, qui a été occupé par *Paulin* PRONDRE, Receveur general des Finances à Lyon, qui a fait de grands embellissemens dans cette maison. On y verra une cheminée d'un dessein extraordinaire, qui a couté beaucoup pour l'embellir de grandes glaces, de marbres rares, & de bronzes dorez d'or moulu.

Vis à-vis de la rue Vivien, on doit aller chez *François* de TROY, Peintre des plus excellens pour le portrait. Ses ouvrages ont de tres-grandes beautez, & l'on verra chez lui un appartement, dont les vûes donnent sur le jardin du Palais roial, tout rempli de tableaux curieux, entre lesquels ceux qui se trouvent de sa main, ne sont les moins estimez. Il a toujours été occupé à peindre les personnes du premier rang, parce que l'on a connu que tres-peu de maîtres le pouvoient faire aussi-bien que lui

Le Palais Mazarin, où l'on voioit autrefois des richesses immenses, en meubles prétieux, en tableaux, statues antiques & en mille autres choses extraordinaires qui marquoient la prodigieuse & prompte fortune du *Cardinal Mazarin*, a été donné pour servir de bureau à la Compagnie des Indes. On a fait une nouvelle porte à cet hôtel, qui ne paroît pas d'un dessein fort bien entendu : tous les vastes appartemens qui se trouvent dans cet hôtel où il reste encore quelques plafonds assez bien peints, sont occupez par des bureaux remplis d'un grand nombre de Commis pour différentes affaires.

Dans la même suite, & plus avant, se trouve la maison du *Marquis de Saint-Pouange*, qui y a fait de grands changemens pour la décorer. Les dedans sont d'une grande propreté, & très-bien disposez ; de même que l'escalier & le jardin, où il y a une perspective, qui fait un bel effet. Celle que l'on distinguera sur la grande muraille de la cour, laquelle représente un morceau d'architecture magnifique, est de Rousseau, habile pour ces sortes d'ouvrages ; mais le tems a fort endommagé ce morceau de peinture ; ce qui vient peutêtre de ce que les Peintres François ignorent l'endui, & l'apprêt des couleurs dont on se sert ailleurs, qui durent plusieurs années dans leur beauté, comme on en voit des exemples en Italie & en Allemagne, ou peutêtre aussi, parce que cette sorte de peinture ne peut longtems résister à l'air de Paris, qui est trop humide & trop corrosif.

On ne doit pas obmettre de dire que JOUVENET a fait plusieurs beaux plafonds dans cette maison, que les curieux en peinture estiment.

De l'autre côté de la rue, on distinguera la maison que *Jean-Baptiste* LULLY a fait bâtir, ornée par le dehors de grands pilastres, d'ordre composé, & de quelques sculptures, qui ne sont pas mal imaginées. GITTARD a donné les desseins de cette maison.

Presque vis-à-vis, au coin de la rue des nouvelles catholiques, est la maison de *Jean* THEVENIN, des plus fameux partisans de son tems, mort en 1708. En l'année 1704, il y ajoûta une riche galerie, pour laquelle il a fait plus de deux cens mille livres de dépense, décorée de tout ce qu'on a pû imaginer de singulier & de beau, particulierement de glaces d'une extraordinaire grandeur

On verra dans cette galerie quelques peintures de *Paul* MATTHEI, Napolitain, qui n'a pas laissé en France une haute idée de sa capacité. La cheminée à l'extremité, est accompagnée de deux grands pilastres de marbre, pour répondre à deux autres de même proportion & de même module, posez en symétrie de chaque côté de l'entrée, laquelle est vis-à-vis. La corniche qui regne tout autour, est chargée de quantité d'ornemens de sculpture tres-richement dorez, qui produiroient une bien plus agréable décoration, si le dessein & la distribution en avoient été ménagez plus sagement. La chambre au travers de laquelle on passe pour entrer dans cette galerie, est garnie d'un lambris fait d'un paravent de la Chine dont le dessein bizarre & capricieux n'a jamais pû plaire aux gens de bon goût.

En suivant toûjours la rue neuve des petits-Champs, on trouve un grand hôtel bâti par *Hugues* de LIONNE, Secretaire d'État pour les affaires étrangeres, tres-habile dans les négociations importantes & délicates. Il fit construire cette belle & magnifique maison de fond en comble sur les desseins de LE VAU, qui n'oublia rien pour répondre à l'attente que l'on avoit conçue de lui. Les dedans de la cour sont ornez d'architecture, & le fond est terminé par une espece de portique, formé d'un ordre régulier de quatre colonnes Doriques. Mais on ne trouve pas que la grande porte, ou la principale entrée, réponde à tout le reste; ce que l'on impute à celui, qui après la mort de *le Vau*, en a eu la conduite, lequel n'étoit que médiocrement versé dans l'architecture. Cette maison a été occupée pendant quelques années par *François-Annibal*, Duc d'*Estrées*, qui avoit épousé en premieres nôces *Madeléne de Lionne*, fille du Secretaire d'Etat. Elle a encore appartenu depuis à *Louis Phelypeaux* de *Pontchartrain*, ci-devant Chancelier de France, qui après l'avoir achetée en 1703, y a fait faire des réparations & des embellissemens considerables.

La grande sale a été peinte autrefois, de même que les plafonds des principales chambres, par *Michel* COLONNE, originaire de Boulogne, éleve d'*Annibal* CARACHE, dont il avoit assez pris la maniere.

Du même côté, mais un peu plus avant, on découvre la belle maison bâtie par les soins du *Marquis* de LANGLE'E, sous la conduite de *Gerard* HUJET, habile Architecte. Elle est d'une grande & belle apparence; les appartemens d'en haut & d'en bas, ont tout ce que l'on peut defirer; elle a appartenu à *Claude le Bas* de *Montargis*, ci-devant *Garde du tréforroial*, qui l'avoit achetée deux cens mille livres en l'année 1708.

John LAW, avoit acquis cette belle maison, comme bien d'autres, & y a demeuré quelques tems avec éclat, mais après fa retraite cet hôtel a encore changé de maître; il appartient à prefent au Duc MAZARIN.

Hyacinte RIGAULT, tres-excellent Peintre pour le portrait, a choisi un appartement vis à-vis de l'hôtel Mazarin. On verra chez lui bon nombre d'excellens tableaux des maîtres estimez, comme *Tillen*, *Rubens*, *Vendeik*, *Reimbrans*, des bronzes & des porcelaines de la premiere perfection, & particulierement quantité de ses ouvrages qui font admirez par tous ceux qui se connoiffent en peinture. L'on peut dire hardiment à fa louange, que parmi les plus grands maî-

S iiij

tres, il n'en est point qui ait porté aussi loin que lui, l'art de peindre les portraits d'après nature, ce qui lui a procuré une fort grande réputation dans toute l'Europe. En l'année 1702, il a fait le portrait du roi Louis XIV. & celui du Roi d'Espagne son petit-fils, de grandeur naturelle, d'un art & d'une beauté, qui n'avoient point encore paru en France, ce qui a engagé les autres personnes de la Maison roiale à se faire peindre de la même maniere. Ses plus beaux ouvrages ont été gravez par un maître habile, nommé *Pierre* DREVET, dont on peut former un volume tres-curieux.

Comme les personnes qui se rendent illustres par leurs talens, font toujours beaucoup d'honneur à leur Patrie; la ville de Perpignan, lieu de la naissance de ce Peintre illustre, par un droit qu'elle a seule en France de faire des nobles, lui a conferé le titre de noblesse, dans une élection unanime, pour lui marquer l'estime particuliere qu'elle fait de son merite rare & distingué.

Dans la rue SAINTE ANNE, peu éloignée des endroits dont on vient de parler, sont les NOUVELLES CATHOLIQUES, qui occupent une espece de Couvent, bâti des charitez de plusieurs personnes pieuses ; entre autres, du *Vicomte de Turenne*, qui a plus contribué que personne à cet établissement, lequel a produit de grands fruits dans son tems.

La rue neuve des petits-Champs finit à présent aux Capucines : on y a donné bien plus de longueur qu'elle n'avoit autrefois, depuis que les maisons de la place de Louis le Grand ont été élevées, & il s'en trouve quelques-unes dans cet espace qui paroissent avoir quelque beauté.

LE COUVENT DES AUGUSTINS DECHAUSSEZ.

Ces Religieux que le vulgaire nomme communément *petits Peres*, furent d'abord logez au Fauxbourg faint Germain, par la reine *Marguerite de Valois*, premiere femme de *Henri IV*. dans le même endroit où font à préfent les petits-Auguftins ; mais quatre ans après, pour quelques raifons particulieres, ils quitterent cette maifon, & vinrent dans le lieu où ils font à prefent, qui étoit un endroit tres defert & fort negligé. Le roi *Louis* XIII. fe declara incontinent leur fondateur, & voulut mettre la premiere pierre à leur Eglife, qui fut dediée en 1629. à Nôtre-Dame de la Victoire, à caufe que ce Monarque venoit de foumettre la Rochelle. L'édifice de cette Eglife n'eft pas achevé, & il y manque encore à prefent beaucoup de chofes, qui demanderoient bien de la dépenfe pour être pouffées à la perfection où elles devroient parvenir. Ce qui paroît fur pié, a été commencé en

1656 sur les deſſeins de *Bruand* ; & quoique le modele marque cinq coupes pour cet édifice, on ne voit pas que ce puiſſe être un ouvrage d'une rare beauté. Le grand Autel eſt orné de quantité de figures de menuiſerie, & de quelques ouvrages peints en marbre, d'une invention peu ingénieuſe.

On voit à main droite une chapelle toute de marbre, au milieu de laquelle eſt une figure de Nôtre-Dame de Savonne, à laquelle on a grande dévotion en Italie, particulierement dans un lieu proche de la ville de Savonne, ſur la riviere de Gennes. La chapelle où cette figure ſe trouve, eſt embellie d'une architecture Ionique, de la maniere de *Scamozzi*, du deſſein de *Claude* PERRAULT. Les colonnes ſont de marbre de Languedoc ; le fond de l'Autel & le ſocle, de petite breche. Le roi Louis XIV. a fait bâtir cette chapelle, ſuivant l'intention pieuſe de la reine *Anne* d'AUTRICHE ſa mere, qui l'avoit promiſe à ces Peres, quelques années avant ſa mort, arrivée au Louvre le 20 de Janvier 1666.

Dans le chœur où les Religieux chantent, derriere le grand Autel, on verra un arc bombé d'un trait ſavant & hardi,

S vj

dont les piés droits sont ornez de colonnes Doriques. Ce morceau est d'une excellente maniere, & plaît infiniment aux habiles en architecture.

Le *Frere* FIACRE, dont la vie a été écrite & imprimée il y a peu d'années, mort parmi ces Peres en odeur de sainteté, avoit un tres-grand credit à la cour sur la fin du regne de *Louis* XIII. & au commencement de celui de *Louis* XIV. dont il avoit prédit la naissance long-tems avant qu'elle arrivât. Ce frere a rendu des services importans à cette maison, & c'est à sa consideration qu'on a fait construire la chapelle dont on vient de parler.

Dans une autre chapelle à côté de la porte à main gauche, on verra le tombeau du fameux *Jean-Baptiste* LULLY Florentin; duquel on a fait mention au sujet de l'opera. On ne sauroit dire si la fortune de ce musicien a été égale à son habileté, l'une & l'autre s'étant trouvées à un tres haut degré chez lui. Dans ces derniers siecles, on n'avoit point vû des gens de cette profession parvenir à de si grands honneurs, & amasser tant de richesses; & d'un autre côté, il ne s'étoit point aussi trouvé jusqu'alors en France, un homme plus habile pour la

DE LA VILLE DE PARIS. 421
composition des grands spectacles, & pour la science de toutes les parties de la musique. Ces qualitez étoient jointes à un esprit souple & insinuant, qui lui avoient procuré l'affection des plus grands Seigneurs du Roiaume, avec lesquels il vivoit aussi familierement qu'avec ses égaux. *Michel* LAMBERT, son beaupere, mort dans le mois de Juin de l'année 1696 âgé de 87 ans, est aussi inhumé dans le même tombeau. Il étoit bon musicien, & excelloit particulierement dans la composition des airs tendres. Ce tombeau est orné de quelques sculptures, d'un nommé COTON, avec un buste de bronze assez bien travaillé, qui represente *Lully*.

On lit cette épitaphe au bas.

Ici repose JEAN BAPTISTE LULLY, *Ecuyer, Conseiller Secretaire du Roi, Maison & Couronne de France & de ses Finances, Surintendant de la musique de la Chambre de Sa Majesté, célebre par le haut degré de perfection, où il a porté les beaux chants & la sympho-*

nie, qui lui ont fait meriter la bienveillance de LOUIS LE GRAND, & les applaudiſſemens de toute l'Europe.

Dieu qui l'avoit doué de ces talens par deſſus tous les hommes de ſon ſiecle, lui donna pour récompenſe de ſes cantiques inimitables, qu'il a compoſez à ſa louange, une patience vraiment chrétienne dans les douleurs aigües de la maladie, dont il eſt mort le 22 de Mars 1687, dans la cinquante-quatrieme année de ſon âge, après avoir reçu tous ſes Sacremens avec une réſignation & une pieté édifiante.

Cette épitaphe ainſi que quantité d'autres eſt bien plus pour la vanité des Succeſſeurs, que pour le ſoulagement de l'ame des défunts.

La Sacriſtie eſt à voir étant une des plus belles de Paris.

Le refectoire de ce Monaſtere eſt grand & fort éclairé, orné d'une menuiſerie d'un bon deſſein, avec de grands tableaux qui repreſentent la vie de S. Augustin : on en remarquera trois de *Charles de la Fosse*, deux de *Boulogne*, aujourd'hui Directeur & Recteur de l'Académie de peinture & de sculpture : les autres sont de *Perrosset*, d'*Alexandre*, de *Galloche* & d'*Olivet*.

La Bibliotheque de ces Péres est fort remplie, & les livres qui s'y trouvent, sont tres-bien conditionnez. Elle est placée d'une maniere ingenieuse dans le comble de la maison ; cependant on remarquera que cette situation quoique fort élevée, ne sert qu'à donner plus de lumiere & plus de tranquillité. La menuiserie des tablettes, décorée de pilastres Corinthiens, a de la propreté, & a été executée avec art. Au milieu du plafond, on verra un morceau de peinture à fresque, que *Paul Matthéi* a achevé en dix-huit heures ; ce qui donneroit de l'admiration, si ce Peintre Napolitain avoit apporté autant de soin pour la correction de cette piece, qu'il a voulu faire voir de facilité, & de promptitude à l'expedier.

Le *P. Eustache*, Bibliothecaire, satisfait infiniment les personnes studieuses qui vont voir la bibliotheque, & fait sentir par sa conversation, qu'il connoît parfaitement les bons Livres.

Ces Peres ont aussi un cabinet de médailles d'un beau choix, & d'autres singularitez antiques en assez bon nombre, conservées dans une chambre particuliere, qui en est presque toute remplie. Cette collection a été commencée par les soins du P. ALBERT, fort versé dans la science de la belle antiquité, qui la continue avec succès.

Le P. ANSELME de la *Vierge Marie*, né à Paris, est mort dans ce Couvent le 17 de Janvier 1694, âgé de 69 ans, dont il en avoit passé 50 dans son ordre, presque toujours appliqué à l'étude, & à la recherche des familles distinguées, avec cela en reputation d'une grande piété. Son principal ouvrage est connu du public, sous le titre d'*Histoire Genealogique & Chronologique de la maison de France, & des Grands Officiers de la Couronne & Maison du Roi*, continuée & augmentée par les soins de du *Fournil*, Auditeur à la Chambre des Comptes, imprimé en deux volumes *in fol.* en 1714.

Le *P.* ANGE, travaille actuellement à refondre cet ouvrage & à l'augmenter. Il y fera entrer l'histoire genealogique & chronologique de toutes les pairies de France, tant anciennes que modernes ; même celles des Pairs Ecclefiaftiques depuis l'année 1179, avec les genealogies de ceux dont les ancêtres n'ont point eu de charges de la Couronne, ni des grandes de la maifon du Roi : il fera auffi entrer dans cet ouvrage, tous les anciens Ducs, Comtes & Barons de France. On y mettra les armes des maifons, & le tout enfemble formera au moins un corps de fix volumes *in fol.* Le même auteur a compofé *l'hiftoire genealogique & chronologique, depuis Charlemagne ; & des Electeurs de l'Empire, tant Ecclefiaftiques que Laïques, depuis l'inftitution du College Electoral*, que l'on mettra fous la preffe, après fon hiftoire de la maifon de France & des grands Officiers. Il eft auffi chargé de l'ouvrage que l'on nomme *l'Etat de France*. Il en a donné une édition en 1722, en IV. vol. *in douze* ; & ce qui en fait le merite particulier, c'eft une table alphabetique de tous les noms compris dans tout l'ouvrage. Il n'y a gueres eu d'édition du *Dictionnaire hiftorique* de *Morery*, pour laquelle le P. *Ange* n'ait fourni grand nombre de corrections & d'articles importans. Celle de 1707 roula entierement fur lui, & il a fourni une tres-grande quantité de memoires pour celle que l'on fait actuellement en 1724.

Le P. PLACIDE, auſſi Religieux de cette maiſon, a donné au public des cartes de differens payis, qui ont été reçues avec approbation.

Proche de la porte des Auguſtins reformez on lit ces vers de SANTEUL gravez ſur une fontaine dans un marbre de Dinan.

QUÆ DAT AQUAS, SAXO LATET
HOSPITA NYMPHA SUB IMO.
SIC TU CUM DEDERIS DONA LA-
TERE VELIS.

Il y a encore quelques autres maiſons remarquables dans ce quartier.

L'HÔTEL DE POMPONE, dont la principale entrée donne ſur la place des Victoires, a été occupé pendant pluſieurs années par *Simon Arnaud*, Marquis de POMPONE, Miniſtre d'Etat, qui a travaillé avec un grand ſuccès dans les ambaſſades où il a été emploié vers les Couronnes du Nord. C'étoit autrefois l'hôtel de l'Hôpital, qui apartenoit au Maréchal du même nom, aſſez connu par les belles actions qu'il a faites, & par la part qu'il a eue aux affaires, sous le regne de *Louis* XIII.

En l'année 1714, cet hôtel a été occupé par *Michel* BONIER, Receveur des Etats de Languedoc, qui y a fait de fort grands changemens, & plus de soixante mille écus de dépenses pour décorer les appartemens, & pour leur donner les agrémens de la mode nouvelle. Les dorures magnifiques, & tous les ajustemens que la nouvelle & prompte fortune demande, y paroissent en abondance. Cette maison appartient à présent à l'*Archevêque Duc de Cambray*.

Samuel BERNARD, ou *Benard*, comme son pere peintre en miniature s'appelloit, occupe dans le voisinage une maison, où l'on remarquera bien de la richesse & du luxe.

Sans trop s'éloigner on peut aller voir L'HÔTEL de BULLION, bâti par *Claude* de BULLION, Surintendant des Finances. Il y a dans cette maison des choses remarquables, entre autres, deux galeries, qui sont tres-bien peintes. Celle d'en bas est de BLANCHARD, né à Paris, mort en 1638, lequel y a représenté les douze mois de l'année; sous des figures grandes comme nature. Ces peintures sont d'une excellente beauté; & ce maître, dont le coloris étoit la principale partie, n'a rien fait de plus correct. Le tableau de la Pentecôte, que les curieux vont voir par admiration dans l'Eglise de Nôtre-Dame, est de lui. La galerie haute est de *Simon Vouet*, aussi né à Paris, qui y a représenté les avantures d'Ulysse. Il y travailloit en 1635. Le petit cabinet à l'extrêmité de la même galerie, est aussi du même peintre.

La maison voisine a été bâtie par Hervart, autrefois Controlleur general des Finances, qui l'a fait construire avec bien de la dépense. Mignard a fait une partie des peintures qui y sont; & l'on estime sur tout les plafonds, qui passent pour les plus beaux ouvrages que l'on voye de ce maître.

Joseph Jean-Baptiste Fleuriau d'Armenonville, à present Garde des Sceaux, a acheté cet hôtel en l'année 1707; mais avant que de l'occuper il y a fait beaucoup travailler pour l'embellir & pour lui donner tout ce qui peut convenir à une maison de conséquence. Le Roi persuadé de son merite solide & de son habileté dans les grandes affaires lui a confié les Sceaux, Samedi dernier de Février 1722.

Dans la rue COQ-HERON au bout de la rue du *Bouloy*, est l'HÔTEL de GESVRES, dont la structure paroît ancienne. Il a appartenu autrefois au Marquis de Fontenay Mareüil, célebre par son embassade de Rome, dont il est fort parlé dans les memoires du Duc de Guise. PENAUTIER, Receveur general des Etats de Languedoc, qui avoit acheté cet hôtel en 1708, y avoit fait des réparations, & des embellissemens extraordinaires.

Michel CHAMILLART, ci-devant Controlleur general des Finances, a aquis cet hôtel en 1714, où il a fait faire de grands embellissemens, & divers ajustemens qui y manquoient. Il est mort en 1721.

On trouvera assez proche une fort grande maison, bâtie aux frais d'un nommé *Monginot*, qui avoit amassé des biens considerables dans les Finances: elle a été longtems occupée par *Jean* de PHELIPEAUX, Conseiller d'Etat, qui y est mort en 1711.

Dans la rue de Grenelle se voit

L'HOTEL

DES FERMES DU ROY.

Et hôtel a été occupé autrefois, par les Ducs de MONTPENSIER, & par le Duc de BELLEGARDE, Grand Ecuyer de France, qui fit élever en l'année 1615, la plus grande partie des édifices que l'on y voit encore. Mais l'illustre Chancellier *Pierre* SEGUIER l'ayant acheté en 1633, l'augmenta considerablement, quand il en eut la possession. Ce fut lui qui fit bâtir les deux galeries, qui occupent un des côtez de la grande cour, dont l'entrée donne dans la rue du Bouloy. Les dedans en sont beaux. Tout est rempli de Peintures de *Simon* VOUET, qui y travailloit en 1638. On estime sur tout la chapelle, où ce peintre a pris plus de soin qu'à tout le reste ; & *Charles* le BRUN son disciple, estimoit beaucoup le Crucifix de l'autel, qu'il trouvoit d'une singuliere beauté. Cette maison remarquable autrefois plus qu'aucune autre de Paris, à cause des beaux meubles qui y étoient, & sur tout à cause de la fameuſe bibliotheque, dont tant de ſavans ont parlé dans leurs ouvrages, diſſipée depuis par la négligence des heritiers de ce grand Magiſtrat, a bien changé d'uſage & de diſpoſition. Elle eſt à preſent le Bureau des Fermes du Roi, où les Fermiers généraux tiennent leurs aſſemblées; toutes les ſales baſſes ſervent pour des comptoirs, ou pour des magazins.

L'on n'y voit aucun reſte de la magnificence qu'elle avoit autrefois lorſque cet illuſtre Chancellier l'occupoit, lui qui aimoit ſi paſſionnément les ſciences & les beaux arts, & qui les connoiſſoit ſi bien, qui étoit le pere & le protecteur des ſavans, l'azile des oppreſſez & des malheureux, l'ornement de ſon tems & le modele des magiſtrats, liberal juſqu'à la magnificence, de facile accès à tous ceux qui avoient beſoin de ſon ſecours & de ſon credit, & maître des grandes affaires pendant des conjonctures tres-difficiles, ſans avoir fait des envieux ni des mécontens.

La porte de cet hôtel a été refaite en 1704; où il ne paroît en aucune maniere qu'on ait voulu faire un ouvrage d'une beauté diſtinguée.

Une choſe remarquable ſe trouve

dans la rue COQUILLIERE, qui n'eſt pas éloignée : c'eſt une maiſon ancienne aſſez proche de ſaint Euſtache, à l'extrémité de cette rue ; dans le jardin de laquelle on trouva le buſte d'*Iſis*, ou de *Cybelle*, dont on a parlé au commencement de cette Deſcription. La porte de cette maiſon, qui n'a pas une grande apparence au dehors, eſt d'une beauté ſinguliere en dedans, ornée de pilaſtres Corinthiens d'une regularité admirable ; le Garde des ſceaux de *Château-Neuf* a demeuré pluſieurs années dans cette maiſon.

En 1714, elle a été vendue à ceux qui tiennent les ſaiſies réelles, pour en faire leur bureau, & pour y tenir leurs aſſemblées, & leurs Commis qui ſont en grand nombre.

La rue *Coquilliere* a reçu ſon nom d'un riche Bourgeois ainſi appellé, qui y fit bâtir les premieres maiſons, ſous le regne de Philippe le Bel.

L'HOTEL

L'HOTEL DE SOISSONS.

Sans trop s'écarter des endroits dont on vient de parler, on doit aller voir cet hôtel, autrefois occupé par des personnes du premier rang, mais bâti comme on le voit à présent, par les soins de la reine *Catherine de* Médicis.

Un écrivain moderne, que l'on peut suivre en cette occasion, dit qu'il n'y a pas après le Louvre de maison plus noble dans le roiaume, que cet hôtel. *Jean de Nesle & Eustache sa femme, Saint Louis & la reine Blanche sa mere, Philippe le Bel, Charles, Comte de Valois, Jean de Luxembourg, roi de Boheme, Charles d'Artois, Comte de Longueville & de Pezenas, le roi Jean, Charles V. son fils, Amedée sixième du nom, Comte de Savoye, Louis Duc d'Orleans, Louis XII. les Filles Penitentes, Catherine de Medicis, Christine de Lorraine, Catherine de Bourbon & les Comtes de Soissons,* ont été successivement *proprietaires de ce Palais, à l'exception de Jean de Nesle.* Il ajoûte *que depuis près* de cinq cens ans, cet hôtel a servi de demeure aux plus grands princes du monde; & quoique cette maison ait changé plus de vingt fois de maîtres, elle n'a cependant changé que cinq fois de nom. D'abord on l'appella l'hôtel de Nesle, puis l'hôtel de Boheme, ensuite le Couvent des Filles Penitentes, l'hôtel de la Reine, & enfin l'hôtel de Soissons.

Mezeray, t. 3. p. 580. raporte ce qui engagea *Catherine de Medicis*, à choisir cet endroit, quoiqu'elle eût fait élever quelques années auparavant, le palais des Tuilleries avec de tres-grands soins & bien de la dépense. Comme elle donnoit avec excès dans les prédictions astrologiques, elle fut fort alarmée de ce qu'on lui avoit pronostiqué, que tous les lieux & les personnes qui portoient le nom de Saint-Germain, lui seroient funestes; elle s'abstint même d'aller au Château de Saint-Germain en Laye, pour cette raison; & comme le palais des Tuilleries se trouvoit dans l'étendue de la paroisse de saint Germain l'Auxerrois, elle conçut une extrême apprehension d'y demeurer plus longtems; ce qui la força en quelque maniere à changer de lieu. Elle prit là-dessus la résolution de faire édifier l'hôtel de Soissons, comme on le voit à présent pour s'y loger. Le même auteur ajoute que, malgré toutes ces précautions, le Confesseur qui l'assista à la mort, se nommoit *Julien de Saint Germain*. Il avoit été précepteur du roi *Henri* III. & étoit alors Evêque de Nazaret *in partibus*, & Abbé de Chalis. Cette Reine mourut à Blois, âgée de soixante & douze ans, le cinquiéme de Janvier 1587, peu de jours après le meurtre insigne du Duc de Guise & du Cardinal son frere, & fort peu regrettée à cause des brouilleries étranges qu'elle avoit excitées trente ans durant dans l'état, dont on l'accusoit avec justice. Son corps fut conservé dans l'Eglise de saint Sauveur de cette Ville, jusqu'en l'année 1610. & ne fut apporté à saint Denis qu'avec celui du roi *Henri* III. son fils, qui avoit été déposé à Compiegne depuis sa mort funeste : mais les funerailles ne furent pas proportionnées à la dignité de leurs personnes, quoiqu'elles se fissent à l'occasion de celles du roi *Henri* IV. que la France venoit de perdre d'une maniere étrange, comme on a eu occasion de le lire ailleurs.

Il y avoit déja des édifices à cet endroit, occupez par des filles Penitentes, qui y avoient été établies par le roi

Louis XII. le pere du peuple & les délices de son siecle. Etant encore Duc d'Orleans, il donna son hôtel pour loger ces filles qui avoient été converties & assemblées par le P. Jean Tisserand, Cordelier, zelé Prédicateur de son tems; qui fonda ces Filles Penitentes en l'année 1494, à l honneur de la Madelene pénitente. D'abord il enferma deux cens de ces filles dans cette maison, qu'il mit sous une regle qu'il composa exprès pour elles; mais comme le nombre de ces filles s'accrut beaucoup, & qu'il n'y avoit pas assez de revenu pour les entrenir, on permit à quelques-unes d'entre elles d'aller à la quête dans la Ville; ce qui dura jusqu'en l'année 1550. Cependant à cause de plusieurs inconveniens qui pouvoient arriver, on les obligea à une clôture plus étroite, où elles demeurerent jusqu'en 1572, que la reine Catherine de Médicis les tira de ce lieu pour s'y loger elle-même. Elle transporta toute cette nombreuse Communauté, dans la chapelle de saint Georges, rue saint Denys, laquelle jusques là avoit appartenu aux Religieux de saint Magloire de l'ordre de saint Benoît, lesquels allerent s'établir au faubourg saint Jacques, dans la maison qui porte le même nom, comme on le dira en son lieu. On fit naître un grand scrupule à cette Reine, d'avoir fait détruire l'Eglise des Filles Penitentes, dont il reste encore un pan de muraille du côté de la rue des deux écus; & quoique d'ailleurs elle n'eût pas la conscience fort délicate, comme la plûpart des historiens qui parlent d'elle le publient, elle ne put s'empêcher, pour réparer cette faute, ou plûtôt pour donner quelque sorte de satisfaction au public, de faire édifier à l'extrémité de la rue de Grenelle une petite Chapelle, dont on voit le portail, avec deux campaniles, que l'on nomme encore à present, la Chapelle de la Reine pour cette raison.

L'hôtel de Soissons n'a rien du tout de considerable que son étendue. Les édifices en sont tristes & mal ordonnez.

On voit dans un des coins de la cour une grande colonne d'ordre Dorique de cent piés de hauteur, dans le fust de laquelle on a pratiqué un escalier à vis, à l'imitation de la colonne Trajane, le plus beau monument de Rome, sur laquelle il paroît une sphere armillaire composée de plusieurs cercles de fer. On croit que la reine Catherine de Medicis la fit construire exprès de la sorte, pour obferver les aftres avec un prétendu favant, nommé *Côme de Ruggeri*, né à Florence, Abbé de faint Mahé en baffe-Bretagne. C'étoit un homme d'une mediocre capacité, grand exagerateur de fon mérite, & fort entreprenant pour fa fortune. Il s'étoit introduit à la cour fur le pié de favant aftrologue, dans des conjonctures où cette vaine & ridicule fcience y étoit fort en vogue ; mais fe mêlant de plus d'une affaire, il fut envelopé en 1674 dans la confpiration de la Mole & de Coconas, accufez d'avoir employé des fortileges, contre la vie du roi *Charles* IX. cependant cet Italien adroit & rufé, par fes intrigues, ne fut condamné qu'aux galeres, dont la reine Catherine de Medicis le tira promptement à caufe des fervices fecrets qu'il lui rendoit. De *Thou* parle de lui, & le *Mercure* François rapporte qu'il mourut en 1615, mais d'une maniere étrange ; on ne vit jamais une mort plus affreufe que la fienne, difent les mêmes auteurs : accablé de vieilleffe, de goutte & de gravelle, il difoit hautement & en furieux, qu'il vouloit mourir athée ; réduit à deux jours près de fa fin, fes amis l'exhortant à fonger à Dieu, firent venir le Curé de faint Medard fa paroiffe, qu'il ne voulut point voir. On lui amena deux Capucins fort zelez, dont il se moc-qua. Enfin comme on le pressoit avec chaleur de se mettre en bon état pour obtenir la grace de Dieu tout miséricordieux, *Foux que vous êtes*, leur dit-il, *il n'y a point d'autres Dieux que les Rois & les Princes, qui seuls peuvent nous avancer & nous faire du bien, & point d'autres diables que les ennemis qui nous persecutent*. Pour punir son affreuse & execrable impiété, on ne put faire autre chose que de traîner après sa mort son cadavre à la voirie, qui y fut condamné par sentence de justice, comme il le meritoit.

On a oublié de dire, que dans le petit jardin de cet hôtel, on peut voir une Venus de marbre couchée, au milieu d'un bassin de fontaine, soutenu de quatre consoles, de l'ouvrage de *Jean* GOUGEON, qui est d'une rare beauté.

Mais une chose dont il est bon d'instruire le public, & dont on ne doit pas laisser perdre la memoire, c'est que si la mort n'eût point prévenu si promptement J. B. COLBERT, il avoit arrêté de renverser entierement ce grand hôtel qui contient beaucoup de terrain, pour faire une magnifique place dans laquelle on devoit élever le plus superbe monument que l'on eût vû dans toute l'Europe.

Au milieu de cette spacieuse place à laquelle plusieurs grandes rues venoient heureusement terminer, on auroit vû s'élever du centre d'un bassin d'une vaste étendue, un haut rocher de marbre, sur le sommet duquel le Roi eût été representé, foulant aux piés la discorde & l'heresie ; quatre fleuves d'une taille gigantesque de bronze ainsi que la figure principale, appuyez sur leurs urnes, devoient verser quantité d'eau dans le bassin, entouré d'une balustrade aussi de marbre qui auroit reçu la derniere décharge des eaux qui viennent du village de Rongis, par l'aqueduc d'Arcueil, lesquelles delà se seroient divisées pour d'autres endroits de la Ville. Tout étoit disposé pour l'execution de ce beau & magnifique dessein ; les marbres d'un volume extraordinaire étoient déja voiturez ; mais la mort du Surintendant arrivée trop tôt, rompit entierement ce projet, dont il ne reste plus que le modele en petit, que *Girardon* conservoit dans son cabinet comme une piece curieuse, dont on pourroit peutêtre se servir quelque jour ; si cependant on travaille jamais aux embellissemens de cette Ville, avec autant de zele & de soin que l'on a fait autrefois. Les blocs de marbre destinez pour l'execution de ce monument ont été employez à d'autres choses ; on s'en est servi à faire les deux grandes figures de saint Charlemagne & de saint Louis, de 10 piés 5 pouces de hauteur, placées dans les niches du frontispice de la nouvelle Eglise de l'hôtel roial des Invalides.

L'EGLISE DE SAINT EUSTACHE.

C'Etoit originairement une fort petite Chapelle sous le titre de sainte Agnès, d'une fondation assez anncienne, qui relevoit du Chapitre de saint Germain l'Auxerrois & qui y servoit de secours, ce qui fait que cette Paroisse en dépend encore à present. Elle est devenue dans la suite une des plus grandes de la Ville, & d'un revenu si considerable, que le Curé en tire plus de douze mille écus par an.

L'étendue de cette Paroisse va si loin, qu'on a été obligé de bâtir des secours dans les endroits les plus écartez ; mais tout cela ne suffit pas encore à présent à cause du prodigieux nombre d'habitans qu'elle contient, qui augmentent tous les jours, & par la quantité de maisons que l'on éleve dans differens endroits, autrefois inhabitez, qui se trouvent dans le district de cette Paroisse, & dans des distances si éloignées, qu'il est presque impossible que les fonctions curiales puissent être remplies, comme il seroit necessaire & comme l'esprit de l'Eglise le demande.

Il seroit à souhaiter que cette grande Paroisse, ainsi que celle de saint Sulpice, fut divisée ; c'est même l'esprit de l'Eglise, qu'un pasteur n'ait pas un troupeau si nombreux à diriger, comme il pâroit qu'on l'a sagement pratiqué autrefois dans les autres villes du roiaume, dont même sans trop s'éloigner, on voit encore un bel exemple dans le quartier de la Cité, le plus ancien de la Ville, où il y a plusieurs Eglises Paroissiales qui ont été bâties à mesure que le nombre des habitans a augmenté. Ce bon exemple paroît aussi dans la paroisse saint Germain l'Auxerrois, de laquelle sont sortis en differens tems saint Sauveur, saint Roch, Nôtre Dame de la Ville-Neuve, saint Eustache & saint Joseph, comme on l'a déja remarqué ailleurs : on pourfoit aussi dire la même chose de quelques anciennes Eglises qui en ont produit d'autres, lesquelles sont depuis devenues considerables par les accroissemens & par l'augmentation des habitans de la Ville.

Le bâtiment de l'Eglise saint-Eustache, comme on le voit à present, a été commencé vers l'année 1530. La premiere pierre fut posée par *Jean* de la *Barre*, Lieutenant du Gouverneur de Paris; mais ce grand ouvrage suspendu & imparfait pendant plusieurs années, n'a été entierement achevé qu'en 1642, comme on le voit par le chifre gravé dans la voute de la croisée. Le Chancelier *Pierre Seguier* & *Claude de Bullion*, Surintendant des Finances, sous le ministere du Cardinal de Richelieu, ont beaucoup contribué à sa perfection, en fournissant de tres grandes sommes; & sans leurs soins & leurs liberalitez, on auroit eu bien de la peine à le voir terminé comme il est à present à cause de la grandeur de l'entreprise.

Cet édifice est très-spacieux. Un double coridor separé par quantité de piliers, avec des Chapelles, se trouve tout autour. Les voutes en sont élevées, & l'on n'a rien negligé pour sa perfection, que la partie principale, à savoir le dessein & la regularité, qui y sont très-mal traitez. L'architecte dans cet édifice a fait paroître une horrible confusion du Gothique & de l'antique, & a pour ainsi dire, tellement corrompu & massacré l'un & l'autre, que l'on n'y peut rien distinguer de regulier & de supportable; ce qui fait que l'on doit plaindre avec raison, la grande dépense qui a été faite dans cette fabrique, sous la conduite du maçon ignorant, qui en a donnné les desseins.

Le grand autel est orné d'un corps d'architecture Corinthienne de quatre colonnes de marbre de Gauchinet d'une disposition peu agréable. Les figures qui sont aux côtez, de même que les ornemens de sculpture, ne sont pas d'une trop bonne main. Le tableau est de *Simon Vouet*. Aux fêtes du Saint Sacrement, on y voit un petit dais, donné par la reine *Anne d'Autriche*, lorsque la cour occupoit le Palais roial, qui est de cette même paroisse. Il est garni de pierreries & de perles d'un prix considerable.

La chaire du Prédicateur est assez bien travaillée. Il y a au dessus un grand tableau, qui represente l'apparition de notre-Seigneur, que *J. B. Colbert*, Ministre & Secretaire d'Etat, a donné,

TOMBEAU DE MR COLBERT.

comme il paroît par ses armes qui sont au bas; de même que la belle argenterie que l'on expose sur l'autel, composée de quantité de chandeliers, & de tout ce qui est necessaire pour le service divin.

L'œuvre vis-à-vis la chaire du Prédicateur est d'une menuiserie d'une belle execution & d'un dessein nouveau.

Les Chapelles des deux côtés de la grande porte, sont embellies de peintures à fresque. Celle qui sert de baptistaire, est de *Pierre* MIGNARD, qui y a representé la circoncision & le baptême de Nôtre-Seigneur. L'autre destinée pour les mariages, est de *Charles de la* FOSSE, né à Paris, qui y a peint deux sujets l'un de l'ancien, & l'autre du nouveau testament, qui sont le mariage d'Adam avec Eve, & celui de la sainte Vierge avec saint Joseph.

Entre les tombeaux des personnes renommées, enterrées dans cette Eglise, est celui de J. B. COLBERT, né à Paris, Ministre & Secretaire d'Etat, Controlleur general des Finances, & Surintendant des Bâtimens, mort le 6 de Septembre 1683, âgé de soixante & quatre ans, l'homme depuis l'établissement de la monarchie qui a le plus travaillé à faire fleurir & à perfectionner les sciences,

& les beaux arts dans le roiaume ; après la mort duquel ils ont senti une diminution tres-considerable. Ce Ministre ne s'étoit pas seulement appliqué à la culture generale des sciences & des arts, mais encore à la marine, presque inconnue avant lui en France, aux manufactures de toutes les especes, de draps, de dentelles, de tapisseries, de glaces, de cuirs & de menues étoffes; il a établi les Academies des Sciences & d'Architecture, de même que celle des belles Lettres, & l'Academie des Peintres que le Roi entretient à Rome. L'Observatoire roial a été édifié par ses soins pour l'astronomie: enfin on peut dire qu'il a fait des choses si utiles pendant son ministere, qu'il n'y auroit rien autre chose à souhaitter que ce qu'il avoit si heureusement commencé eût été continué avec la même attention. Ce tombeau, qui est de l'invention de le BRUN, est placé sous un grand arc, à côté de la chapelle de la Vierge, derriere le Chœur. Ce fameux Ministre est representé à genoux sur un *sarcophage*, ou forme de tombeau de marbre noir. Un ange lui tient un livre ouvert, dans lequel il semble prier Dieu. La principale figure est d'*Antoine* COYSEVOX ; mais l'ange est de *Baptiste* TUBY. Deux vertus assises, grandes comme nature, servent d'accompagnemens ; l'abondance & la religion. La premiere est aussi de *Coysevox*, & la seconde de *Tuby* ; l'une & l'autre d'une excellente perfection, dessinées & finies avec une extrême exactitude. Ces belles figures sont designées par des passages de l'écriture.

Du côté de l'abondance, on a gravé ceux ci :

ACCEPTUS EST REGI MINISTER INTELLIGENS.
Proverb. 14.
Quæ sunt Cæsaris, Cæsari.

Et du côté de la religion :

CULPA ET SUSPICIO NON EST INVENTA IN EO.
Daniel. 6.
QUÆ SUNT DEI, DEO.

Sur les jambages, on a encore ajoûté des devises dans des cartouches de bronze doré ; dans le premier, Joseph est representé occupé à faire distribuer du blé au peuple d'Egypte. *Genese* 41. Avec cette Inscription.

FIDELIS DISPENSATOR ET PRUDENS.
Luca 12.

Dáns le second, Daniel donne les ordres du roi Darius aux satrapes & aux gouverneurs de Perse. *Daniel. 6.*

PIE AGENTIBUS DEUS DEDIT SAPIENTIAM. *Eccles.* 43.

Ces emblêmes sont du savant *Abbé Jean* GALOIS, né à Paris, de l'Academie Françoise & de l'Academie des Sciences, fort estimé de J. B. COLBERT, à cause des lumieres excellentes qu'il lui communiquoit.

Ce monument est d'une tres rare beauté, & toutes les pieces qui servent à l'enrichir sont correctement dessinées. On a negligé jusques ici d'y mettre une épitaphe, sans que l'on en puisse développer la raison, qui étoit cependant tres-necessaire pour faire connoître à la posterité le desir ardent que ce grand Ministre avoit, d'immortaliser le regne de son maître, & d'enrichir sa patrie de tout ce que les sciences & les beaux arts pouvoient produire de plus exquis.

Le Marquis de SEIGNELAY, son illustre fils, mort le 3 de Novembre 1690, est dans le même tombeau, dont la magnificence & l'amour de faire du bien à ceux qui l'approchoient, étoient dans un haut degré de perfection.

Sur un des piliers de la nef de la même Eglise, on distinguera un grand bas relief de marbre blanc sur un fond noir, qui est l'épitaphe du savant *Marin Cureau* DE LA CHAMBRE, Médecin ordinaire du Roi ; on le voit représenté dans un médaillon, que l'immortalité tient entre ses mains ; & pour le mieux faire connoître, on lit au-dessus dans un cartel.

SPES ILLORUM IMMORTALITATE PLENA EST.

Avec cette inscription :

MARINUS DE LA CHAMBRE *Archiater obiit 1669, ætatis 75.*

Cette belle piece est de *Baptiste* TUBY, excellent Sculpteur, d'après un dessein de le BRUN.

Marin de la CHAMBRE est auteur de plusieurs bons traités, à savoir le *caractere des passions, l'art de connoître les hommes, la connoissance des bêtes, conjecture sur la di-*

gestion, de l'*Iris*, de la lumiere, le *système de l'ame*, le *débordement du Nil*, *traduction de la physique d'Ariſtote*, *de la Philoſophie Platonique*, & *Uſus Aphoriſmorum*. Il fut un des premiers que le Cardinal de Richelieu choiſit pour former l'Academie Françoiſe, & dans la ſuite il remplit une des premieres places dans l'Academie des Sciences, qu'il meritoit bien.

Les autres perſonnes conſiderables inhumées dans la même Egliſe.

René BENOIST qui en étoit Curé & Confeſſeur du roi *Henri* IV. ſavant Theologien, auteur d'une traduction de la Bible, devenue tres-rare, depuis qu'elle a été cenſurée. Il eſt mort Doien de Sorbonne, le 10 de Mars 1608. Il avoit été nommé a l'Eveché de Troyes, comme un homme tres-capable de remplir cette dignité, mais il ne put jamais obtenir des bulles, parcequ'il avoit écrit trop librement contre les flateurs de la cour de Rome, à ce que dit le *Mercure François*.

Vincent VOITURE, mort en 1648, âgé de cinquante ans, étoit de l'Academie Françoiſe, & dans une grande conſideration parmi les perſonnes polies de la cour ; auſſi étoit-il un des plus beaux eſprits de ſon tems, comme on le voit par ſes lettres & par ſes poëſies.

Claude Faure, *sieur* de Vaugelas, Chambellan de Jean Gaston Duc d'Orleans, Frere de Louis XIII. est mort en l'année 1649, âgé environ de 56 ans. Il étoit de l'Academie Françoise. Sa traduction excellente de *Quinte-Curse*, à laquelle il travailla trente ans, lui a aquis une très-grande reputation. Ses remarques sur la langue Françoise, ont été si estimées, que *Pierre Corneille* a bien voulu y travailler & les augmenter, ce qui marque l'estime que ce grand homme en faisoit.

François de la Mothe le Vayer, né à Paris, mort en 1672, âgé de quatre-vingt deux ans. Il étoit de l'Academie Françoise. Son mérite le fit choisir pour être Précepteur de *Philippe de France Duc d'Orleans*; & ses nombreux écrits font juger que personne n'avoit une lecture plus profonde des anciens & des modernes. Il avoit avec cela une memoire prodigieuse, à la faveur de laquelle il trouvoit à propos, toutes les citations dont il avoit besoin, pour autoriser les faits, ou les points qu'il avançoit. Ses ouvrages ont été compilez en 15 *vol. in* 12, ausquels on y a ajoûté deux autres, qu'on auroit pû s'empêcher de mettre au jour, à cause des matieres bizarres qui y sont traitées en dialogues.

Amable de Bourzeys, Abbé de saint Martin de Cors, étoit aussi de l'Academie Françoise, fort laborieux, & sur tout fort zelé pour rendre service aux personnes de Lettres, ou à ceux qui se distinguoient en quelque chose, qu'il favorisoit de son crédit & de ses soins auprès des ministres.

Antoine de Furetiere, né à Paris, Abbé de Châlivoy, Prieur de Chuines, & membre de l'Academie Françoise, est mort le 14 de Mai de l'année 1688. On a de lui des ouvrages qui lui ont procuré du renom ; mais le plus considerable, où il paroît un travail prodigieux, c'est *le grand dictionnaire universel*, contenant tous les mots François, imprimé d'abord à la Haye en trois volumes *in folio*, ensuite à Lion, & en d'autres endroits. Ce grand & penible ouvrage lui fit d'étranges affaires avec l'Academie, aussitôt qu'il parut ; & la chose alla si loin, qu'il en fut exclus d'une maniere injurieuse & passionnée. Cependant il se justifia entierement, & pour faire voir son innocence au public, il donna un essai de son ouvrage ; ensuite duquel il publia plusieurs factums curieux dans lesquels il marqua le genie & le caractere de la plûpart des Academiciens de son tems, mais d'une maniere caustique & chagrine, comme un homme a qui on avoit fait injustice.

Jean DE LA FONTAINE, Poëte fameux, mort le 13 d'Avril 1695, âgé de 74 ans. Ses principaux ouvrages sont des nouvelles, des contes & des fables. On a aussi de lui quelques operas & quelques comedies. Il étoit de l'Academie Françoise, & fort goûté par les personnes qui aimoient les poësies libres & enjouées.

Bernard de *Girard Seigneur* du HAILLANT, Historiographe de France, premier Genealogiste de l'ordre du Saint-Esprit, dont on cite tres souvent les ouvrages ; il est mort le 23 de Novembre 1610, âgé de 76 ans.

Quelques personnes de la famille des STROZZI, qui a produit des hommes illustres, sont enterrées dans une des chapelles de la nef de cette Eglise.

De même qu'une savante du siecle passé, qui a fait beaucoup d'honneur à son sexe, sous le nom de *Marie Jars* de GOURNAY, née à Paris, d'une famille distinguée. Elle donna au public plusieurs ouvrages pleins d'esprit, & fut en relation avec les plus doctes de son siecle, comme on le reconnut après sa mort par leurs Lettres, que l'on trouva dans ses papiers, entre lesquelles il y en avoit aussi plusieurs des Cardinaux du Perron & de Richelieu, de saint François de Sales, du Duc de Mantoue, de Mrs du Puis, de Hensius, du Cardinal Bentivoglio, de César Capacio, de la Mothe le Vayer, de Gilles Menages & de plusieurs autres illustres. Elle eut dès son enfance une extrême passion pour les sciences ; & les merveilleux progrès qu'elle y fit dans la suite de son âge, furent admirez de tous les grands hommes qui vivoient alors, la plûpart desquels ont parlé d'elle avec éloge dans leurs ouvrages. Elle compila & fit imprimer les *Essais* de Michel de Montagne, qu'elle dedia au Cardinal de Richelieu.

On fit cette épitaphe pour mettre sur son tombeau.

MARIA GORNACENSIS, *quam Montanus ille filiam, Justus Lipsius adeoque omnes Docti sororem agnoverunt. Vixit annos 80. devixit 13. Jul. anno 1645. Umbra æternum victura.*

HOMBERG, premier Medecin de S. A. R. tres-habile chimiste, auquel on est redevable de plusieurs découvertes, est mort dans le Palais roial en 1715, où il avoit son laboratoire.

Isaac de BENSERADE, Gentilhomme Normand, est mort en 1691 le 15 d'Octobre, âgé de 78 ans. Il étoit de l'Academie Françoise. On a des poësies de sa composition qui ont de la beauté, & qui ont été fort goûtées lorsqu'elles ont paru. Le Cardinal de Richelieu & le Cardinal Mazarin, lui firent du bien & l'honorerent de leur estime.

François d'Aubusson, Duc de la FEUILLADE, Pair & Maréchal de France, Colonel du Regiment des Gardes Françoises & Gouverneur de Dauphiné, est mort le 18 de Septembre 1691. C'est le même qui a fait ériger le monument de la place des Victoires, comme on l'a déja dit.

Nicolas SANSON, Geographe du Roi, troisiéme fils du fameux *Nicolas Sanson*, est mort en 1648, d'une blessure qu'il reçut en voulant sauver le Chancelier Seguier, du dernier danger, dans un tumulte populaire qui arriva pendant les dernieres guerres de

Paris. Il a laissé un ouvrage de geographie, qui fait juger qu'il auroit porté bien loin cette belle & utile science, si la mort ne l'eût point enlevé à la fleur de son âge.

René le PAYIS, est mort le dernier d'Avril 1690. On a des ouvrages de sa composition qui ont été lûs dans leur nouveauté & qui le sont encore à present dans les Provinces.

Il est bon de savoir que cette Eglise est la plus considerable de Paris par le nombre des personnes illustres qui y sont inhumées.

LA RUE MONTMARTRE passe derriere l'Eglise de saint Eustache, dans laquelle il n'y a rien du tout à remarquer.

A l'entrée de cette rue, derriere saint Eustache, on voioit il n'y a pas encore longtems une pierre élevée de quelques piés qui servoit de pont pour le passage des gens de pié lorsqu'il survenoit des pluies extraordinaires.

Quelques historiens disent que *Jean* ALAIS, maître des Comediens, qui vivoit dans le douziéme siecle, voulut être enterré dans ce vilain endroit, l'égoût des halles proche de la chapelle de saint Agnès, aujourd'hui la Paroisse de saint

Saint-Eustache, qu'il avoit fondée, s'étant fait un grand scrupule d'avoir mis le premier un impôt sur le poisson; & pour en faire une espece d'expiation au public, il voulut être enterré proche du lieu où il avoit établi cette maltôte; cependant c'étoit pour être remboursé d'une grande somme qu'il avoit prêtée au Roi.

A son extremité est la rue de CLERY, qui a d'assez belles maisons.

Celle qui a longtems été occupée par *Berthelot* de PLENEUF, est une des plus considerables par son étendue & par le nombre des appartemens qu'elle contient, entre lesquels il y en a de fort commodes, disposez autour de deux cours qui se communiquent d'une maniere assez ingenieuse. Le vestibule qui forme un corps avancé en face de la principale entrée, est orné au dehors d'un ordre Ionique, avec un Attique au-dessus. L'interieur de ce vestibule est décoré de pilastres du même ordre avec une corniche architravée d'une proportion & d'un profil regulier. L'escalier est une piece qui a de la grandeur & de la beauté dans toutes ses parties, & il y en a peu en cette Ville qui lui puissent être preferez. Le jardin de cette maison est remarquable par de beaux maronniers d'Inde qui fourniſſent en été un couvert agréable.

Fort proche eſt la maiſon que *Roland* a fait édifier ſur le deſſein de des ARGUES, dans laquelle on eſtime fort l'eſcalier, parce qu'il eſt diſpoſé d'une maniere ingenieuſe ſur un plan fort bizarre. *Abraham* de BOSSE, qui en parle dans ſon traité d'architecture, ſe plaint que le maçon qui en a eu la conduite, y a introduit des fautes conſiderables; parce qu'il n'y a rien que les ouvriers ignorans haïſſent tant que la ſimplicité, comme on le voit tous les jours par les ornemens inutiles & ridicules qu'ils mettent de leur chef dans des endroits où ils ne ſont point du tout convenables.

Vers le milieu *de la rue Montmartre*, on voit l'ancienne Egliſe de la JUCIENNE, c'eſt-à-dire, de *ſainte Marie Egyptienne*, autrefois occupée par les grands Auguſtins, à preſent établis à l'extremité du Pont-neuf, qui quitterent cette Egliſe & le Couvent qu'ils occupoient, pour venir ſur le bord de la riviere ſe loger avec les *Sachetins*, autre ſorte de moines, qui ſe diſoient freres de la pénitence de JESUS-CHRIST, inſtituez par le roi *Henri* III. lesquels suivoient aussi la regle de saint Augustin. La rue voisine de cette Eglise, a retenu le nom de ces Peres qu'elle porte encore à present, que l'on nomme pour cette raison *rue des vieux Augustins*.

Presque à l'extremité de la même rue, est la petite Eglise de SAINT JOSEPH, qui est un secours de la paroisse de saint Eustache, dans le cémetiere de laquelle est enterré le fameux MOLIERE, célebre Comédien, par les pieces qu'il composoit & qu'il representoit lui même d'une maniere inimitable. Il se nommoit *Jean-Baptiste Poquelin* MOLIERE. Il étoit né à Paris, fils d'un valet de chambre, Tapissier du Roi, & lui-même avoit exercé cette charge pendant quelques années. Il fit ses études avec assez de succès chez les Jesuites au college de Clermont, mais il abandonna tout pour suivre son genie, qui le tourna du côté du théatre comique. La premiere piece qu'il mit au jour, fut l'Etourdi, qu'il representa à Lyon en 1653, laquelle lui procura une grande réputation. Il en composa d'autres ensuite jusqu'au nombre de trente, lesquelles eurent la plûpart bien du succès & des applaudissemens, ce qui fut cause qu'on le nomma le *Terence* de son siecle ; mais enfin sa derniere piece fut le malade imaginaire, dans laquelle il se trouva mal à la quatriéme representation en faisant le premier rôle ; & mourut quelques heures après, le 17 de Fevrier 1673, âgé de cinquante-trois ans. Une remarque assez singuliere faite au sujet de cette mort prompte, c'est que *Brecourt* & *Rosimont*, aussi Comediens renommez, sont morts des maladies dont ils avoient été attaquez dans la representation du même personnage, mais moins subitement à la verité. La mort précipitée de ce fameux Comedien, surprit & affligea toute la France, & l'on regretta extrémement la perte d'un homme, qui promettoit encore beaucoup, quoiqu'il eut déja beaucoup donné au public, aiant porté le spectacle comique plus loin qu'aucun autre n'avoit fait depuis les anciens. On eut d'autant plus sujet de le regreter, que depuis cet illustre Auteur il n'a paru que tres-peu de pieces de la beauté & de la force de celles de sa composition ; ce qui est cause que l'on est tres-souvent obligé, pour satisfaire & appaiser le public, dégoûté de mille pitoiables & fades nouveautez qui paroissent souvent, de redonner les Comedies de Moliere; avec lesquelles on arrête les sifflemens & les huées du parterre, qui rend toujours justice à la beauté des pieces, quoi que l'on en puisse dire; & qui oblige par ces mouvemens hardis & raisonnables, les Comediens à être plus exacts & plus reguliers dans leurs representations.

Les pieces de Moliere ont été traduites en diverses langues, en Italien, par *Nicolas Castelli*, imprimées à Leipsic aux frais de l'auteur en 1692, en Anglois & en Allemand par des Auteurs de ces payis.

A l'occasion de sa mort on fit plusieurs poësies en latin & en françois, entre lesquelles cette épitaphe latine fut des plus applaudies.

Hic situs est, vitiorum hominum dum viveret hostis,
Illos cum scriptis, voce vel argueret.
Dicendo verum vitiis non ipse pepercit.
Huic Deus ut parcat, lector amice, roga.

Moliere étant mort, les Comediens se disposoient à lui faire un convoi magnifique, mais *François* de HARLAY, alors Archevêque de Paris, ne voulut pas le permettre, suivant l'usage de l'Eglise, pratiqué à l'égard des Comédiens, qui défend que l'on les inhume en terre sainte. La femme de Moliere alla sur le champ à Versailles, se jetter aux piés du Roi, pour se plaindre de l'injure que l'on faisoit à la memoire de son mari; mais le Roi la renvoia en lui disant que cette affaire dépendoit du ministere de l'Archevêque, & que c'étoit à lui qu'il faloit s'adresser; cependant S. M. fit dire à ce Prélat, qu'il fit ensorte d'éviter le scandale: ce qui engagea l'Archevêque à révoquer la défense qu'il avoit donnée, à condition que l'enterrement se feroit sans pompe & sans bruit. Il fut fait par deux Prêtres qui accompagnerent le corps sans chanter, & l'on l'enterra dans le cémetiere qui est derriere la chapelle succursale de saint Joseph, à l'extrémité de la rue Montmartre. Tous les amis de Moliere assisterent à son enterrement, aiant chacun un flambeau à la main. La Moliere sa femme, comme Comedienne, s'écrioit par tout à haute voix, Quoi! *l'on refusera la sepulture à un homme qui meritoit des Autels.*

Un peu plus avant dans la rue du GROS CHENET, Philippe MILIEU, *Conseiller du Roi en ses Conseils, Direc-*

teur general des vivres, étapes, fourages, lits des hôpitaux des armées de Sa Majesté & garnisons, créé par Edit du mois de Septembre 1703, a occupé une maison propre & fort ajustée à la moderne, dans laquelle cependant on ne distingue rien d'extraordinaire.

Voilà les choses les plus singulieres que l'on peut remarquer dans tout ce grand quartier, qui est à present un des plus considerables de la Ville, depuis que les ministres & les gens d'affaires, qui les suivent ordinairement par tout, se sont avisez d'y aller loger, sans considerer qu'il n'est pas cependant des plus sains, ni des plus commodes, par rapport à quantité de choses utiles qui y manquent, qui se rencontrent aisément dans plusieurs autres quartiers de la Ville.

LES HALLES.

LE quartier des Halles n'est pas fort éloigné des lieux dont on vient de parler. C'est un endroit qu'il faut éviter à cause des embarras continuels qui s'y trouvent.

Avant Philippe Auguste, c'étoit un grand espace vague, appellé *Champeaux*, *Campitelli* en latin, dans lequel on établit un marché pour la commodité de la Ville, qui s'accrut extrémement sous son regne dans lequel on apportoit vendre toutes sortes de denrées necessaires à la vie, comme on le pratique encore à present. On y faisoit aussi les executions des criminels, de même qu'on les fait à la Greve.

Il est resté sur pié une ancienne tour de figure octogone, nommée le *Piloris* où les banqueroutiers étoient exposez pendant trois jours de marché, ce que l'on a encore pratiqué ces dernieres années en la personne d'un appellé *la Nouë*, & en 1711, Samedy vingt-neuviéme d'Août à l'occasion d'un autre aussi criminel, tous deux convaincus de banqueroutes insignes & frauduleuses.

L'HOTEL DE BOURGOGNE.

Cet Hôtel est dans le voisinage du quartier des Halles. Les Comediens Italiens, qui representoient alternativement, avec la troupe Françoise, sur le théatre de l'hôtel de Guenegaud, ont été en possession tranquile de cet hôtel pendant plusieurs années, & l'on étoit charmé de voir quelques-unes de leurs pieces remplies d'une satyre tres-fine contre le dereglement des mœurs du siecle, sur tout contre l'insolence des partisans, ou maltôtiers, qui ne donnent que trop de matiere de se plaindre & de parler, par leur conduite arrogante & fastueuse. Cette satyre étoit soutenue de la naïveté des acteurs, particulierement de l'incomparable *Arlequin*, qui tâchoit en riant de corriger les mœurs corrompues; du moins si l'on en devoit croire sa devise peinte sur le cintre du Theatre, dont le corps étoit le masque du même *Arlequin*, avec ces paroles d'Horace,

CASTIGAT RIDENDO MORES.

On trouve dans un journal du seiziéme siecle, que le roi *Henri* III. fut le premier qui fit venir des Comédiens d'Italie, ils étoient de Venise pour la plûpart. Ce Prince paya leur rançon, aiant été pris par les Huguenots. Ils commencerent à jouer leurs pieces dans la sale des Etats de Blois, & ensuite il leur donna des Lettres, le 19 de May, 1577, que le Parlement refusa tres-sagement d'enregistrer à cause du dérégle-ment qu'ils insinuoient par les represen-tations de leurs pieces, & qu'*elles n'en-seignoient que paillardises & vilanies*, selon les termes du journal; mais cependant ils ne laisserent pas d'ouvrir leur theâtre, par autorité du Roi. Depuis ce tems-là ces Comédiens ne reçurent aucune in-quiétude, quoique le Parlement ne leur ait jamais voulu accorder la permission qu'ils auroient dû avoir. On les nom-moit autrefois *Gelosi*, & ne prenoient au commencement que quatre sols par personne. La foule des spectateurs étoit tres-grande, & les Italiens, dont la cour étoit remplie alors, y entroient sans rien payer. Dans le mois de Juillet, après qu'ils eurent presenté leur premiere re-quête pour avoir des lettres de permis-sion de jouer, ils firent de nouvelles in-

ſtances ; mais le Parlement bien loin d'é-
couter ce qu'ils demandoient, leur fit
de ſeveres défenſes, ſur peine de dix
mille livres d'amende, de préſenter davantage de pareilles requêtes. Ce qui fait
voir l'averſion que l'on avoit en ce tems-
là pour eux. Malgré les ſoins vigilans
du Parlement, au mois de Septembre
ſuivant, ils ouvrirent leur théatre publiquement dans la ſale du petit Hôtel
de Bourbon, proche du Louvre, à preſent le garde-meuble du Roi, & depuis
ſoutenus par la Cour, ils ne furent plus
inquietez.

Mais dans le mois de Mai 1699,
pour des raiſons dont on n'a pas daigné
informer le public, le Lieutenant de
police, par un ordre exprès de la Cour,
leur a fait défenſe de jouer & de donner
aucune repreſentation ; & pour rendre
encore cette défenſe plus authentique &
plus forte, on mit le ſceau ſur les portès
du théatre, & ſur celles des loges, ce
qui a été le plus rude coup que cette
troupe ait reçu depuis ſon établiſſement;
cependant en l'année 1716, une nouvelle troupe Italienne a été rétablie par
Ordonnance du Roi du 18 de Mai,
ſous le nom de *nouvelle troupe des Comediens Italiens de Monſeigneur le Duc*

d'Orleans. Ils sont à present aux appointemens du Roi.

La Tragedie & la Comedie aiant été portées en France à un degré de perfection & de magnificence, où elles n'ont point encore paru jusqu'ici chez aucune nation; on peut dire que c'est sur le theatre de l'hôtel de Bourgogne, que ces deux genres de spectacles ont été goûtez dans toute leur regularité. Les plus celebres auteurs y ont fait paroître leurs chefs-d'œuvres, & les plus excellens acteurs y ont appris & exercé l'art qui les a fait admirer, de maniere que ceux qui sont venus depuis, se sont contentez de les prendre pour modele, sans oser entreprendre de les surpasser.

Ce theatre est tres ancien, comme le rapporte *Nicolas* de la MARE, Commissaire au Châtelet, dans l'excellent traité de police qui a paru sous son nom en l'année 1705.

Vers le regne de *Charles* V. on vit naître la Tragi-comedie, sous le nom de *Champ-roial*, qui n'étoit qu'un récit en vers heroïques, souvent tiré d'un mystere de dévotion. L'émulation sur le même sujet fit naître plusieurs societez, à la tête desquelles il y avoit un chef nommé le Roi. Le premier essai de ces pieces se fit au village de saint-Maur des fossez à deux lieues de Paris, mais les Magistrats avertis de ces assemblées faites sans permission, défendirent en 1378, à toutes sortes de personnes de faire de telles entreprises, qu'après avoir obtenu permission du Roi. Ces societez pour être plus favorablement écoutées à la Cour, s'étigerent en confrerie, sous le nom de *Confrerie de la Passion de Nôtre-Seigneur*. Le roi *Charles* VI. y vint, & trouva ce spectacle agréable, ce qui fut cause qu'il donna un arrêt en sa faveur le quatriéme de Decembre 1402. Cette troupe autorisée de cette maniere, alla s'établir dans un hôpital situé à la porte saint Denys, fondé pour des Pélerins il y avoit alors plus de deux cens ans. Entre les édifices il se trouva une grande sale avec une chapelle à l'extremité, sous le titre de la sainte Trinité, desservie par des religieux Prémontrez de l'Abbayie d'Hermieres. Les confreres de la passion s'accommoderent de ces édifices pour donner leurs spectacles, sous le nom de *moralitez*. Ce theatre subsista environ un siecle, mais le public ennuié de ces representations trop serieuses, on y mêla du profane & du burlesque, ce qu'on appella les *jeux des pois-pilez* ; on se dégoûta aussi dans la suite des sottises qu'ils donnerent. Par un arrêt de l'année 1547, la Trinité devint encore un hôpital, comme il avoit été auparavant, pour des pauvres enfans qui y devoient être nourris & instruits dans la religion & dans les arts. Les confreres par ce changement furent obligez de détruire leur theatre, & d'abandonner la sale qu'ils occupoient depuis plusieurs années. Ils acheterent l'ancien hôtel de Bourgogne qui étoit en ruine depuis longtems, c'est-à dire depuis la mort de Charles le Hardi dernier Duc de Bourgogne, tué au siege de Nanci le cinquiéme de Janvier 1477. Ils y firent construire un nouveau théatre avec toutes les commoditez necessaires. Le Parlement autorisa cet établissement en 1548, à condition qu'ils ne representeroient que des sujets profanes, mais cependant dans la retenue & la modestie chrétienne. Les confreres de la passion qui avoient seuls ce privilege, cesserent de monter eux-mêmes sur le theatre, parce que les pieces des misteres n'étoient plus permises. Sous *Henri* II. une troupe de Comediens se forma, qui prit à loier l'hôtel de Bourgogne, laquelle donna d'abord la farce de *Patelin*, insigne fourbe de ce tems-là, si on en croit *Pasquier*, dans ses recherches, qui prétend que *patelin, pateliner, patelinage*, viennent de ce nom. *Estienne Jodel*, sous Charles IX. & sous Henri III. fut le premier qui fit voir des tragedies, avec quelque regularité, entre autres *Cleopatre* & *Dion*, & deux comedies, *la Rencontre* & *Eusebe*. Ces pieces furent d'abord jouées devant toute la cour, dans une classe du College de Reims & de Boncourt, dans le quartier de l'Université, & eurent de grands aplaudissemens. Ensuite *Jean* de *Baif* donna les comedies de *Taille-Bras*, & de la *Peruse*, & une tragedie de *Madée*. Robert Garnier mit au jour *Porcie, Cornelie, Marc-Antoine, Hippolyte, la Troade, Antigone & Bradamante*. Le bruit du gain considerable que firent les Comediens avec ces pieces, s'étant répandu dans les provinces, fut cause qu'il se forma de nouvelles troupes qui vinrent ensuite s'établir à Paris; mais elles y resterent peu de tems, parce que le Parlement leur défendit de representer. Les Italiens, qui s'étoient introduits dès le regne de *Henri* III. comme on l'a dit, furent tolerez, & ont joué plusieurs années, alternativement avec la troupe Françoise sur ce même théâtre, & enfin ont été les derniers qui l'ont occupé.

La rue Mau-Conseil dans laquelle l'hôtel de Bourgogne est situé, a reçu selon quelques bons auteurs, le nom qu'elle porte encore à present d'un tragique dessein, dont les suites causerent d'étranges malheurs à la France. Le Duc de Bourgogne, qui occupoit autrefois cet hôtel, y forma le complot de faire assassiner *Louis* Duc d'*Orleans*, son cousin germain, propre frere du roi *Charles* VI. Cet évenement fut si funeste à tout le roïaume, & particulierement à la Ville de Paris, en produisant deux puissans partis, qui se firent cruellement la guerre; que pendant plusieurs années les principales provinces en furent ravagées. Il reste encore sur pié quelques vieux bâtimens dans les derrieres des maisons de cette rue, qui ont fait autrefois partie de cet hôtel.

Voici ce que *Juvenal des Ursins*, & les autres auteurs contemporains, rapportent de ce cruel assassinat.

Louis Duc d'Orleans, & *Jean sans peur*, Duc de Bourgogne, étoient depuis longtems fort animez l'un contre l'autre, au sujet du gouvernement de l'Etat & du maniment des Finances, pendant l'aliénation d'esprit du roi Charles VI. On travailla inutilement avec soin à les racommoder, & tous les grands Seigneurs du roiaume y concoururent avec empressement, dans la juste crainte que cette division n'eût des suites funestes, comme il arriva depuis. On parvint enfin à les faire convenir à se voir & à se reconcilier; le Duc de Berri oncle de l'un & de l'autre, leur fit jurer *bon amour & fraternité*, selon le langage du tems, en presence du Roi & de toute la cour; & pour donner des marques publiques d'une parfaite reconciliation, ils communierent tous deux de la main d'un Prêtre, qui leur donna à chacun la moitié d'une même hostie consacrée, au milieu *de la Messe* qui fut celebrée exprès avec ceremonie, Dimanche 20 de Decembre, après laquelle ils se jurerent une amitié sincere & reciproque; cependant trois jours ne furentpas écoulez, c'est-à-dire Mercredi 23 du même mois 1407, le Duc d'Orleans fut assassiné de nuit, de plusieurs coups de poignard dont il fut percé, & dont il eut la main coupée, en sortant de l'hôtel de la reine Isabelle de Baviere, situé dans la rue Barbette, qu'elle avoit acheté du Seigneur de

Montaigu Grand Maître d'hôtel. Roûlet d'Ocquetonville, accompagné de dix ou douze autres fcelerats, fit le coup, & ce Prince eut un domeftique Alleman tué avec lui, en fe jettant fur fon maître pour tâcher de le fauver. On accufa d'abord le Seigneur de Canny de ce cruel attentat, parce qu'on difoit que le Duc d'Orleans lui avoit enlevé fa femme ; & l'on n'eut jamais penfé que le Duc de Bourgogne eût été coupable d'une telle action, après des fermens fi folemnellement prononcez. Le corps de ce Prince fut porté dans l'Eglife des Blancs-Manteaux, où le Roi fon propre frere, le Duc de Bourgogne fon oncle, & toute la Cour, vinrent en grande céremonie jetter de l'eau benîte fur le corps. Enfuite il fut enterré aux Céleftins dans la Chapelle qu'il avoit fait conftruire, comme on le dira ailleurs. Quelques jours après le Duc de Bourgogne alla trouver le Duc de Berry, à qui il déclara qu'il étoit auteur de ce meurtre ; ce Prince fort étonné d'une telle déclaration, ne put lui confeiller autre chofe que de fe retirer promptement de la Cour, ce qu'il fit ; mais il ne fut pas longtems fans revenir, & fans donner des marques de fa perfidie & de fon am-

DE LA VILLE DE PARIS. 473
bition. Il parut bientôt après aux portes de Paris, avec des troupes nombreuses, qui obligerent ses ennemis à le recevoir, & à lui laisser toute l'autorité du gouvernement entre les mains, ce qui fut suivi de guerres civiles & de confusions étranges. Mais comme les grands crimes demeurent rarement impunis, le même *Jean Duc* de Bourgogne fut assassiné à son tour par Tanegny du Châtel, sur le pont Montereau Faut-Yonne, le 10 de Septembre 1419, en presence du roi Charles VII. étant encore Dauphin, pour vanger la mort du Duc d'Orleans son oncle, & pour délivrer la France d'un ennemi cruel & ambitieux qui la ravageoit d'une maniere furieuse, dont elle se ressentit plusieurs années après.

LA RUE SAINT-DENYS.

Cette rue commence au grand Châtelet, qui se trouve à l'extrémité du Pont au Change.

Le GRAND CHATELET est le lieu où l'on rend la justice civile & criminelle de la Prevôté & Vicomté de Paris. Le bâtiment est tres-ancien, & quelques antiquaires prétendent qu'il reste encore une partie des ouvrages que César fit construire, pour tenir les peuples de Paris & des environs sous son obéissance ; ce qui ne pourroit être autre chose que l'empatement de quelques vieilles tours du côté de la boucherie, lesquelles à la vérité paroissent tres-anciennes, mais cependant d'une structure Gothique. Les sales qui regardent le pont au Change, ont été construites depuis quelques années, & les dedans n'ont rien du tout de remarquable.

LA BOUCHERIE, vis-à-vis du grand Châtelet a été la seule autrefois & est la plus ancienne de la Ville, puisqu'elle a été établie dès l'année 1153. Autrefois elle appartenoit à une communauté de Bourgeois, qui faisoient comme une espece de petite république entre eux, dont le credit étoit si grand, sous le regne de Charles VI. qu'il arrivoit souvent de grands desordres, lorsqu'ils étoient mécontens. Ils avoient à leur tête un nommé *Caboche* Ecorcheur de bêtes ; & les principaux d'entre eux nommez dans *Juvenal des Ursins*, étoient *Saint-Yons*, les *Gois*, les *Tibers*, les *Luilliers*, les *Maillots*, & quelques autres, dont les noms ne sont pas encore inconnus entre les familles considerables de la Ville de Paris, mais qui ont changé d'emploi & de fortune depuis ce tems-là.

On peut ajouter ici, que la masse énorme & monstrueuse du Châtelet & de la Boucherie, gâtent étrangement tout ce quartier, en interrompant la communication de la rue saint Denys avec le pont au Change, qui conduit au Palais, ce qui fait une barriere tres vilaine & tres-incommode au milieu de la Ville ; & les dépenses que l'on auroit pû faire en ce lieu, auroient été bien plus sagement employées, pour l'utilité du public & pour l'ornement de la Ville, que celles qui ont été faites dans des endroits écartez, qui n'en avoient pas un si grand besoin que ce quartier tres-paffant, où il arrive fouvent des accidens funeftes, par les embarras qui s'y forment à toutes heures.

Plus avant eft l'HÔPITAL DE SAINTE CATHERINE, occupé par des Religieufes de l'ordre de faint Auguftin, qui logent pendant trois jours les pauvres fervantes fans condition. Elles font obligées de faire enterrer les corps de ceux que l'on trouve morts en divers endroits de la Ville, que l'on expofe pendant quelques jours au Châtelet, pour être reconnus, dans un lieu, nommé la *Morgue*.

Sur la porte de cet Hôpital, on a pofé en 1704 une figure en marbre, de fainte Catherine, faite & donnée par *Thomas* RENAUDIN Sculpteur de l'Académie.

LA RUE DES LOMBARDS eft à coté, & communique de la rue *faint Denys* à la rue *faint Martin*; elle a retenu le nom qu'elle porte de plufieurs *Lombards*, Banquiers de profeffion, qui y étoient établis autrefois, lefquels faifoient la banque avec de gros intérêts; ce qui fut caufe felon *Pafquier*, que le peuple qui n'aimoit pas cette forte de gens, nomma *Lombards*, les ufuriers & les prêteurs fur gages; ce qu'ils font bien encore à present en plusieurs endroits.

Dans un excellent manuscrit de *du Tillet*, des étymologies du nom des rues de Paris, communiqué par *Thomas Gueullette*, qui le conserve avec soin, on trouve que cette rue a pris son nom de certains Lombards, usuriers de profession ; le même *du Tillet* cite *Juvenal des Ursins*, qui raporte qu'en l'année 1414, ces *Lombards* étoient en grand credit, & faisoient tenir de l'argent à Rome, à tres gros interests, dans le tems que le roi Charles VI. & les Grands du roiaume délivroient les Bénéfices, les Prélatures & les Eglises, au plus offrant & dernier encherisseur ; car le Roi, dit le même auteur, & les grands Seigneurs, au regard des prélatures *étoient Papes pour de l'argent, & le Pape* faisoit tout ce qu'ils vouloient.

L'Eglise de sainte Oportune, est fort peu éloignée, dont la fondation sous le titre de *Basilique de Nôtre-Dame des Bois*, est tres-ancienne : elle portoit autrefois ce nom, à cause d'une petite forêt qui n'en étoit pas éloignée ; sur quoi il ne seroit pas inutile de dire à ce sujet, ce que l'on trouve dans quelques anciens auteurs, que tout ce quartier étoit occupé par une forêt qui s'étendoit jusques sur les bords de la riviere. Saint Germain l'Auxerrois étoit *in silva carbonaria*, comme on l'a dit ailleurs, & la rue de l'Arbre-sec qui est proche, soutient encore cette opinion. Saint Merry a pendant plusieurs siecles été nommé *saint Pierre des Bois*.

En l'année 1374, les reliques de sainte Oportune, Abbesse de Montreuil, proche du village d'Almenesche en Normandie, aiant été transportées dans Nôtre-Dame des Bois, elle en prit le nom.

L'Eglise de sainte Oportune est une des quatre Collegiales dépendantes de l'Archevêché. C'est un Chapitre composé d'un Cheffecier qui est aussi Curé, dont le revenu est de neuf cens livres ; & de neuf Chanoines, qui en ont trois cens chacun, lesquels sont tous nommez par les Chanoines de saint Germain l'Auxerrois, suivant l'attribution de chaque prébende.

François Connan, né à Paris, est enterré dans cette Eglise. Il avoit fait ses études sous le fameux Alciat. Le roi François I. connoissant sa profonde capacité, le fit Maître des requêtes dans un tems que les grandes charges ne se donnoient encore qu'au merite & à la capacité. Il est mort le 7 de Septembre 1551, âgé seulement de 44 ans. On a de lui quelques commentaires sur le droit civil, &

d'autres

d'autres pieces eftimées. Il avoit entrepris un travail, tout-à-fait étendu & que l'on avoit negligé jufqu'alors, c'étoit de mettre par ordre cette maffe confufe, & prefque infinie de loix qui fe trouve dans le corps du droit, & d'en faire une fcience reglée & methodique.

Derriere cette Eglife du côté de la rue faint Denys, on trouve une petite place, qui porte le nom de GATINE, Marchand de profeffion, dont la maifon fut razée par arrêt du Parlement, du 30 Juillet 1571, parce qu'il avoit tenu chez lui des affemblées d'heretiques. Il fut condamné à être brûlé, de même que *Nicolas Croquet*, fon beau-frere, pour avoir communié à la maniere des Calviniftes. On prit une fomme d'argent fur les biens de *Philippe Gatine*, qui fut appliquée à l'Eglife de fainte Oportune; mais on n'en demeura pas là, on éleva une grande croix de pierre à l'endroit où fa maifon avoit été abatue, fur laquelle *Jean* GOUGEON, excellent fculpteur, reprefenta le triomphe du Saint-Sacrement & les Peres de l'Eglife, en bas-relief, d'une maniere digne de lui. Cette même Croix fut tranfportée depuis dans le cémetiere de faint Innocent, où elle eft encore à prefent; mais cette tranflation qui fe fit peu de tems après, ne put être executée qu'avec bien de la repugnance de la part du Parlement, de l'Université & de la populace, qui voulurent s'y opposer ouvertement; on fut obligé de la faire pendant la nuit, de peur d'un soulevement, & Marcel Prevôt des Marchands ne put travailler à l'execution de l'arrêt avec tant de secret, que les catholiques ne s'en apperçussent. La sédition qui fut tres-violente, commença, mais fut promptement appaisée par le supplice d'un vendeur d'oranges, qui s'étoit mis à la tête des mutins, lequel fut pendu à la fenêtre de la maison la plus proche du lieu où il avoit été pris. Cependant le Roi Charles IX. ne pouvoit s'empêcher de donner cette satisfaction aux huguenots, qui l'importunoient sans cesse d'ôter à la posterité ce monument de leur infamie, en lui remontrant qu'on avoit fait depuis peu de tems trois traitez de pacification avec eux.

L'Eglise de saint Innocent est du même côté dans la rue saint Denys, mais un peu plus avant, où il n'y a rien de remarquable que le tableau du grand Autel qui est de Corneille. Le bâtiment a été construit, ou refait comme on le voit à present en 1445. Le Roi Louis

XI. a fondé dans cette Eglise six enfans de chœur en 1474, pour y faire le service en musique, ce qui s'execute encore aujourd'hui.

Fort proche est le Cémetiere public de la Ville, dans lequel on enterre les morts depuis plusieurs siecles. Il est entouré d'un corridor voûté & de fortes murailles, qui ont été faites sous le regne de Philippe Auguste, en l'année 1186. Ce Cémetiere étoit autrefois au milieu de la campagne, selon la sage & salutaire pratique des anciens, qui ont fait en divers tems de tres-rigoureuses défenses d'enterrer les morts dans l'enceinte des Villes, à cause de l'infection & du mauvais air, que ces lieux produisent naturellement. Ciceron dans son traité, *de legibus*, dit en propres termes, *mortuum in urbe ne sepelito*.

On y voit encore sur pié une petite tour d'une tres-ancienne fabrique, que l'on nommoit *la tour des bois*, parce qu'il y avoit quelques forêts aux environs, comme on vient de le dire, dans laquelle on postoit autrefois des Gardes pour empêcher que les voleurs n'inquietassent les passans qui venoient à la ville de ce côté là.

Le savant *Dom Bernard* de MONTFAUCON, Religieux Benedictin, de la

Congregation de saint Maur, dans son suplement au grand ouvrage de *l'Antiquité expliquée & representée en figures*, publié en l'année 1724, fait la description de cette petite tour octogone en l'état où elle est encore sur pié, avec des conjectures curieuses & tres-savantes, prétendant qu'elle est d'une grande antiquité. Il dit que cette tour en la prenant sur la terre, a quarante piés de hauteur, jusqu'au globe qui soutient la croix, qu'on y a mise depuis le christianisme: cette tour avec ses murs, n'a en tout que douze piés de diametre, & il n'y a d'espace vuide en dedans, qu'autant qu'il en faut pour un escalier à vis pour monter au plus haut étage de la tour, qui est percée de huit fenêtres, une à chaque face de l'octogone. Cette tour étoit jadis à la campagne, lorsque l'ancienne *Lutece* étoit renfermée dans l'île du Palais, & pouvoit être une espece de guerite, où l'on faisoit garde nuit & jour, lorsque les environs n'étoient que des forêts, où les voleurs & les ennemis pouvoient se cacher & insulter les passans qui venoient à la Ville de ce côté-là.

On peut lire diverses épitaphes sous les Charniers, entre lesquelles celle-ci peut passer pour la plus singuliere.

DE LA VILLE DE PARIS. 485

Cy gist YOLANDE BAILLY, *qui trépassa l'an 1514, la quatre-vingt-huitiéme année de son âge, & la quarante-deuxiéme de son veuvage, laquelle a vû ou pû voir devant son trépas deux cens quatre-vingt & quinze enfans issus d'elle.*

Elle étoit veuve de Denys Capet, Procureur au Châtelet.

Nicolas le FEVRE, Précepteur du roi Louis XIII. est inhumé dans ce cémetiere : c'étoit un homme d'un profond savoir & d'une probité reconnue, que l'air de la cour de son tems n'avoit point infecté. Plusieurs savans parlent de lui avec éloge, & *François Pithou* le traite de *vir doctissimus, & nunquam satis laudatus*.

Il ordonna que l'on mît sur son tombeau cette épitaphe de sa composition.

NICOLAUS FABER, *peccator, non unus ex multis, hic jaceo; quid de me dici verius, aut à me quid melius, non video. Agnosco bone Jesu, tu ignosce; ad hoc enim natus es, ad hoc passus, ad hoc tremuisti, ut per te securi essemus.*

Vixit annos 68.
Menses quatuor, dies tres,
Devixit
anno 1 6 1 2.

François Eudes de MEZERAY célèbre historien, qui a composé une histoire de France si estimée, a voulu avoir sa sepulture dans le même lieu. Il étoit de l'Academie Françoise, & avoit la rare qualité de ne point cacher, ou déguiser la verité. On a aussi de lui, une continuation de *Calcondil*, sur l'histoire des Turcs, jusqu'à nos jours, & d'autres pieces estimées. *Mezeray* est mort le 10 de Juillet 1683, âgé 73 ans. Le *Chancelier Pierre Seguier*, qui se connoissoit parfaitement en personnes de merite, lui donna une pension, avec le brevet d'historiographe de France: le Roi le gratifia aussi d'une pension, & le Cardinal Mazarin lui en donna une troisiéme; excité par tant de bienfaits, il s'appliqua au grand travail qu'il avoit déja entrepris avec des soins extrêmes, & donna l'histoire generale de France en 3 *vol. in fol.* jusqu'à la mort du roi Henri IV. Il en publia ensuite un abregé en 3 *vol. in quarto*, imprimé en 1667, qui est devenu fort rare, parcequ'il y traitte certaines matieres avec trop de liberté. Il a paru encore d'autres abregez de son histoire en differens tems. Comme cet auteur avoit la reputation d'être tres-exacte & de ne point flater, son histoire de France à toûjours été fort estimée, & preferée à plusieurs autres qui ont paru depuis.

Mais pour satisfaire les curieux d'une espece particuliere, c'est-à-dire les alchimistes, ou ceux qui cherchent la pierre philosophale; on dira quelque chose d'un monument insigne, & singulier en son genre, qui se trouve sous les Charniers de ce même Cémetiere.

Il est appuié sur le gros mur de la quatriéme arcade à main droite, en entrant par la porte qui donne du côté de la rue saint Denys. Ce sont plusieurs figures de haut-relief, qui representent Nôtre Seigneur, entre saint Pierre & saint Paul, avec *Nicolas* FLAMEL, & *Perrenelle* sa femme, à leurs côtez. Il paroît encore avec cela plusieurs groupes d'Anges, & d'autres figures symboliques, dans des attitudes singulieres, auxquelles on ne peut donner de veritable nom. Toutes ces sculptures Gothiques, assez bien executées, étoient autrefois peintes & colorées, & les couleurs differentes n'étoient pas moins énigmatiques que tout le reste.

Voici ce que l'on a pû tirer de la lecture de plusieurs auteurs touchant ce monument bizarre & extraordinaire, particulierement de la bibliotheque des philosophes alchimistes composée par *Salomon*, Docteur en médecine, dans laquelle on trouve un petit traité de la composition de *Nicolas Flamel*, où il raconte de quelle maniere il parvint au grand œuvre. Lundi à midi 17 de Janvier 1382, en presence de *Perrenelle*, sa femme. *Cette heureuse apparition se fit*, dit-il, *dans sa maison située vis-à-vis de la petite porte de saint Jacques de la Boucherie, au coin de la rue des Ecrivains, aujourd'hui la rue Marivaux*; & quoique cette maison ait été rebâtie, ou reparée plusieurs fois depuis ce tems-là, il reste encore à présent sur les gros jambages qui la soutiennent, des inscriptions & des figures grossierement taillées, qui peuvent avoir quelque signi-

DE LA VILLE DE PARIS. 485
fication. *Une seconde fois, ajoûte-il, en presence de sa chere épouse dont il connoissoit la discretion, le 25 d'Avril de la même année sur les cinq heures du soir, il transmua avec sa poudre rouge une quantité considerable de Mercure, dont il fit de l'or, qui se trouva plus doux & plus pur que l'or ordinaire.* Enfin à la faveur de cette grande & heureuse découverte, il amassa des richesses immenses; & comme il n'avoit point d'enfans, étant de probité & bon chrétien, il emploia ses prodigieuses richesses à faire de grandes charitez & à fonder des hôpitaux. Il dit dans le même traité écrit vers la fin de l'année 1413, *qu'avant le trépas de sa fidelle compagne, lui & elle avoient fondé & renté quatorze hôpitaux en cette ville de Paris, bâti de neuf trois chapelles, décoré de grands dons & bonnes rentes sept Eglises, avec plusieurs reparations en leurs Cémetieres; outre ce que nous avons fait à Boulogne, qui n'est pas moins considerable.* Ce sont les propres termes de l'auteur. Il ajoute encore qu'après avoir executé toutes ces choses, il résolut de faire peindre & decorer, ou representer à la quatriéme arche du Cémetiere de saint Innocent, en entrant par la porte qui donne dans la rue de saint Denys à main-droite, *les plus vrayes & essentielles*

X v

marques de l'art, sous néanmoins des voiles & couvertures hieroglyphiques, à l'imitation de celles du livre doré du Juif *Abraham*, qu'il avoit acheté deux florins d'un inconnu, comme il le raconte lui-même. Ce livre doré n'étoit que de trois fois sept feuilles, chargées de miniatures d'une rare beauté, dans la derniere le massacre des Innocens y étoit representé ; ce qui donna l'idée à *Flamel* de faire construire ce monument dans un lieu qui en portoit le nom, exposé à la vûe des passans. *Flamel* rapporte aussi le voiage qu'il fit à Saint-Jacques en Galice, où il alla exprès en dévotion, pour obtenir par l'intercession de ce saint Apôtre, l'intelligence du livres doré du Juif *Abraham*, & que par hazard il fit connoissance à Compostelle, avec un médecin de la même secte, qu'il amena jusqu'à Orleans, où il mourut, duquel cependant il tira en chemin bien des ouvertures, pour le grand œuvre, dont le recit meneroit trop loin, si on s'engageoit à le faire tout entier. *Gabriel Naudé* & d'autres auteurs savans, malgré cette histoire, prétendent que *Nicolas Flamel* ne devint si prodigieusement riche, que de l'argent que les Juifs lui donnerent à garder, lorsqu'ils furent chassez du roiaume, par un édit severe

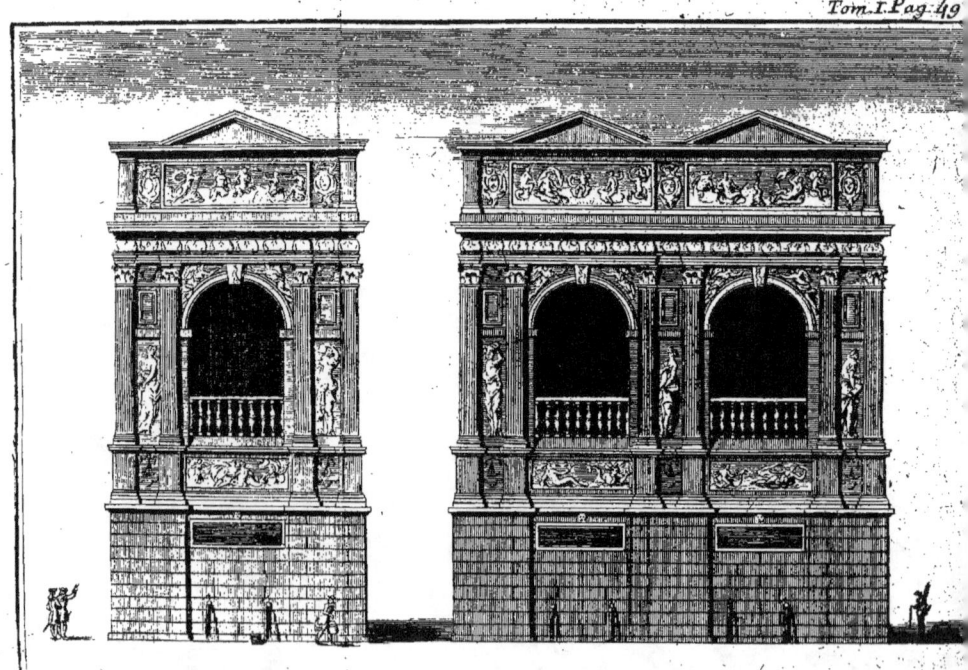

LA FONTAINE DE SAINT INNOCENT.

donné contre eux, à cause des usures étranges qu'ils exerçoient publiquement, lequel il emploia dans la suite à des œuvres de piété. Les Juifs n'aiant point été rappellez depuis, comme il étoit arrivé plusieurs fois auparavant, il ne crut point en pouvoir faire un meilleur usage, à quoi il est bon d'ajouter, que, quoiqu'il leur soit défendu sur peine de la vie, par une infinité d'arrests de rester plus de vingt-quatre heures dans cette Ville, on en voit cependant tous les jours un tres-grand nombre aisez à reconnoître par leur phisionomie, qui y viennent exercer leur métier avec une liberté entiere, au grand préjudice du commerce des habitans.

LA FONTAINE DE SAINT INNOCENT.

Cette belle Fontaine est au coin de la rue aux Fers, dans laquelle on vendoit autrefois des étoffes de soie.

On ne peut rien desirer de plus beau & de mieux executé, que les bas-reliefs que l'on voit sur l'édifice de cette fontaine, lesquels representent des Nayades dans diverses attitudes, d'un goût précieux. *Jean* GOUGEON, dont on a déja parlé au sujet du Louvre, un des plus excellens sculpteurs qui ait paru en France, a apporté à cet ouvrage tout le soin & toute l'exactitude que l'on pouvoit desirer, & on ne sauroit assez admirer le dessein merveilleux & varié de toutes les Nymphes qui sont representées sur les faces de cette fontaine, dont les contours, les airs de tête & les draperies, ne sont pas moins remarquables que le reste. Entre ces Nymphes, on en distingue quelques-unes qui ont les proportions de la Venus Medicis, la plus belle figure antique que l'on connoisse, & la plus generalement estimée.

Cette fontaine avec cela est embellie d'une architecture du dessein de l'*Abbé de* CLAGNY, dont on a parlé dans l'article du Louvre, où toutes les regles de l'art, selon d'*Aviler*, sont observées avec précision; mais ce qui donne encore bien de l'admiration à ceux qui se connoissent en ouvrages achevez, c'est l'accord que les savans remarquent entre les figures & l'architecture; qui fait juger que Jean GOUGEON étoit aussi bon architecte, qu'excellent sculpteur, deux choses qui se rencontrent rarement dans la même personne. *Le Cavalier Laurent* BERNIN, un des plus renommez architectes de ces derniers siecles, d'ailleurs fort avare de louanges, & qui affectoit de ne rien estimer de tout ce qu'il voioit de beau en cette Ville, ne put s'empêcher de se récrier en examinant cet incomparable ouvrage, & déclara qu'il n'avoit rien remarqué de pareil en France. Cependant la négligence criminelle, s'il est permis de parler ainsi, de ceux qui ont le soin & la direction des bâtimens publics, va si loin, que l'on laisse détruire ce rare morceau, faute de le nettoier & d'y faire quelques réparations de peu de dépense, qui en conserveroient la beauté encore plusieurs années. L'exemple des anciens Grecs & Romains, devroit bien les animer à remplir un devoir qui feroit honneur au siecle qui a produit des pieces de cette rare perfection. Les Ediles Romains, préposez pour la conservation des édifices publiques, n'auroient pas souffert la ruine ou le délabrement d'un morceau de cette consequence.

Ce bel ouvrage a été fait en 1550, dans le tems que les arts avoient déja aquis en France cette excellence, & cette perfection, de laquelle ils déchurent depuis, comme on l'a remarqué ailleurs.

On lit sur cette fontaine l'inscription qui suit.

Fontium Nymphis.

Et cette autre de *Jean-Baptiste* Santeul , né à Paris, Chanoine regulier de
saint Victor.

Quos duro cernis simulatos
marmore fluctus ,
Hujus Nympha loci credidit
esse suos. 1689.

On a fait cependant en l'année 1708
quelques réparations à ce rare ouvrage,
pour en empêcher la destruction entiere,
comme elle avoit commencé. On a appo-
sé sur la face principale une longue inscription, mais d'une composition si mauvaise , qu'on n'a pas jugé à propos de la
rapporter ici. Elle ne contient d'ailleurs
autre chose , que les noms des magistrats
en charge, lorsque ces légeres réparations
ont été faites.

L'Eglise du saint-Sepulcre
est un peu plus avant, de l'autre côté
de la rue. Elle a été bâtie en l'année 1326,
pour les Pelerins du saint Sepulcre de
Jerusalem, qui passoient à travers de la
Ville , pour aller en Palestine, dans le

tems que la dévotion d'outre mer étoit en grande vogue ; ils y étoient logez & nourris autrefois pendant quelques jours. C'est à present une Collegiale composée de cinq Canonicats, de quatre cens livres de revenu chacun, à la collation alternative de deux Chanoines de l'Eglise de Paris, & des Administrateurs de cet hôpital. L'Autel principal est orné d'une menuiserie assez belle, de l'ouvrage d'un nommé l'*Anglacé*, qui excelloit dans ces sortes de choses. Le tableau posé au milieu, peint par le *Brun*, a été donné par *J. B. Colbert*, Ministre & Secretaire d'Etat. La porte de cette Eglise est ornée de quantité de figures Gothiques, travaillées dans leur maniere avec assez de soin. La figure du Christ placé à côté de cette porte, est d'une rare beauté. Elle est d'un nommé *Jean* CHAMPAGNE, éleve du fameux *Cavalier Bernin*, si renommé chez les connoisseurs, dont il avoit pris la maniere, aiant travaillé plusieurs années sous lui.

Assez proche est SAINT LEU, SAINT GILLES, Eglise Paroissiale, où il n'y a rien de remarquable pour les curieux, que le tableau du grand Autel de *François* PORBUS, peintre habile, qui finissoit ses ouvrages avec un extrême soin.

selon la maniere des Flamans. Il étoit originaire de Bruges, & conserva toute sa vie le goût de son payis, qui est de s'attacher bien plus au coloris & à terminer ses tableaux, qu'à la beauté de la composition & à la correction du dessein, quoiqu'il eut demeuré tres-longtems en Italie, où il devoit avoir pris une autre maniere; cependant on peut dire que ce tableau, qui represente une cène, a de grandes beautez.

Derriere le chœur, l'*Abbé* VIVANT a fait reparer une Chapelle, dans laquelle on voit la figure de la sainte Vierge en marbre, qui n'est pas d'une mauvaise main.

Dans une autre Chapelle de la même Eglise à côté du chœur, on verra le tombeau de *Marie* de LANDES, veuve de Chrétien de Lamoignon President au Parlement, mere de Guillaume de Lamoignon, premier President. Ce morceau de sculpture, du dessein & de l'execution de GIRARDON, est tres-estimé pour la composition du tout ensemble, & plus encore à cause d'un excellent bas-relief placé sur le devant, dans lequel ce sculpteur habile a representé avec beaucoup d'art & de correction, la maniere dont cette pieuse & charitable Dame fut

Inhumée par les pauvres, à qui elle avoit procuré toute sorte de soulagemens pendant sa vie. Ils ne purent souffrir, que l'on portât son corps aux Récolets de saint Denys, dont elle avoit fondé le couvent; où elle avoit cependant destiné sa sepulture.

On a gravé l'inscription qui suit, pour marquer cet événement singulier & édifiant, sur le piédestal, ou le grand soubassement qui soutient une forme de tombeau, derriere lequel il s'éleve une piramide terminée par une urne d'après l'antique.

D. O. M.

MARIÆ de LANDES,
CHRISTIANI de LAMOIGNON
Senatus præsidis,
UXORI ;
Religionis, modestiæ, fidei in conjugem, charitatis in liberos, liberalitatis in pauperes, singulari exemplo,
GUILLELMUS de Lamoignon, *Senatus princeps, optimæ parenti.*
Vivere cœperat XXVIII. *Sept.* M.D.LXXVI.
desiit XXXI. *Decembr.* M.DC.LI.
tumulo alibi posito
pauperes hoc loco *raptim condidere.*

Ejusdem Guillelmi *de* Lamoignon
cor, ejus jussu
pedibus charissimæ matris appositum
hîc quiescat.
Anno M. DC. LXXVII.
x. *Decembris.*

Cette épitaphe est de la composition de *Guillaume* de LAMOIGNON, son fils, premier Président du Parlement, dont le cœur a été déposé depuis sous le même tombeau.

Chrétien de LAMOIGNON, Président à Mortier au Parlement, fils aîné du premier Président dont on vient de parler, a voulu être inhumé aux piés de Marie de Landes son ayeule. Il étoit d'un mérite si distingué, & d'une érudition si connue, qu'on l'avoit engagé à occuper une place d'honoraire dans l'Academie roiale des belles Lettres. Penetré d'une veritable modestie chrétienne, & sagement revenu des foles & ridicules vanitez mondaines, que tant de gens font paroître, même après leur mort, il ordonna par son testament, à l'exemple de quelques hommes illustres, qu'on l'inhumât à cet endroit le plus simplement qu'il seroit-possible & sans aucune ceremonie. Son cœur a été mis aux Cordetiers dans le tombeau de son pere & de ses illustres ancêtres. Sa mort est arrivée au mois d'Aoust de l'année 1709.

Presque vis-à-vis l'Eglise de saint Leu, est une auberge renommée par toute l'Europe, sous le nom de la *Croix de Fer*, où tous les étrangers de distinction viennent ordinairement descendre en arrivant en cette Ville à cause des commoditez qu'ils y trouvent.

Saint Jacques de l'Hôpital, est plus loin à main gauche. Si on en croit *Fauchet* p. 279, cette Eglise a été fondée par l'Empereur Charlemagne, qui avoit une grande devotion à ce saint Apôtre, sous le titre duquel selon ce savant auteur, il avoit fait plusieurs grandes & riches fondations, entre lesquelles il compte la fameuse Eglise de saint Jacques de Compostelle en Espagne. Sous le regne de Philippe le Long, plusieurs Bourgeois firent de grandes donations pour établir un hôpital à cet endroit, dans lequel on recevoit les Pelerins qui passoient à travers de cette Ville pour aller à saint Jacques de Compostelle, dont la devotion étoit en grande vogue dans les siecles passez ; mais qui s'est fort ralentie depuis, ainsi que quantité d'autres, dont à peine parle-t-on à présent. La plus forte partie des revenus de cet hôpital, qui étoient considerables, a été appliquée aux Invalides depuis leur établissement.

L'Eglise est des plus mal construites & tout-à-fait mal-propre, ainsi que plusieurs autres de cette Ville. Elle est desservie par un Chapitre composé d'une dignité de Tréforier, qui a quinze cens livres de revenu, de sept Canonicats, de sept cens livres chacun; & de douze Chapelains, de quatre cens livres. Tous ces bénéfices sont à la collation des Pelerins Confreres, qui élisent trois Administrateurs tous les ans, lesquels ont droit de conferer ces bénefices quand ils viennent à vaquer dans l'année de leur administration.

En l'année 1722, les Chevaliers de Saint-Lazare se sont établis dans cette Eglise, & y font les cérémonies de leurs réceptions; on a fait presque en même tems quelques legeres réparations dans cette Eglise.

Ces inscriptions qui sont gravées sur une des portes de l'Eglise du côté du cloître, méritent bien une place ici.

Nullos fundatores oftento,
Quia humiles, quia plures,
Quorum nomina tabella non caperet.
Cœlum recepit, vos & illis
Inferi. Veftem præbe, panem
Frange pauperibus peregrinis.

Hôpital fondé en l'an de grace MILII.XVII. *par les Pelerins de* S. Jacques, *pour recevoir leurs Confreres, augmenté en* MIL VI. LII.

Affez proche eft la fpacieufe Eglife de SAINT MAGLOIRE, cédée vers l'année 1572, aux Filles Penitentes, par les folicitations de la reine Catherine de Medicis, qui voulut avoir l'hôtel de Soiffons, qu'elles occupoient auparavant, comme on l'a dit ci-devant. Depuis quelques années ces filles ont embraffé la regle de faint Auguftin, & forment à préfent une nombreufe & riche Communauté.

Cette maifon eft fort ancienne, elle a été poffedée pendant plufieurs fiecles par des Religieux de l'ordre de faint Benoift, qui étoient originairement établis dans l'Eglife de faint Barthelemi proche du Palais, qu'ils quitterent à cause de l'embarras de ce quartier, au centre de la Ville. Ils vinrent se loger à cet endroit, où ils avoient déja une chapelle sous le titre de saint Georges, au milieu de leur cémetiere situé hors de la Ville, proche duquel on enterroit les malfaicteurs, ce qui a été reconnu depuis quelques années, en fouillant la terre, où l'on découvrit des cadavres, avec des chaînes de fer, ausquelles ils avoient été attachez. Ces Religieux apporterent en même-tems avec eux, la Chasse de saint Magloire, dont ils avoient pris le nom, comme on le dira plus particulierement ci-après dans l'article de saint Barthelemi.

L'édifice de cette Eglise est bâti correctement dans le goût Gothique. Il est vouté partout, mais l'on n'en peut voir que la moindre partie, parce que les Religieuses occupent le reste pour leur chœur, qu'elles ont étendu autant qu'il leur a été possible pour avoir plus de commodité.

L'on voit dans l'Eglise de ces Religieuses, l'épitaphe de BLONDEAU, Intendant des Finances, mort en l'année 1555, dont l'ouvrage est de *Jean* GOUGEON, où cet excellent sculpteur a fait des choses dignes de lui. C'est une figure de bronze en bas-relief, grande comme nature, d'un excellent deſſein.

Il y a tres peu de choſes à dire de l'Hô-PITAL DE LA TRINITE', qui eſt dans la même ſuite. La porte de l'Egliſe, rebâtie en 1671, ornée de colonnes Corinthiennes, eſt de l'invention & de la conduite de *François* D'ORBAY habile architecte, dont on a de beaux ouvrages en cette Ville.

SAINT SAUVEUR eſt un peu plus avant & de l'autre côté de la rue. Cette Egliſe Paroiſſiale n'étoit autrefois qu'une petite chapelle ſolitaire, dans laquelle le roi ſaint Louis venoit ſouvent faire ſes prieres, lorſqu'il alloit à pié à ſaint Denis pour ſatisfaire à ſa dévotion. Dans la ſuite des tems lorſque la Ville s'agrandit, cette chapelle ſervit de ſecours à ſaint Germain l'Auxerrois, une des premieres & des plus anciennes paroiſſes de la Ville, comme on l'a déja dit ailleurs. Le bâtiment de l'Egliſe de ſaint Sauveur qui ſe voit à préſent, a été élevé vers le regne de François I. On remarque dans cet édifice le monſtrueux mélange du gothique & de l'antique, qui choque étrangement les yeux de ceux qui aiment la bonne & simple architecture. Les voutes de la nef qui avoient été mal conftruites, & qui menaçoient ruine, ont été rétablies en 1713, par le fecours d'une loterie accordée exprès à cette Eglife.

Guillaume COLLETET, né à Paris, eft inhumé dans cette même Eglife. Il étoit Avocat au Confeil & de l'Academie Françoife dès fon commencement. Ses ouvrages en profe & en vers, ont eu des approbateurs. Il eft mort le 19 de Fevrier 1659. On attendoit de cet auteur une hiftoire des Poëtes François, qui n'a point paru, à caufe de fa mort arrivée trop tôt pour cet ouvrage.

En continuant le même chemin, on trouve LE COUVENT DES FILLES-DIEU, de l'ordre de *Fontevrault*, fondées par le roi faint Louis, qui d'abord les voulut établir dans le même lieu où eft à prefent la maifon de Sorbonne; cependant aiant été détourné de ce deffein, ils les mit dans une place vague hors de la Ville qui fe trouvoit alors entre faint Lazare & faint Laurent : mais comme dans la fuite la Ville fut fouvent inquietée de ce côté-là, par les courfes des Anglois & des Bourguignons; ces
Religieufes

DE LA VILLE DE PARIS. 505
Religieuses ne se trouvant pas en sûreté à cet endroit, s'accommoderent d'un ancien hôpital sous le titre de la Madelene, destiné pour des femmes infirmes, situé dans l'enceinte de la Ville au même lieu où elles sont à present. Elles vinrent s'y établir en l'année 1495, le 15 de Juin, au nombre de huit Religieuses & de sept Religieux; cette Communauté étant alors déchue & fort diminuée, puisque les anciens auteurs disent qu'elle avoit été auparavant composée de deux cens personnes. Le grand Autel de leur Eglise a été élevé sur le modele de celui de saint Martin des Champs, du dessein du vieux *Mansart*, qui est un morceau d'architecture assez estimé.

Un peu plus avant de l'autre côté de la rue, est SAINT CHAUMONT, grande & nouvelle Communauté de *Filles de la Congregation, dite* de L'UNION CHRETIENNE, dont il y a déja cinq maisons à Paris & trente-cinq dans le reste du roiaume; celle ci est le chef d'ordre, laquelle s'est accommodée d'un grand hôtel en 1685, qui portoit par hazard le nom de *saint Chaumond*. Le Maréchal de la Feuillade l'avoit occupé, & c'est dans le jardin de

Tome I. Y

cet hôtel, qu'il fit jetter en fonte la grande statue & les esclaves qui sont à présent au milieu de la place des Victoires, sous la conduite de des *Jardins* sculpteur habile, comme on l'a dit dans l'article de la place des Victoires.

Sur une fontaine voisine, on lisoit autrefois ces vers de SANTEUL.

QUI FONTES APERIT, QUI FLUMINA
    DIVIDIT URBI,
ILLE EST QUEM DOMITIS RHENUS,
    ADORAT AQUIS.

Fin du premier Volume.

TABLE
DES MATIERES
PAR QUARTIERS.

PREMIERE PARTIE.

L'Antiquité de la Ville de Paris, tirée de l'histoire. page 1.

Opinions differentes touchant le nom de cette grande Ville. 5.

La déesse Isis, adorée dans le territoire de la Ville de Paris. 7.

Le Buste antique de la déesse Isis, trouvé dans une maison proche de l'Eglise de saint Eustache. 8.

Le sentiment de *Dom Bernard de* Montfaucon, *docte Benedictin.* 10.

Dissertation de *Moreau de* Mautour, de l'Academie des belles Lettres, sur le buste *d'Isis*. 12.

Talisman, trouvé dans la Seine du côté du midy. 13.

Les differens accroissemens de la Ville de Paris 14.

Selon le P. Daniel, elle étoit déja capitale sous le roi *Clovis*. Ibid.

Philippe Auguste, fort affectionné pour la Ville de Paris, qu'il regardoit comme l'ornement de ses états, y fit faire de grands travaux. 16

Les rois qui ont témoigné une plus grande affection, pour la Ville de Paris. 17

Tome I. Z

TABLE

Les grandes augmentations & les nouveaux embellissemens sous le roi Louis XIV. *Ibid.*

Gerard de Poissi, fournit une très-grande somme pour faire paver les rues. 19.

Philippe Auguste, la fit enfermer de solides murailles. 20.

L'étendue & la situation de la Ville de Paris. 22.

La quantité des habitans qu'elle contient. 24.

Le nombre des maisons. 25.

Remarque de l'habile auteur de la dixme roïale. 26.

La prodigieuse consommation qui se fait dans cette grande Ville, & le nombre de ses habitans. 16 & 27.

Les secours infinis qu'elle a procurez à l'état. 28.

L'abjuration du roi Henri IV. 29.

Les revenus ordinaires que la Ville de Paris produit tous les ans. 31.

L'exacte police qui y est observée par les Magistrats qui en sont chargez, & la soumission des bons Parisiens. 32.

Division generale de la Ville de Paris, par quartiers. 34.

Traité de police publié par Nicolas de la Mare. 36.

Le nombre de parroisses de la Ville de Paris. 37.

LE LOUVRE. 38

Jean-Laurent de Bernin, fameux architecte, fut appellé d'Italie pour donner les desseins du Louvre. *Ibid.*

Inscription posée dans les fondations de ce magnifique édifice. 39.

Description de la magnifique façade du Louvre, & les architectes qui ont conduit ce grand ouvrage. 40.

L'antiquité du vieux Louvre. 44.

Le roi FRANÇOIS I. & HENRI II. son fils firent élever ce qui reste encore du vieux Louvre: le nom des architectes & des sculpteurs qui eurent la conduite de ce bel ouvrage. 47.

LOUIS XII. & FRANÇOIS I. amenerent d'Italie des architectes & des sculpteurs qui donnerent les premiers l'idée du bon dessein en France. 49.

Quelques années après, un architecte françois aquit beaucoup de gloire. *Ibid.*

PHILIPPE II roi d'Espagne, prefera *Louis* de FOIS, né à Paris, pour l'édifice de Lescurial. 50.

La décadence des beaux arts depuis les regnes de FRANÇOIS I. & de HENRI II. 51.

Changements heureux dans les beaux arts sous l'administration de J. B. COLBERT, Surintendant des bâtimens. 52.

Description du Louvre. 53.

L'invention des toits brisez faussement attribuée à *François* MANSART. 54.

La sale des cent Suisses & les Cariatides. 55.

Inscriptions sur les principales portes du Louvre. 56.

Le roi LOUIS XIII. fait augmenter le Louvre. 57.

Les augmentations faites sous LOUIS XIV. 59.

L'apartement des bains de la reine *Anne d'Autriche*, & le nom des peintres qui y ont travaillé. *Ibid.*

La gallerie d'Apollon. 61.

Le cabinet des tableaux du Roi. 64.

Le cabinet des livres du Roi. 66.

L'Academie Françoise & l'histoire de son établissement. 67.

Les Academiciens qui la composent en 1725. 70.

Eloge de l'Academie Françoise. 80.

L'Academie roiale des belles Lettres. 84.

Le nom des Academiciens qui la composent en 1725. 86.

Z ij

Les tableaux qui se voient dans la sale où elle tient ses conferences. 90.
L'Academie roiale des Sciences & l'histoire de son établissement. 92.
Le nom des Academiciens qui la composent en 1725. 95.
L'Academie roiale d'Architecture. 103.
Le nom des Academiciens qui la composent en 1725. 104.
DESGODETZ, Professeur roial en architecture. 106.
L'Academie roiale de peinture. 107.
Etat & ordre de l'Academie de peinture & de sculpture en 1725. 109.
Description des sales qu'elle occupe. 115.
Une des principales constitutions de cette Academie. 118.
Les antiques du Roi, & le nom de celui qui en a la garde, la colonne Trajane. 120.
Le quai qui regne depuis le Pont-Neuf jusqu'au Louvre. 121.
Le Garde-meuble du Roi & tout ce qui s'y peut voir. 122.
La maison que *Louis* le VAU a occupée. 126.

LE PALAIS DES TUILLERIES. 128.

L'architecte qui a donné les desseins de ce palais. 129.
La premiere disposition du palais des Tuilleries 130
La disposition vitieuse des gros pavillons du palais des Tuilleries. 133.
L'interieur de ce palais. 134.
La balustrade du grand escalier. 135.
Les peintures du plafond de la sale des Gardes de l'antichambre & des principales pieces des appartemens du palais des Tuilleries. *Ibid.*
La galerie des Ambassadeurs. 141.
Les appartemens qui regnent du côté du jardin. 142.

DES MATIERES.

Le petit appartement qui regne au-deſſous de celui du Roi. 143.
L'appartement de Monseigneur. 144.
La chapelle & la ſale des machines. Ibid.
Le jardin des Tuilleries. 146.
Deſcription du jardin des Tuilleries & de tout ce qu'il contient de remarquable 147.
André le Nostre, né à Paris, a donné tous les deſſeins du jardin des Tuilleries. 152.
La grande galerie du Louvre. 153.
Les dedans de cette galerie. 155.
Le nom de l'achitecte de la partie de la grande galerie du côté du Louvre. 157.
Les plans des principales fortereſſes de l'Europe, particulierement de celles du roiaume conſervez dans cette galerie. 158.
Les illuſtres logez ſous la grande galerie. 159.
L'Imprimerie roiale. 162.
La monoie des médailles du Roi, ſous la direction de Nicolas de Launay, & ſon riche cabinet. 163.
Le Cours de la Reine. 165.
Le Maréchal de Bassompierre, fit revétir toute la longueur du Cours. 167.
Le Couvent des filles de la Viſitation. Ibid.
Le cœur de Henriette-Marie de France reine d'Angleterre, fille du roi Henri IV. & femme de Charles I. roi de la grande Bretagne; celui de Jacques II. roi de la grande Bretagne, ſon fils; celui de la reine *Marie* d'Est, ſa ſeconde femme; & celui de *Louiſe Marie* Stuart, leur fille. 168.
La Manufacture roiale de la Savonnerie. 169.
La Verrerie. 171.
Edifice à preſent détruit, entre le cours de la Reine & la Savonnerie, élevé par *Jean* Law, Anglois. Ibid.
Le Couvent des Minimes. 172.
Le village de Paſſy. 173.
Les ſources minerales de Paſſy. Ibid.

TABLE

La magnifique maison de *Samuel* BERNARD, à l'extrémité de Paſſy.	174.
Le bois de Boulogne.	Ibid.
La Meutte à l'entrée du bois de Boulogne.	175.
Le château de Madrit.	Ibid.
Les champs Eliſées.	Ibid.
Les allées du Roule.	176.
La porte de la Conference.	177.
Le grand eſpace qui ſe trouve entre le Louvre & le palais des Tuilleries.	178.
La place du Carouſel.	179.
L'hôtel de Crequy.	Ibid.
L'hôtel de Longueville.	180.
L'hôtel de Montauſier, à preſent l'hôtel d'Uſez.	181.
L'Egliſe de ſaint Thomas du Louvre.	Ibid.
Melin de SAINT GELAIS, Poëte renommé de ſon tems y eſt enterré.	182.
Saint Germain l'Auxerrois.	183.
Deſcription de cette Egliſe.	184.
Le nom des perſonnes illuſtres enterrées dans l'Egliſe de ſaint Germain l'Auxerrois.	187.
Le Chancelier d'ALIGRE.	Ibid.
Louis REVOL, Secretaire d'Etat.	188.
Le Chancelier *François* OLIVIER.	189.
Pomponne de BILLIEVRE.	Ibid.
Paul PHELIPPEAUX, Secretaire d'Etat.	190.
François PICART, Doien de la même Egliſe.	Ibid.
Pierre SEGUIN, revêtu de la même dignité.	191.
François MALHERBE, Poëte fameux.	Ibid.
Vers à la loüange de ce Poëte.	192.
Charles Annibal FABROT, Juriſconſulte renommé.	Ibid.
Louis le VAU, premier Architecte du Roi.	193.
Claude BALIN, Orfévre.	Ibid.
Jean VARIN, Intendant des bâtimens, Graveur general des monoies de France.	Ibid.
Guy PATIN, ſavant Médecin.	Ibid.
Martin des JARDINS, Sculpteur.	194.

DES MATIERES.

Claude MELAN, Graveur. *Ibid.*
Jacques STELA, Peintre. *Ibid.*
Jacques SARAZIN, Sculpteur. *Ibid.*
Claudine Bouzonnet STELLA, habile dans le deſ-
   ſein. 195.
François d'ORBAY, Architecte. *Ibid.*
Noel COYPEL, Peintre. *Ibid.*
Guillaume SAMSON, Geographe. *Ibid.*
Denys DODART, Médecin. 196.
Louis BERIN, Deſſinateur. 197.
René-Antoine HOUASSE, Peintre. *Ibid.*
Antoine COYZEVAUX, Sculpteur. *Ibid.*
Anne le Févre DACIER. *Ibid.*
Vers à ſa louange. 198.
André DACIER, Garde des livres du cabinet du
   Roi, ſon époux. *Ibid.*
Jean Baptiſte SANTERRE, peintre. 199.
Vers à ſa louange. *Ibid.*
Concino Concini Maréchal d'ANCRE. *Ibid.*
Le Chapitre de ſaint Germain l'Auxerrois. 201.
Les deſſeins magnifiques propoſez pour le Lou-
   vre. 202.

LE QUARTIER DE SAINT HONORÉ. 203

Hiſtoire tragique de la mort du roi Henri IV. 204
Le frontiſpice de la maiſon de la Communauté des
   Marchands. 209.
La chapelle des Orfévres. 210.
Le grenier à Sel. *Ibid.*
Hiſtoire de la Gabelle. 211.
Ancienne maiſon dans la rue des Bourdonnois. 212.
La croix du Tiroir. 213.
Les Prêtres de l'Oratoire. 214.
Le Cardinal de BERRULLE, Inſtituteur des Prê-
   tres de l'Oratoire en France. *Ibid.*
Deſcription de l'Egliſe des Prêtres de l'Oratoire
   & des choſes qui s'y peuvent remarquer. 215.
Le tombeau du Cardinal de BERRULLE, &

son épitaphe. 216
La bibliotheque des Prêtres de l'Oratoire. 221.
Les illustres qui ont paru dans cette célebre Congrégation. 222.
Le P. Jean MORIN. Ibid.
Le P. AMELOTTE. 223
Le P. Jean François SENAULT. Ibid.
Le P. Jerôme VIGNIER. Ibid.
Le P. Gerard du BOIS. 224.
Le P. Louis THOMASSIN. Ibid.
Le P. Bernard LAMI. Ibid.
Le P. Nicolas de MALLEBRANCHE. 225.
Le P. Jacques le LONG. Ibid.
Les Generaux qui ont gouverné la Congrégation des Prêtres de l'Oratoire depuis son établissement en France. 226
L'Eglise de saint Honoré. 227.
Le tombeau de Guillaume Cardinal du BOIS, & ses nombreux benefices. Ibid.
Le College des bons Enfans. 229.
Jacques CŒUR & son histoire. Ibid.
Le Palais Roial bâti par le Cardinal de RICHELIEU. 230.
Jacques le MERCIER en a été l'Architecte. 231.
Description du Palais Roial. 232.
L'ancienne galerie du Palais Roial. 234.
Le roi LOUIS XIII. avoit eu ce palais du Cardinal de RICHELIEU. 235.
Les nouveaux appartemens ajoûtez au Palais Roial. 237.
La description de ces nouveaux appartemens & les belles choses qui s'y voient 239.
La magnifique galerie & les belles peintures dont elle est décorée. 240.
Le nom du peintre. 243.
Le grand nombre de tableaux dont tous les appartements sont décorez. 244.
Le jardin du Palais Roial. 245.
L'Opera, 246.

DES MATIERES.

L'histoire de son établissement en cette Ville. ibid.
Les privileges accordez aux Acteurs de l'Opera. 250.
La place qui se trouve devant le palais Roial. 251.
La nouvelle fontaine. Ibid.
Jolie maison dans la rue des bons Enfans, & le nom de l'architecte. Ibid.
L'hôpital des Quinze-Vingts. 252.
L'Eglise de saint Roch. 253.
Le nom de l'Architecte. Ibid.
Les nouvelles augmentations de cette Eglise. 254.
Les tableaux placez dans la chapelle derriere le chœur, & le nom des peintres. 255.
Les personnes illustres inhumées dans cette Eglise. 256.
François & *Michel* ANGUIER, freres, fameux Sculpteurs, & leur épitaphe. Ibid.
Pierre CORNEILE, Poëte célebre. 257.
Antoinette de la GARDE, sous le nom de Me des HOULIERES, dont les poësies sont si estimées. 259.
Pierre MIGNARD, Peintre estimé. Ibid.
André le NOSTRE, excellent pour les desseins des jardins, & son épitaphe. 260.
Le Couvent des Jacobins. 263.
La chapelle de saint Hyacinte. Ibid.
Le tombeau du *Maréchal de* CREQUI, & son épitaphe. 264.
André FELIBIEN, Historiographe du roi, de l'Academie roiale des belles Lettres. 266.
Les savans qui ont paru dans cette maison, & leurs principaux ouvrages. 267.
Le P. *Sebastien* MICHAELIS. Ibid.
Le P. *Antoine* QUIEU. 268.
Le P. *Jacques* GOARD. Ibid.
Le P. *François* COMBEFIS. 269.
Le P. *Michel* le QUIEN. Ibid.
Le P. *François* PENON. Ibid.
Le P. *Jacques* BARILIER. 270.

TABLE

Le P. *Jacques* QUIETIF.	*Ibid.*
Le P. LABAT.	271
La bibliotheque de ces Peres.	*Ibid.*
Dediée au roi LOUIS XIV. le jour de sa naissance.	272.
L'hôtel du *Duc de* NOAILLES, & ses nouveaux embellissemens.	273.
Le Couvent des Feuillans.	274.
L'établissement de ces Peres dans cet endroit par le roi HENRI III.	275.
L'Eglise de ces Peres.	*Ibid.*
Le portail de cette Eglise, sur les desseins de *François* MANSART.	276.
Le grand Autel.	277
La chapelle de ROSTAING.	278.
Le tombeau de la *Princesse de* GUIMENE', à côté du grand Autel.	*Ibid.*
Le tombeau de *Louis de* MARILLAC, *Maréchal* de France, & son épitaphe.	279.
Le tombeau de *Louis de Lorraine*, Comte d'HARCOUR, & d'*Alphonce Louis* de Lorraine, dit le *Chevalier d'*HARCOUR, avec leur épitaphe.	281.
La bibliotheque de ces Peres.	284.
Les peintures du Cloître de ces Peres.	*Ibid.*
La grande porte du Couvent de ces Peres, sur la rue saint Honoré.	285.
Les Capucins.	*Ibid.*
L'établissement de ces Peres par le roi HENRI III.	286.
Le fameux *Comte de* BOUCHAGE, *Maréchal* de France, mort chez ces Peres sous le nom du P. ANGE.	287.
Le P. JOSEPH le *Clerc du Tremblay*, & son épitaphe.	288.
Inscription de SANTEUL, sur la fontaine à côté de la porte du Couvent de ces Peres.	290.
Les grands édifices qu'ils ont fait élever dans l'interieur de leur Couvent.	291.
Les *Filles de* l'ASSOMPTION.	*Ibid.*

DES MATIERES. 517

L'établissement de ces Religieuses, *Ibid.*
Description de leur Eglise. 292.
Les peintures dont elle est décorée. 295.

LE FAUBOURG SAINT HONORÉ. 296

La maison de N... BLOUIN, Gouverneur de Versailles. 296.
Celles d'*Antoine* le GENDRE & de *Philiber Antoine* CHEVALIER. 297.
Celle de *Germain* BOFFRAND. *Ibid.*
L'hôtel d'Evreux. 298.
La maison d'*Antoine* MIREY, Receveur des consignations. 299.
L'entrée du Cours proche de la porte saint Honoré. *Ibid.*
L'hôtel de LUXEMBOURG & la nouvelle rue. 300
Les filles de la Conception. 301.
Plusieurs jolies maisons bâties dans le voisinage. *Ibid.*

LA PLACE DE LOUIS LE GRAND. 302.

Le premier dessein de cette place. 303.
Description de l'état où elle se trouve à present. 306.
L'architecture dont elle est décorée. *Ibid.*
L'architecte qui en a donné les desseins. 307.
Le sculpteur qui a travaillé aux ornemens. *Ibid.*
Les principales maisons de cette place. 308.
Celle d'*Antoine* CROSAT. *Ibid.*
Le nom de l'architecte. 309.
La maison cy-devant occupée par le *Maréchal* d'ETRE'ES. 310.
L'hôtel de la Chancellerie de France. 311.
Les maisons de cette magnifique place qui ont été les premieres occupées. *Ibid*
La mison de *Jean* LAW. 31.

TABLE

LA STATUE EQUESTRE
DU ROI LOUIS XIV. 313.

Description de ce riche monument. 314.
Le nom du sculpteur qui a conduit ce grand ouvrage. 315.
Celui qui en a conduit la fonte. Ibid.
Les inscriptions qui se lisent autour du piédestal. 316.
Le Couvent des Capucines, & l'histoire de sa fondation. 324.
Le nom de l'architecte qui conduit l'édifice de l'Eglise & du Couvent. 326.
Inscription gravée sur la porte de l'Eglise. Ibid.
Le tableau du grand Autel, ouvrage de Jean JOUVENET. Ibid.
Quelques personnes de considération inhumées dans l'Eglise des Capucines. 327.
Louise de LORRAINE, reine de France, femme d'Henri III. Son épitaphe. Ibid.
Le tombeau de Charles Duc de GREQUI, & d'Armande de SAINT GELAIS sa veuve. 328.
L'épitaphe gravée sur ce tombeau. 330.
Le tombeau de François-Michel le Tellier Marquis de LOUVOIS, Ministre d'Etat. 332.
L'épitaphe qui se lit sur le devant de ce tombeau. 335.
La Butte saint Roch. 337.

LE QUARTIER
DE LA BUTTE SAINT-ROCH. 339.

La rue de Richelieu. Ibid.
Vers de SANTEUL, sur la fontaine de cette rue. 340.
L'hôtel de JARS, à présent l'hôtel de COISLIN. Ib.
L'hôtel

DES MATIERES.

L'hôtel de NEVERS. 342.
L'abjuration de *Jean* LAW. 343.
La bibliotheque Roiale. *Ibid.*
Histoire abregée de la bibliotheque Roiale, & ce qu'elle contient de plus rare. 344.
Le tombeau de CHILDERIC, roi de France. 348.
L'*Abbé* BIGNON, Conseiller d'Etat ordinaire, a la garde de la bibliotheque du Roi. 350.
L'*Abbé* de TARGNI, & N. BOIVIN de VILLENEUVE, ont la garde particuliere de la bibliotheque du Roi. *Ibid.*
L'hôtel de LOUVOIS. 351.
La maison de MAILLY du BREUIL, & celle de SONNING, Receveur des finances de la generalité de Paris. *Ibid.*
La maison de CROSAT, & son riche cabinet. 350.
Dans la rue saint Marc, la maison bâtie pour *Thomas* RIVIER, à present l'hôtel de LUXEMBOURG. 353.
Dans la rue neuve saint Augustin, la maison bâtie pour *Pierre* DOUILY. 355.
Le Couvent des *Filles* de SAINT THOMAS, & sa fondation. 356.
L'hôtel de Grandmont. 358.
L'hôtel des Marets. *Ibid.*
La maison de *Charles Renouart* de la TOUANE. 359.
L'hôtel de Lorges à present à la PRINCESSE de CONTY Douairiere. 360.
La Porte de Gaillon. 361.

L'HOTEL D'ANTIN. *Ibid.*

Inscription sur la fontaine proche de l'hôtel d'Antin. 364.
L'hôtel du *Duc* de TREMES, premier Gentilhomme de la Chambre du Roi & Gouverneur de Paris. 365.
La rue Vivien. 366.

TABLE

La maison occupée autrefois par *J. B. Colbert* Marquis de TORCY. 367.
La maison de *Melchior* de BLAIR. Ibid.
La rue des Petits-Champs. 368.

LA PLACE DES VICTOIRES. 369.

Description de cette place. 370.
Le sculpteur qui a conduit l'ouvrage du monument placé au milieu de la place des Victoires. 374.
Toutes les inscriptions qui se peuvent lire autour de ce riche monument. 376.

L'HOTEL DE TOULOUSE. 405.

Description de cet hôtel. 406.
L'hôtel Colbert à présent les écuries du *Duc* d'Orleans. 408.
Le petit hôtel Colbert occupé par *Paulin* PRONDRE. 410.
Le cabinet curieux de *François* de TROYE, Peintre tres-renommé. Ibid.
Le palais Mazarin, à présent le bureau de la Compagnie des Indes. 411.
L'hôtel Saint Pouange, & la maison décorée en dehors bâtie pour *J. B.* de LULLY. 412.
La maison élevée pour *J.* THEVENIN. Ibid.
L'hôtel bâti pour Hugues de Lionne, Secretaire d'Etat, occupé depuis par *Louis Phelipeaux* de PONTCHARTRAIN, ci-devant Chancelier de France. 413.
La belle maison du *Marquis* de *Langlée*, occupée depuis par *Jean* LAW Ecossois, à présent l'hôtel Mazarin. 415.
Les belles & rares peintures qui se peuvent voir chez HYACINTE RIGAULT, Peintre tres-estimé. Ibid.
Les nouvelles Catholiques. 416.
Le Couvent des Augustins reformez, & l'histoire

DES MATIERES.

de leur établissement.	418.
La chapelle de N. D. de Savonne.	419.
Le tombeau de J. B. de LULLY.	420.
Son épitaphe.	421.
La sacristie & le refectoire de ces Peres.	422.
La bibliotheque.	423.
Le P. EUSTACHE, Bibliothequaire.	Ibid.
Cabinet curieux chez ces Peres.	424.
Le P. ANSELME, de la Vierge Marie, Auteur de l'histoire genealogique & chronologique de la maison de France.	Ibid.
Le P. ANGE travaille à augmenter cet ouvrage & à plusieurs autres choses tres-utiles à la république des lettres.	Ibid.
Le P. PLACIDE a donné au Public des cartes qui ont été tres-bien reçues.	426.
Vers de SANTEUL, gravez sur une fontaine voisine de ce monastere.	Ibid.
L'hôtel de Pompone, à present occupé par l'Archevêque Duc de CAMBRAY.	Ibid.
La maison de Samuel BERNARD.	427.
L'hôtel de Bullion	Ibid.
Maison bâtie par HERVART.	428.
La rue Coq-Heron.	429.
L'hôtel des Fermes du Roi, dans la rue de Grenelle.	430.
L'hôtel de Soissons.	433.
Histoire de cet hôtel.	Ibid.
La colonne qui se voit dans le coin de la cour de l'hôtel de Soissons.	437.
Le dessein de détruire l'hôtel de Soissons pour en faire une place magnifique.	439.
L'Eglise paroissiale de saint Eustache.	441.
Description de l'édifice de cette grande Eglise & de tout ce qui s'y trouve de plus remarquable.	443.
Les personnes illustres qui y sont inhumées.	445.
Le tombeau de J. B. COLBERT.	Ibid.
Celui de Marin Cureau de la CHAMBRE.	449.
René BENOIST, Curé de cette paroisse.	450.

Aa ij

TABLE

Vincent VOITURE. *Ibid.*
Claude Favre sieur de VAUGELAS. 451.
François la Motte le VAIER. *Ibid.*
Amable de BOURZEYS. 452.
Antoine de FURETIERE. *Ibid.*
Jean de la FONTAINE. 453.
Bernard Gerard du HAILLANT. *Ibid.*
Marie Jars de GOURNAY. *Ibid.*
Son épitaphe. 454.
HOMBERG, Médecin renommé. 455.
Isaac de BENSERADE. *Ibid.*
François d'Aubusson *Duc* de la FEUILLADE, *Maréchal* de France. *Ibid.*
Nicolas SANSON, Geographe du Roi. *Ibid.*
René le PAYIS. 456.
La rue Montmartre. *Ibid.*
Belle maison à l'extrémité de la rue de Clery. 457.
L'Eglise de la Jussienne. 458.
La sépulture du fameux MOLIERE, dans le cémetiere de la petite Eglise de saint Joseph à l'extrémité de la rue Montmartre. 459.
Son épitaphe. 461.
Les Halles. 464.
Le Piloris. *Ibid.*
L'hôtel de Bourgogne. 465.
Le théatre de la Comedie Italienne, autrefois l'hôtel de Bourgogne. *Ibid.*
L'origine de la Comedie en cette Ville, sous le regne de CHARLES V. 468.
La rue Mauconseil, pourquoi ainsi nommée. 472.
La rue saint Denys. 476.
La boucherie du grand Châtelet. *Ibid.*
L'hôpital de sainte Catherine. 478.
La rue des Lombards, l'origine de son nom. *Ibid.*
L'Eglise de sainte Oportune. 479.
François CONNAN, grand Jurisconsulte y est inhumé. 480.
Derriere l'Eglise de sainte Oportune; la Croix Gatine

DES MATIERES.

Gatine & son histoire. 481.
L'Eglise de saint Innocent. 482.
Le Cémetiere de saint Innocent. 483.
Tour antique qui s'y voit encore. Ibid.
L'épitaphe d'Yoland BAILLY. 485.
Nicolas le FEVRE, Précepteur du roi Louis XIII.
 & son épitaphe. Ibid.
François Eudes de MEZERAY, inhumé dans ce
 cémetiere; & l'éloge de ce grand historien. 486.
Le monument élevé par Nicolas FLAMEL, fa-
 meux Alchimiste. 487.
La fontaine de saint Innocent. 491.
Inscriptions de SANTEUL, sur cette fontaine.
 494.
L'Eglise du saint Sépulcre. Ibid.
Saint Leu saint Gilles, Eglise paroissiale. 495.
Le tombeau de Marie de LANDES, de l'ouvrage
 de Girardon. 496.
L'épitaphe de cette Dame. 497.
La Croix de fer. 499.
Saint Jacques de l'hôpital. Ibid.
L'Eglise ancienne de saint Magloire à présent un
 Couvent de filles sous la regle de saint Au-
 gustin. 501.
Le tombeau de BLONDEAU, Intendant des Fi-
 nances. 502.
Saint Sauveur, Eglise paroissiale. 503
Guillaume Colletet y est inhumé. 504.
Le Couvent des filles Dieu, de l'ordre de Fontevrault.
 Ibid.
Saint Chaumont grande & nouvelle Communauté,
 des filles de la Congrégation, dite de l'UNION
 CHRETIENNE. 505.
Fontaine voisine où l'on lisoit autrefois des vers
 de SANTEUL. 506.

Fin de la Table du premier volume.

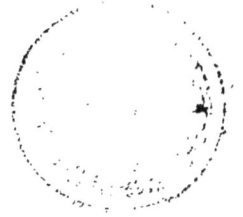

www.ingramcontent.com/pod-product-compliance
Lightning Source LLC
Chambersburg PA
CBHW070839230426
43667CB00011B/1852